教师口语艺术

主　　编　徐丽华
参编人员　陈　敏　李　菁
　　　　　吴雪青　徐丽华

ZHEJIANG UNIVERSITY PRESS
浙江大学出版社
·杭州·

图书在版编目（CIP）数据

教师口语艺术 / 徐丽华主编. —杭州：浙江大学出版社，2012.9(2025.9 重印)
ISBN 978-7-308-10303-9

Ⅰ.①教… Ⅱ.①徐… Ⅲ.①汉语—口语—师资培训—教材 Ⅳ.①H193.2

中国版本图书馆 CIP 数据核字（2012）第 170478 号

教师口语艺术
徐丽华 主编

责任编辑 徐素君
封面设计 俞亚彤
出版发行 浙江大学出版社
（杭州市天目山路 148 号 邮政编码 310007）
（网址：http://www.zjupress.com）
排　　版 杭州青翊图文设计有限公司
印　　刷 杭州高腾印务有限公司
开　　本 710mm×1000mm 1/16
印　　张 17.25
字　　数 320 千
版 印 次 2012 年 9 月第 1 版 2025 年 9 月第 12 次印刷
书　　号 ISBN 978-7-308-10303-9
定　　价 45.00 元

浙江大学出版社市场运营中心联系方式：0571－88925591；http://zjdxcbs.tmall.com

前　言

“教师口语”是师范院校学生的专业技能必修课，拥有良好的口语表达能力是师范生必备的素养。师范生通过“教师口语”课程学习，掌握国家语言文字的方针政策，增强语言的规范意识；能够用标准或比较标准的普通话开展教育教学工作，使教育教学口语科学、严谨、简明、生动，具有启发性和感染力；普通话水平测试成绩达到二乙及以上水平。

为了帮助同学们更好地学习本课程，我们特编写了本教材。本教材重视内容的科学性和系统性，并在此基础上，突出其实用性和训练的指导性。教材第一编以附录的形式收录了学生参加普通话水平测试应知的事宜、应该掌握的语音知识和词条，同时编写了20套单多音节模拟试题供学生们练习；说话收录了适量的考生例文，供大家参考。教材第二编以复述、演讲、论辩和交谈等四个专题进行编写，提出了表达的具体要求，便于教师在教学中择要讲述；教材第三编收录了较多教师教育教学的案例，形象生动，同时弥补了学生教育教学实践经验缺乏的不足；在课后安排一定量的练习，便于同学实践训练。

“教师口语”全书共分三编，第一编普通话能力训练，包括普通话声韵调的正音训练，朗读技能训练和普通话水平测试训练。这一编内容的学习旨在帮助学生顺利通过普通话水平等级测试，为教师职业口语的学习打好基础。第二编为一般交际口语训练，包括口语表达的原则、态势语表达的技巧以及复述、演讲、论辩和交谈等口语表达能力的专题训练，这一编内容的学习旨在让学生拥有良好的口语表达的技巧，为学习教育教学口语做好准备。第三编为教师职业口语艺术训练，包括教学口语、教育口语以及教师教育教学口语风格交际概说等内容,这部分内容的学习是本课程学习的旨归。

参加本教材编写工作的人员均系杭州师范大学初等教育学院教师。徐丽华教授担任主编,各章节的编写分工是:第一编吴雪青撰写,第二编陈敏撰写,第三编第六、第七章李菁撰写,第三编第八章徐丽华撰写。全书由吴雪青统稿。

在本教材的编写过程中,我们参阅了一些相关的教材、书籍和杂志,采纳了许多专家学者的关于语言学习和教学的观点,引用了中学教师的某些教育教学案例,在此一并向他们表示诚挚的谢意!我们诚恳地希望使用本教材的老师和同学,能够把使用后的意见和建议及时反馈给我们,以便我们更好地修正。谢谢!

编者

2012.8

目　录

绪论　教师口语艺术概说 …… 1

第一编　普通话能力训练

第一章　普通话语音基础训练 …… 4
　第一节　普通话与普通话水平测试概说 …… 4
　第二节　声母的发音与辨正训练 …… 10
　第三节　韵母的发音与辨正训练 …… 24
　第四节　声调的发音与辨正训练 …… 40
　第五节　语流音变训练 …… 44

第二章　朗读技能训练 …… 76
　第一节　朗读概说 …… 76
　第二节　朗读前的准备 …… 79
　第三节　发声技能训练 …… 87
　第四节　朗读技巧训练 …… 94

第三章　单向说话技能训练 …… 130
　第一节　单向说话概说 …… 130
　第二节　单向说话的应试策略与训练 …… 132

第二编　一般交际口语训练

第四章　口语表达的基本要求 …… 138
　第一节　口语表达的基本原则 …… 139
　第二节　态势语言表达技巧 …… 142

第五章　口语表达分类训练 …… 147
第一节　复述 …… 147
第二节　演讲 …… 150
第三节　论辩 …… 167
第四节　交谈 …… 179

第三编　教师职业口语艺术

第六章　教学口语训练 …… 185
第一节　教学口语概说 …… 185
第二节　教学环节用语训练 …… 190
第三节　适应学科特色的用语训练 …… 219
第七章　教育口语训练 …… 227
第一节　教育口语概说 …… 227
第二节　教育口语分类训练 …… 230
第八章　教师口语风格 …… 254
第一节　教师口语风格概说 …… 254
第二节　教师口语风格的形成 …… 259
参考文献 …… 268

绪论　教师口语艺术概说

苏联教育家苏霍姆林斯基说:“教师的语言修养在极大的程度上决定着学生在课堂上的脑力劳动的效率。我们深信,高度的语言修养是合理地利用时间的重要条件。”教师是人类灵魂的工程师,担负着教育人、塑造人的历史重任。而口语表达是教师开展工作的主要方式和手段。教师运用教育语言和教学语言,帮助学生树立正确的价值观、提高学生的道德水准,教给学生全面的文化知识,提升其文化修养,开发学生的智力,培养学生的审美情趣。因此,未来的教师提高自己的语言素养,不但能够科学地、高效地开展教学工作,而且能够循循善诱,做好教育工作。

教师口语是一门很年轻的学科。1991 年,国家教育委员会下发 522 号文件规定,各级各类师范院校都要开设普通话课程。随后,在 1992 年,国家教委根据师范教育课程改革的实际需要,把这门课程定名为“教师口语”,并于 1993 年研究、制定了《师范院校教师口语课程标准》,要求在各地试行。“教师口语”课程开始在各师范院校普遍开设。1994 年以后,国家有关部门对广播电视节目主持人、播音员、教师、师范院校学生等提出了普通话水平测试的要求,教师口语课程在各级各类师范院校获得了更大的重视。

教师口语课程包括三方面的内容,一是普通话训练,二是一般口语交际训练,三是教师职业口语训练。普通话训练是基础和前提,贯穿本课程教学的始终;一般口语交际是社会人际交往过程中基本的口语实践活动,一般口语交际能力是每一个社会人所应该具备的言语表达能力,它是教师职业口语能力的基础。一般口语交际训练是对普通话训练的继续和深化,并为教师职业口语训练打好基础。教师职业口语能力是教师从事教育教学工作必须具备的职业技能,教师职业口语训练建立在一般口语交际训练的基础之上,与教育教学的实际相结合,职业的特色非常鲜明。

教师口语艺术以教师口语为基础,从语言的艺术性这个角度出发,努力在内容安排、案例的选择和某些章节的编排上突出“艺术性”这个特点，可以说，是对教师口语教材的深化和提高。比如，本教材专门安排了科学发声训练，加强呼吸、共鸣、吐字归音等内容的训练，使语音富有艺术美；在一般口语交际训练部分，安排了态势语言运用训练，以提高学生的体态语运用能力，使学生的副语言同样具有艺术美；在教师职业口语训练部分，安排了较多的教师口语案例，便于学生在欣赏中感悟、在感悟中提高。

本课程是训练师范生运用普通话进行口语表达的实践性课程，应着重训练和提高学生运用普通话进行口语表达以及教育教学实践的能力。教学应遵循以下原则：

1. 坚持理论和实践相结合

本课程教学要以理论为指导，以训练为主导。理论讲授的目的在于指导学生科学地开展各类口语训练，减少训练的盲目性和随意性。比如，学习“重音”这一朗读技巧，训练之前先明确重音并不能简单理解为“加大音量”，重音的表达也可以“轻念”，学生就能根据文本的特点对重音进行科学处理，不会一味“重读”而使语调显得生硬机械。又如，本课程通过典型示例和示例分析，使学生明确口语实践的要求，使学生在理论和正确方法的指导下开展训练。实践贯穿着教学过程的始终，通过反复、严格的训练和实践，使学生初步掌握口语表达的技能和技巧。

2. 课堂示范和自我训练相结合

本课程学习的最终目的是要促进每一个学生的口语表达能力得到提升，因此，光欣赏老师、同学的“表演”，评价对方的得失是不够的。每一个学生都要参与到实践中去，通过训练提高自己的口语表达水平。教师要组织并教育学生开展自我训练，确保训练的时间和训练量，只有这样，口语表达能力才可能获得提高。

3. 课内学习和课外活动相结合

师范生除了要完成普通话水平等级测试过关的任务外，还要学习朗读、演讲等一般口语交际技巧和教师职业口语表达的技巧，课程的教学时数明显不够，因此，教师口语教学必须努力把课内的教学向课外延伸，拓宽训练的渠道，拓展学习的空间。具体包括：把本课程的教学与各科教材教法的学习相结合，与各科的“说课”训练相结合，训练学生的职业口语表达能力；把本课程的教学与校内外社团活动以及其他社会实践活动相结合，加强一般口语交际能力训练，提高学生的朗诵、演讲、辩论等水平；把本课程的教学与学生的见实习结合起来，通过同学间的互评和指导老师的点评，在实践中反思，在反思中提高。总之，教师口语课程教学要形成以课内教学为指导，以课外训练为巩固、补充和提高的课内外结合的多渠道、多空间的教学模式。

4. 传统教学方法与现代教学手段的结合

教师口语教学离不了传统的课堂讲授，但是，由于教育教学口语训练是在一定情境下的即兴的口语表达，而学生对中学校园生活和教育对象缺乏了解，再加上教师的示范也不可避免会存在一定的局限性，因此，利用录音、录像等音像资料，采用声像观摩、微格教学等现代教学手段进行教学，不但有助于增强学生的学习兴趣，而且能够提高教学的效率，因此，教师要努力把传统教学方法和现代教学手段结合起来，合理加以运用。

练习

1. 你认为教师应具备怎样的语言素养？
2. 请你说一说对教师口语课程的期待和要求。

第一编　普通话能力训练

第一章　普通话语音基础训练

学习提示

普通话是我国的通用语言，说好普通话是现代人必备的素质。未来教师要提高口语表达水平，首先要打好普通话语音基础。

通过本章的学习，学生应掌握语音基本理论和训练方法，并在此基础上，通过有针对性的练习，克服方音的影响，提高声母、韵母、声调和语流音变发音的准确性。

第一节　普通话与普通话水平测试概说

训练目标

本节要求学生掌握普通话的定义，了解普通话水平测试的性质、考试方法、考试内容和等级评定等。

一、普通话的定义

普通话是以北京语音为标准音，以北方话为基础方言，以典范的现代白话文著作为语法规范的现代汉民族共同语。普通话的名称、定义和标准是 1955

年召开的“全国文字改革会议”和“现代汉语规范问题学术会议”明确下来的。普通话的“普通”两字是“普遍通行”、“共通”的意思，定义从语音、词汇、语法三方面对普通话的内涵进行了界定。

“以北京语音为标准音”是指以北京语音系统为标准，但并不是说所有北京话语音成分都是标准的，把北京话一切读法全部照搬。普通话并不等于北京话。北京话里有许多土音，比如，老北京人把“告诉 gàosu”说成“gàosong”；北京话里有异读音现象，如“侵略”，北京话里可以念“qīn lüè”，也可以念成“qǐn lüè”，这些让其他方言区的普通话学习者难以接受，也给普通话的推广带来一定麻烦。国家从 1956 年开始多次对北京话语音进行审订，目前我们学习普通话语音以 1985 年公布的《普通话异读词审音表》和 2005 年版的《现代汉语词典》为规范。

普通话是在北方方言的基础上形成并逐渐发展起来的，北方话词汇因使用的人口多，范围广而具有普遍性。“以北方话为基础方言”是指普通话的词汇主要源于北方话，但不能把北方话的词汇等同于普通话词汇。北方话词语中有许多北方各地的土语，如北方不少地区将“玉米”称为“苞米”，将“肥皂”称为“胰子”，将“馒头”称为“馍馍”，这些北方话中的俗词俚语就不能作为普通话的词汇。而有的非北方方言区的词汇有特殊的意义和表达力，恰恰又在北方话里没有相应的同义词，这样的词语就可以吸收到普通话词汇中来。例如“搞”、“噱头”等，现在都已经被吸纳到普通话词汇中来了。

“以典范的现代白话文著作为语法规范”是指以“五四”以来有代表性的白话文学作品中的语法标准为规范。因为这些作品中的语言是准确的，合乎语法组合规律的。我们要以这些作品中的一般用例作为语法规范，其中某些语法上或逻辑上有毛病的说法要排除。

学习普通话要求达到语音、词汇、语法三方面的规范化。由于汉语各方言和普通话的分歧比较突出地表现在语音方面，因此，在学习普通话词汇、语法的同时，更重要的是要掌握方言语音系统和普通话语音系统的分歧，努力寻找它们之间的对应关系，根据语音规律学好普通话。

普通话是现代汉民族各方言区之间进行交流的工具，也是我国各民族之间进行交流的工具，即我们国家的通用语言。大力推广和积极普及普通话是我国的基本语言政策。新中国成立以后，党和政府十分重视这项工作，1982 年修订的《宪法》总纲第十九条明确规定：“国家推广全国通用的普通话。”2001 年 1 月 1 日起施行的《国家通用语言文字法》更是确立普通话作为国家通用语言在社会政治、经济、文化生活中的法定地位。

在建设有中国特色社会主义现代化的历史进程中，推广、普及全国通用的普通话对社会主义经济、政治、文化建设具有重要意义，它有利于克服语言隔阂，促进社会交往，构建和谐的人际关系；服务于经济建设，促进社会主义市场经济的发展；增进各民族各地区的交流，维护国家统一；提高中文信息处理技术的水平，顺利实现人机对话。

二、普通话水平测试简介

普通话水平测试(PSC，PUTONGHUA SHUIPING CESHI)是为加快共同语普及进程、提高全社会普通话水平而设置的一种口语测试，全部测试内容均以口头方式进行。普通话水平测试不是口才的评定，而是对应试人掌握和运用普通话所达到的规范程度的测查和评定，是对应试人的汉语标准语测试。

普通话水平测试一律采用口试方式进行。应试人在运用普通话口语进行表达过程中所表现的语音、词汇、语法规范程度，是评定其所达到的水平等级的重要依据。

普通话水平测试是我国现阶段普及普通话工作的一项重大举措。在一定范围内对某些岗位的人员进行普通话水平测试，并逐步实行持普通话等级证书上岗制度，标志着我国普及普通话工作走上了制度化、规范化、科学化的新阶段。开展普通话水平测试工作，大大加强了推广普通话工作的力度，使“大力推行、积极普及、逐步提高”的方针落到实处，极大地提高了全社会的普通话水平和汉语规范化水平。

《中华人民共和国国家通用语言文字法》规定，“凡以普通话作为工作语言的岗位，其工作人员应当具备说普通话的能力。”“以普通话为工作语言的播音员、节目主持人和影视话剧演员、教师、国家机关工作人员的普通话水平，应当分别达到国家规定的等级标准”。《浙江省实施〈中华人民共和国国家通用语言文字法〉办法》规定，“学校及其他教育机构的汉语语音教师达到一级乙等，语文教师和对外汉语教学教师达到二级甲等，其他教师达到二级乙等”；“高等学校、中等职业学校的播音与主持艺术专业、影视话剧表演专业毕业生达到一级乙等，师范类中文专业毕业生达到二级甲等，其他与口语表达密切相关专业毕业生达到二级乙等”；“国家机关和具有管理公共事务职能的事业组织的工作人员达到三级甲等”。

三、普通话水平测试模拟试卷

1. 读单音节字词(100个音节)

二　弦　北　跟　层　画　破　渴　穷　鹅　家　皮

摸　列　摇　学　费　鞘　明　谆　丢　瞎　点　甩

谈　成　入　团　躺　伤　您　所　加　染　跨　碎
歌　紫　宽　日　袄　讹　置　灌　掌　晃　瞥　迟
茧　蒙　怎　劝　绒　乃　裁　足　累　寺　罪　犁
崖　匀　购　附　涌　叠　辞　总　驴　翁　鸥　纫
寝　脆　洒　躯　镖　涩　癣　秒　唁　熏　怠　犹
想　眺　旺　戳　纽　凝　涮　铐　鳞　瞬　豪　农
乏　邵　浆　踝

2. 读多音节词语(100 个音节)

条约　玻璃　平等　困难　脾气　聊天儿
然而　落后　创造　否定　重新　小孩儿
作家　群众　解答　随便　保存　一会儿
位置　拼命　承办　色彩　屯扎　耍滑
旅店　散文　通风　快活　恳求　设想
女子　美德　模糊　时常　酒精　刺骨
倔强　眷属　凶残　捏合　凉爽　口哨儿
拐角儿　怒容　选区　关卡　佣工　援军
若无其事

3. 短文朗读(抽签选定,二选一)

详见附录 8(第 103 页)。

4. 命题说话(抽签选定,二选一)

详见附录 10(第 137 页)。

练习

1. 什么是普通话?谈谈你对普通话定义的理解。

2. 就普通话水平测试模拟试卷,在同学的帮助下,找到自己普通话发音的问题。

附录 1　普通话水平测试的内容及评分标准

测试内容包括四个部分,满分 100 分。

(一)读单音节字词,共 100 个音节(不含轻声、儿化),限时 3.5 分钟,共 10 分。

测试目的:测查应试人声母、韵母、声调读音的标准程度。

评分依据：每错一个音节的声母、韵母或声调扣0.1分；读音有缺陷每个音节扣0.05分；超时1分钟以内，扣0.5分；超时1分钟以上(含1分钟)扣1分。

(二)读多音节词语，共100个音节，限时2.5分钟，共20分。

测试目的：测查应试人声母、韵母、声调和变调、轻声、儿化读音的标准程度。

评分依据：每错一个音节的声母、韵母或声调扣0.2分；读音有缺陷每个音节扣0.1分；超时1分钟以内，扣0.5分；超时1分钟以上(含1分钟)扣1分。

(三)朗读短文，400音节，限时4分钟，共30分。

测试目的：测查应试人使用普通话朗读书面作品的水平。在测查声母、韵母、声调读音标准程度的同时，重点测查连读音变、停连、语调以及流畅程度。

评分依据：每错一个音节、漏读或增读一个音节，扣0.1分；声母或韵母系统性语音缺陷，视程度扣0.5分、1分；语调偏误、停连不当或朗读不流畅(包括回读)，视程度各扣0.5分、1分、2分；超时扣1分。

(四)命题说话，限时3分钟，共40分。

测试目的：测查应试人在无文字凭借的情况下说普通话的水平，重点测查语音标准程度、词汇语法规范程度和自然流畅程度。

评分依据：

(1) 语音标准程度，共25分。分六档：

一档：语音标准，或极少失误。扣0分、0.5分、1分、1.5分、2分。

二档：语音错误在10次以下，有方音但不明显。扣3分、4分。

三档：语音错误在10次以下，但方音比较明显；或语音错误在10—15次之间，有方音但不明显。扣5分、6分。

四档：语音错误在10—15次之间，方音比较明显。扣7分、8分。

五档：语音错误超过15次(16—45次)，方音明显。扣9分、10分、11分。

六档：语音错误多(45次)，方音重。扣12分、13分、14分。

(2) 词汇语法规范程度，共10分。分三档：

一档：词汇、语法规范。扣0分。

二档：词汇、语法偶有(1—3次)不规范的情况。扣1分、2分。

三档：词汇、语法屡有(4次及以上)不规范的情况。扣3分、4分。

(3) 自然流畅程度，共5分。分三档：

一档：语言自然流畅。扣0分。

二档：语言基本流畅，口语化较差，有背稿子的表现。扣0.5分、1分。

三档：语言不连贯，语调生硬。扣2分、3分。

说话时间不足，酌情扣分：

缺时0—1分钟(含1分钟),扣1分、2分、3分。

缺时1分01秒至2分29秒,扣4分、5分、6分。

说话不满30秒(含30秒),扣40分。

说话离题,酌情扣3—5分。

附录2　普通话水平测试等级标准(试行)

(国家语言文字工作委员会1997年12月5日颁布,国语[1997]64号)

一　级

甲等　朗读和自由交谈时,语音标准,词语、语法正确无误,语调自然,表达流畅。测试总失分率在3%以内。

乙等　朗读和自由交谈时,语音标准,词语、语法正确无误,语调自然,表达流畅。偶有字音、字调失误。测试总失分率在8%以内。

二　级

甲等　朗读和自由交谈时,声韵调发音基本标准,语调自然,表达流畅。少数难点音(平翘舌音、前后鼻尾音、边鼻音等)有时出现失误。词语、语法极少有误。测试总失分率在13%以内。

乙等　朗读和自由交谈时,个别调值不准,声韵母发音有不到位现象。难点音(平翘舌音、前后鼻尾音、边鼻音、fu—hu、z—zh—j、送气不送气、i—ü不分、保留浊塞音和浊塞擦音、丢介音、复韵母单音化等)失误较多。方言语调不明显,有使用方言词、方言语法的情况。测试总失分率在20%以内。

三　级

甲等　朗读和自由交谈时,声韵母发音失误较多,难点音超出常见范围,声调调值多不准。方言语调较明显。词语、语法有失误。测试总失分率在30%以内。

乙等　朗读和自由交谈时,声韵调发音失误多,方音特征突出。方言语调明显。词语、语法失误较多。外地人听其谈话有听不懂的情况。测试总失分率在40%以内。

第二节　声母的发音与辨正训练

训练目标

掌握普通话21个辅音声母的发音部位和发音方法。结合自己的方言，根据所学语音理论进行方音辨正训练，包括平翘舌音，r和l，边鼻音，f和h，尖团音等等。

声母是音节开头的辅音。普通话有声母22个，其中21个辅音声母，1个零声母。辅音声母的主要特征是发音时气流在发音器官中受到一定的阻碍。由于受到阻碍的部位和消除阻碍的方式的不同，就产生了不同的声母。我们可以根据充当声母的辅音的发音部位和发音方法给声母分类。

一、声母的发音

（一）发音部位

发音部位，就是指发音时气流在口腔内受到阻碍的地方。普通话声母的发音部位共有七处：

双唇音：上唇和下唇闭合构成阻碍。如b、p、m。

唇齿音：下唇和上齿靠拢构成阻碍。如f。

舌尖前音（又叫平舌音）：舌尖平伸，向上齿背或下齿背接触或接近构成阻碍。如z、c、s。

舌尖中音：舌尖和上齿龈接触构成阻碍。如d、t、n、l。

舌尖后音（又叫翘舌音）：舌尖翘起来和硬腭的最前端接触或接近构成阻碍。如zh、ch、sh、r。

舌面音：舌面前部和硬腭前部接触或接近构成阻碍。如j、q、x。

舌根音：舌根和软腭接触或接近构成阻碍。如g、k、h。普通话辅音韵尾ng也同属这个发音部位。

（二）发音方法

发音方法是指发音时构成阻碍气流的方式和克服这种阻碍的方式。辅音声母的发音过程，一般来说包括成阻—持阻—除阻三个阶段。普通话声母的发音方法有五种：

塞音：成阻时发音部位的两点闭紧；持阻时气流蓄在阻碍部位之后；除阻时受阻部位突然解除阻塞，蓄积的气流爆发破裂成声，也叫“爆发音”或“破裂音”。普通话有 6 个塞音：b、p、d、t、g、k。

擦音：成阻时，发音部位的两点接近，形成一条窄缝；持阻时气流从发音部位的两点间挤过，摩擦成声；除阻时发音结束，这种声音可以延长。普通话有 6 个擦音：f、h、x、s、sh、r。

塞擦音：是塞音和擦音两种方法的结合，它是一种先塞后擦的音。成阻到持阻的前段，和塞音相同，发音时先将发音部位闭塞起来，然后稍张开，形成一条窄缝；持阻的后段把阻碍部位放松一些，使气流摩擦而出，实为擦音的持阻成声，直到除阻发音结束。普通话有 6 个塞擦音：j、q、z、c、zh、ch。

鼻音：成阻时发音部位完全闭塞，封闭口腔通路；持阻时，软腭下垂，打开鼻腔通道，声带颤动，气流在口腔受到阻碍，由鼻腔透出成声；除阻时，口腔阻碍解除，这种声音可以延长。普通话的鼻音声母有两个：m、n。另外还有鼻韵母韵尾 ng。

边音：成阻时，舌尖顶住上齿龈，使口腔中间的通道阻塞；持阻时，声带颤动，气流从舌头两边流出。除阻时发音结束。普通话只有一个边音：l。

普通话辅音的发音还包括“送气”与“不送气”，“清”与“浊”的区别。

关于送气不送气：是指塞音和塞擦音发音时气流的强弱。气流强的称为送气音，气流弱的称为不送气音。普通话的送气音有 6 个：p、t、k、q、ch、c；不送气音也有 6 个：b、d、g、j、zh、z。

关于清音与浊音：发音时，声带颤动的叫浊音，不颤动的叫清音。普通话声母中 m、n、l、r 4 个辅音是浊音，其他都是清音。另外，鼻韵母韵尾 ng 也是浊音。

综合上述发音部位与发音方法，声母的发音具体如下：

发音方法 / 发音部位	塞音		塞擦音		擦音		鼻音	边音
	清		清		清	浊	浊	浊
	不送气	送气	不送气	送气				
双唇	b	p					m	
唇齿					f			
舌尖前			z	c	s			
舌尖中	d	t					n	l
舌尖后			zh	ch	sh	r		
舌面			j	q	x			
舌根	g	k			h		(ng)	

(三)声母发音描述

b:双唇紧闭,阻塞气流,软腭上升,堵塞气流通往鼻腔的道路,然后双唇突然打开,气流爆破成声。冲出的气流较弱,声带不颤动。

禀报 bǐngbào 颁布 bānbù 标本 biāoběn 卑鄙 bēibǐ

P:发音过程大致和 b 相同。差别只是双唇打开时有一股较强的气流冲出来。

偏旁 piānpáng 偏僻 piānpì 乒乓 pīngpāng 批评 pīpíng

m:双唇紧闭,阻塞气流;软腭下垂,打开气流通往鼻腔的道路,使气流从鼻腔流出;声带颤动。

美满 měimǎn 命名 mìngmíng 眉目 méimù 埋没 máimò

f:上齿和下唇接近,软腭上升,堵塞气流通往鼻腔的道路,使气流从下唇和上齿之间的窄缝中摩擦而出;声带不颤动。

芬芳 fēnfāng 反复 fǎnfù 丰富 fēngfù 肺腑 fèifǔ

d:舌尖抵住上齿龈,堵住气流;软腭上升,关闭鼻腔通道;舌尖突然离开上齿龈,使气流爆破成声;气流微弱,声带不颤动。

得到 dédào 跌倒 diēdǎo 单调 dāndiào 电灯 diàndēng

t:发音过程和 d 大致相同,差别只在除阻时,舌尖离开上齿龈时有一股较强的气流冲出来。

体贴 tǐtiē 淘汰 táotài 疼痛 téngtòng 贪图 tāntú

n:舌尖抵住上齿龈,阻塞气流;软腭下垂,打开鼻腔通路,使气流从鼻腔流出;声带颤动。

奶牛 nǎiniú 恼怒 nǎonù 男女 nánnǚ 呢喃 nínán

l:舌尖抵住上齿龈,舌两边留有缝隙;软腭上升,堵塞鼻腔通道,使气流从舌尖两边出来;声带颤动。

流露 liúlù 亮丽 liànglì 领略 lǐnglüè 力量 lìliang

g:舌根上抬抵住软腭,阻塞气流;软腭上升,堵塞鼻腔通道;舌根突然离开软腭,使气流爆破成声。气流较弱,声带不颤动。

广告 guǎnggào 巩固 gǒnggù 感官 gǎnguān 梗概 gěnggài

k:发音过程和 g 大致相同,差别在于除阻阶段舌根离开软腭时有一股较强的气流冲出来。

困苦 kùnkǔ 卡壳 qiǎké 慷慨 kāngkǎi 宽阔 kuānkuò

h:舌根靠近硬腭和软腭交界处,形成窄缝;软腭上升,堵塞鼻腔通道,使气流从上面的窄缝中摩擦通过而成声。声带不颤动。

缓和 huǎnhé　　恍惚 huǎnghū　　后悔 hòuhuǐ　　回环 huíhuán

j：舌面前部上抬抵住硬腭前部，阻塞气流；软腭上升，堵住鼻腔通道；然后舌面前部稍稍离开，与硬腭前部形成窄缝，让气流摩擦出来。气流较弱，声带不颤动。

积极 jījí　　军舰 jūnjiàn　　经济 jīngjì　　解决 jiějué

q：发音过程和 j 大致相同，差别只在舌面离开硬腭前部时有一股较强的气流冲出来。

亲切 qīnqiè　　气球 qìqiú　　欠缺 qiànquē　　情趣 qíngqù

x：舌面前部接近硬腭前部，形成一条窄缝；软腭上升，堵塞鼻腔通道，气流从舌面和硬腭前部之间的窄缝中摩擦而出。声带不颤动。

学校 xuéxiào　　信息 xìnxī　　想象 xiǎngxiàng　　嬉笑 xīxiào

zh：舌尖翘起接触硬腭前端，阻塞气流；软腭上升，堵塞鼻腔通道；然后舌尖稍稍离开硬腭前端形成一条窄缝，气流从窄缝中摩擦而出。气流较弱，声带不颤动。

政治 zhèngzhì　　真正 zhēnzhèng　　专注 zhuānzhù　　主张 zhǔzhāng

ch：发音过程和 zh 大致相同，差别只在舌尖离开硬腭前端时有一股较强的气流冲出来。

抽查 chōuchá　　拆除 chāichú　　车程 chēchéng　　橱窗 chúchuāng

sh：舌尖翘起接近硬腭前端形成窄缝；软腭上升，堵塞鼻腔通道；气流从舌尖和硬腭前端之间的窄缝中摩擦而出声。声带不颤动。

硕士 shuòshì　　事实 shìshí　　手势 shǒushì　　时尚 shíshàng

r：发音过程和 sh 大致相同，差别在于 sh 发音时声带不颤动，r 发音时声带颤动。

仍然 réngrán　　软弱 ruǎnruò　　容忍 róngrěn　　荣辱 róngrǔ

z：舌尖平伸抵住上齿背，阻塞气流；软腭上升，堵塞鼻腔通道；然后舌尖稍稍离开上齿背形成一条窄缝，气流从窄缝中摩擦而出。气流较弱，声带不颤动。

祖宗 zǔzong　　自尊 zìzūn　　在座 zàizuò　　走卒 zǒuzú

c：发音过程和 z 大致相同，差别只在舌尖离开上齿背时有一股较强的气流冲出来。

层次 céngcì　　猜测 cāicè　　仓促 cāngcù　　从此 cóngcǐ

s：舌尖平伸接近上齿背，形成一条窄缝；软腭上升，堵塞鼻腔通道；气流从舌尖和上齿背之间的窄缝中摩擦而出声。声带不颤动。

琐碎 suǒsuì　　诉讼 sùsòng　　思索 sīsuǒ　　酸涩 suānsè

二、声母辨正

普通话以北京语音为标准音，普通话的声韵系统与方言的声韵系统存在着一定的差异。学习普通话，要求我们注意辨别普通话与方言的异同，通过方音辨正，找到方音与普通话在声母发音中的对应规律，使自己的发音合乎普通话的标准。

（一）分清平翘舌音

z、c、s 是舌尖前音，又叫平舌音；zh 、ch 、sh 是舌尖后音，又叫翘舌音，在普通话中，这是两类不同的声母，必须把它们区分清楚。但是，在吴方言、闽方言、粤方言和客家方言一般都没有翘舌音，东北和西南方言也有很多地区是没有翘舌音的。一般来说，这些方言区的人常常把普通话中 zh、ch、sh 声母的字读成 z、c、s 声母。例如，把“支援”（zhīyuán）读成“资源”（zīyuán），把“初步”（chūbù）读成“粗布”（cūbù），把“找到”（zhǎodào）读成“早到”（zǎodào）。因此，分清平舌音和翘舌音是这些方言区的人们说好普通话的重点和难点。

分清平翘舌音，关键有二：

第一，要准确掌握平翘舌音的发音部位。平翘舌音的不同主要在于发音部位的不同。发平舌音时舌尖平伸，舌尖接触或接近齿背；发翘舌音时，舌尖要往上翘起，对准硬腭前端。翘舌音发音的部位不能太靠前，如舌尖不能对准齿龈；同时，舌尖也不能过于往后成卷舌状态。发翘舌音时，舌头的肌肉不能过于紧张。

第二，要把方言中都念平舌音的字分化成两类，记住哪些字读平舌音，哪些字读翘舌音。

下面的方法可以帮助我们来记忆。

1. 利用形声字偏旁类推

在汉语中有大量的形声字。形声字有两个部分组成。一部分表示意义，叫形旁；一部分表示读音，叫声旁。如由“申”（ shēn）这个声旁构成的汉字：伸（shēn）、呻（shēn）、绅（shēn）、神（shén）、审（shěn）、婶（shěn）都念翘舌音。由“采”（cǎi）这个声旁构成的汉字“彩”（cǎi）、“睬”（cǎi）、“踩”（cǎi）、“菜”（cài）等都念平舌音。我们可以利用形声字的这一特点来帮助记忆。

如：

正 zhēng ——征 症 证 政 整 怔 惩

主 zhǔ ——主 拄 柱 住 蛀 注 驻 炷

宗 zōng ——宗 棕 综 踪 鬃 粽

澡 zǎo ——澡 藻 燥 躁 噪 操
辰 chén ——辰 宸 晨 振 赈 震 唇
垂 chuí ——垂 锤 捶 棰 陲
才 cái ——才 材 财
崔 cuī ——崔 催 摧 璀
少 shǎo ——少 纱 沙 砂 莎 痧 裟 鲨
生 shēng ——生 牲 甥 笙 胜
思 sī ——腮 鳃
叟 sǒu ——叟 艘 搜 嗖 馊 飕 嫂（例外：瘦 shòu）

2.利用普通话声韵拼合规律来分辨

（1）韵母 ong 只与 s 相拼，不与 sh 相拼。因此，“送、松、诵、耸、宋、颂、菘、嵩、淞”等字的声母一定是 s。

（2）ua、uai、uang 这三个韵母只拼 zh、ch、sh，不拼 z、c、s。所以，“抓、爪、拽、踹、揣、帅、甩、摔、率、双、爽”等音节的声母一定是 zh、ch、sh。

（3）韵母 en 除了“怎、参、岑”等少数几个音节外，一般只与 zh、ch、sh 相拼，而不与 z、c、s 相拼。所以，下列音节都念翘舌音：真、震、针、珍、贞、陈、沉、趁、臣、晨、深、身、审、沈、神、肾、什等等。

3.记少不记多

根据统计，常用字中念翘舌音的字多于念平舌音的字。由于 zh、ch、sh 声母的字大大多于 z、c、s 声母的字，因此，我们可以只记住字数少的 z、c、s 声母字，达到记住大量的 zh、ch、sh 声母字的目的。

练习

1.读准下列单音节字词：

只 zhī	正 zhèng	中 zhōng	之 zhī	这 zhè	抓 zhuā	真 zhēn
主 zhǔ	找 zhǎo	张 zhāng	直 zhí	种 zhǒng	装 zhuāng	周 zhōu
吃 chī	成 chéng	出 chū	处 chù	唱 chàng	产 chǎn	茶 chá
春 chūn	常 cháng	陈 chén	床 chuáng	纯 chún	充 chōng	持 chí
是 shì	说 shuō	使 shǐ	时 shí	生 shēng	山 shān	社 shè
杀 shā	顺 shùn	书 shū	师 shī	上 shàng	身 shēn	少 shǎo

2.读准下列双音节词语：

注重 zhùzhòng　出场 chūchǎng　政治 zhèngzhì　主持 zhǔchí

展示 zhǎnshì	创设 chuàngshè	设置 shèzhì	始终 shǐzhōng
市场 shìchǎng	实质 shízhì	删除 shānchú	顺畅 shùnchàng
初中 chūzhōng	指出 zhǐchū	少数 shǎoshù	师生 shīshēng
撤除 chèchú	潮水 cháoshuǐ	长寿 chángshòu	衬衫 chènshān

3. 对比朗读：

主力 zhǔlì——阻力 zǔlì	中止 zhōngzhǐ——宗旨 zōngzhǐ
摘花 zhāihuā——栽花 zāihuā	征订 zhēngdìng——增订 zēngdìng
智力 zhìlì——自立 zìlì	战时 zhànshí——暂时 zànshí
照旧 zhàojiù——造就 zàojiù	札记 zhájì——杂技 zájì
插手 chāshǒu——擦手 cāshǒu	持续 chíxù——词序 cíxù
初步 chūbù——粗布 cūbù	超重 chāozhòng——操纵 cāozòng
推迟 tuīchí——推辞 tuīcí	禅师 chánshī——蚕丝 cánsī
新春 xīnchūn——新村 xīncūn	商业 shāngyè——桑叶 sāngyè
鱼翅 yúchì——鱼刺 yúcì	收集 shōují——搜集 sōují
诗人 shīrén——私人 sīrén	山色 shānsè——三色 sānsè
树立 shùlì——肃立 sùlì	申述 shēnshù——申诉 shēnsù
输送 shūsòng——诉讼 sùsòng	师长 shīzhǎng——司长 sīzhǎng

4. 平翘舌音相连朗读：

zh—z

知足 zhīzú	振作 zhènzuò	职责 zhízé	站姿 zhànzī
正在 zhèngzài	种族 zhǒngzú	制造 zhìzào	指责 zhǐzé

z—zh

资助 zīzhù	增长 zēngzhǎng	杂志 zázhì	罪状 zuìzhuàng
尊重 zūnzhòng	作战 zuòzhàn	组织 zǔzhī	遵照 zūnzhào

ch—c

炒菜 chǎocài	初次 chūcì	储存 chǔcún	纯粹 chúncuì
差错 chācuò	船舱 chuáncāng	唱词 chàngcí	储藏 chǔcáng

c—ch

操场 cāochǎng	促成 cùchéng	操持 cāochí	辞呈 cíchéng
采茶 cǎichá	财产 cáichǎn	仓储 cāngchǔ	草船 cǎochuán

sh—s

生死 shēngsǐ	绳索 shéngsuǒ	收缩 shōusuō	神色 shénsè
深思 shēnsī	输送 shūsòng	受损 shòusǔn	誓死 shìsǐ

s—sh

松树 sōngshù　　随时 suíshí　　算术 suànshù　　宿舍 sùshè
损失 sǔnshī　　诉说 sùshuō　　虽说 suīshuō　　私事 sīshì

5.绕口令：

(1)红砖堆，青砖堆，砖堆旁边蝴蝶追。蝴蝶绕着砖堆飞，飞来飞去蝴蝶飞。

(2)紫瓷盘，盛鱼翅，一盘熟鱼翅，一盘生鱼翅。迟小池拿了一把瓷汤匙，要吃清蒸美鱼翅。一口鱼翅刚到嘴，鱼刺刺进齿缝里，疼得小池拍腿挠牙齿。

(3)四是四，十是十，十四是十四，四十是四十。谁能说准四、十、十四、四十四，谁来试一试。谁说四十是细席，就打谁四十四。谁说十四是涩柿，就打谁十四。谁说四十四是是是是，就打谁四百四十四。

(二)分清 r 和 l

普通话中，r 和 l 是两个不同的声母，但是，在浙江、闽南、南昌、扬州、济南等地的方言中，r 一般都读作 l。比如把“热”(rè)念成“乐”(lè)；把“天然”(tiānrán)念成“天蓝”(tiānlán)等。因此，分清 r 和 l 也是普通话学习的难点。

r 和 l 发音部位和发音方法都不同：r 是舌尖后浊擦音，l 是舌尖中浊边音。读准 r 和 l，要掌握以下两点：

第一，学会 r 和 l 的发音方法。

r 是一个浊擦音，它的发音部位与舌尖后清擦音 sh 相同。练习发音时，可以先发“sh”声母，延长并保持舌头动作不变，然后声带部分用力、颤动发出 r 声母。在 r 和韵母拼合时，等听到清晰的 r 声母再接着发韵母。初学者可以放慢发音速度练习。而发“l”时，舌尖轻轻一碰上齿龈，使气流马上从舌头两边出来。

$$\text{sh} \xrightarrow{\text{拖长音、声带颤动}} \text{r}$$

第二，要记住哪些字读 r 声母，哪些字读 l 声母。

(1)利用形声字偏旁类推。如：

刃 rèn　——忍 韧 轫 纫
柔 róu　——揉 蹂 糅 鞣
容 róng ——溶 熔 蓉 榕 镕

(2)记少不记多。普通话中读翘舌音 r 的字并不多，常用字中只有下面这些。我们只要记住了这些少量的 r 声母字，就能把 r 和 l 区分开来。

常用的 r 声母字：

然、燃、染、嚷、壤、让、饶、扰、绕、热、人、任(姓)、忍、任、认、扔、仍、日、容、绒、融、荣、茸、柔、肉、如、儒、乳、入、软、瑞、锐、润、闰、若、弱

练习

1. 读准下列单音节字词：

然 rán	让 ràng	软 ruǎn	人 rén	仍 réng	日 rì	荣 róng
热 rè	嚷 rǎng	如 rú	弱 ruò	惹 rě	绕 rào	忍 rěn
燃 rán	肉 ròu	绒 róng	扔 rēng	任 rèn	乳 rǔ	汝 rǔ
来 lái	冷 lěng	拉 lā	蓝 lán	罗 luó	留 liú	六 liù
卢 lú	龙 lóng	仑 lún	览 lǎn	路 lù	绿 lǜ	两 liǎng
里 lǐ	连 lián	老 lǎo	类 lèi	离 lí	列 liè	赖 lài

2. 读准下列双音节词语：

r—r

容忍 róngrěn	柔软 róuruǎn	荣辱 róngrǔ	仍然 réngrán
软弱 ruǎnruò	闰日 rùnrì	柔韧 róurèn	人人 rénrén

l—l

理论 lǐlùn	历来 lìlái	联络 liánluò	利率 lìlǜ
伶俐 línglì	流浪 liúlàng	拉力 lālì	拉练 lāliàn

3. 对比朗读：

乳 rǔ——鲁 lǔ	弱 ruò——落 luò
然 rán——兰 lán	饶 ráo——劳 láo
容 róng——龙 lóng	肉 ròu——漏 lòu
绕 rào——涝 lào	仍 réng——棱 léng
软 ruǎn——卵 luǎn	扰 rǎo——老 lǎo
利润 lìrùn——立论 lìlùn	入口 rùkǒu——路口 lùkǒu
乳汁 rǔzhī——卤汁 lǔzhī	兔绒 tùróng——兔笼 tùlóng

4. r 和 l 相连朗读：

r—l

燃料 ránliào	扰乱 rǎoluàn	热量 rèliàng	认领 rènlǐng
让路 rànglù	热恋 rèliàn	日历 rìlì	乳酪 rǔlào
人伦 rénlún	容量 róngliàng	热恋 rèliàn	锐利 ruìlì

l—r

老人 lǎorén	利润 lìrùn	例如 lìrú	连日 liánrì
蜡染 làrǎn	炼乳 liànrǔ	鹿茸 lùróng	凛然 lǐnrán
列入 lièrù	连任 liánrèn	冷热 lěngrè	猎人 lièrén

5. 绕口令：

(1)任命是任命，人名是人名，任命人名不能错，错了人名就下错了任命。

(2)夏日无日日亦热，冬日有日日亦寒，春日日出天渐暖，晒衣晒被晒褥单，秋日天高复云淡，遥看红日迫西山。

(三)分清 n 和 l

在普通话中，n 和 l 是两个不同的声母，但是，在许多方言里，n 和 l 是不分的。如闽方言和北方方言中的西南话、部分江淮话等，都不能区分 n 和 l。有的方言有 n 声母没有 l 声母，有的方言则是有 l 声母而没有 n 声母，而有的方言是 n 和 l 混读。他们往往把“水流”(shuǐliú) 和“水牛”(shuǐniú)、“旅客”(lǚkè) 和“女客”(nǚkè)混为一谈。

要分清 n 和 l，要注意以下两个方面：

第一，掌握 n 和 l 的发音要领。n 和 l 的发音位置相同，但是气流出来的方式不同。n 是鼻音，发音时，舌尖顶满上牙床，气流全部从鼻腔出来；l 是边音，发音时，舌尖稍顶上牙床，让气流从舌头两边出来。n 和 l 分不清，就是没有控制好气流从鼻腔出来还是从口腔出来。

第二，记住哪些字念 n 声母，哪些字念 l 声母。

(1) 利用形声字偏旁类推。例如：

宁 níng——拧 咛 柠 狞 泞

农 nóng——浓 脓 哝

纽 niǔ——妞 扭 钮 忸 狃

脑 nǎo——脑 恼 垴

仑 lún——轮 伦 抡 沦 论

兰 lán——拦 栏 烂

利 lì——梨 犁 莉 俐 痢

龙 lóng——聋 笼 咙 珑 胧 陇 垄 拢

(2)记少不记多。在汉字中，n 声母字比 l 声母要少得多。因此，只要记住少量 n 声母的字，自然 l 声母字也就记住了。

练习

1. 朗读下列单音节字词：

拿 ná	奶 nǎi	内 nèi	嫩 nèn	念 niàn	娘 niáng	鸟 niǎo
闹 nào	女 nǚ	暖 nuǎn	牛 niú	您 nín	年 nián	农 nóng

你 nǐ	男 nán	怒 nù	挪 nuó	南 nán	怒 nù	
懒 lǎn	了 liǎo	牢 láo	立 lì	令 lìng	六 liù	龙 lóng
料 liào	列 liè	录 lù	良 liáng	礼 lǐ	来 lái	铃 líng
狼 láng	冷 lěng	类 lèi	泪 lèi	拉 lā	辆 liàng	

2. 朗读下列双音节词语：

n—n

牛奶 niúnǎi	恼怒 nǎonù	泥泞 nínìng	农奴 nóngnú
扭捏 niǔnie	奶奶 nǎinai	恼怒 nǎonù	难弄 nánnòng
呢喃 nínán	男女 nánnǚ	来临 láilín	南宁 Nánníng
能耐 néngnai	忸怩 niǔní	袅娜 niǎonuó	牛腩 niúnǎn

l—l

力量 lìliang	劳力 láolì	轮流 lúnliú	玲珑 línglóng
料理 liàolǐ	连写 liánxiě	罗列 luóliè	利率 lìlǜ
留恋 liúliàn	姥姥 lǎolao	历来 lìlái	伶俐 línglì
流浪 liúlàng	拦路 lánlù	联络 liánluò	领略 lǐnglüè

3. 对比朗读：

南天 nántiān——蓝天 lántiān	内线 nèixiàn——泪腺 lèixiàn
浓重 nóngzhòng——隆重 lóngzhòng	大怒 dànù——大路 dàlù
黄泥 huángní——黄梨 huánglí	无奈 wúnài——无赖 wúlài
鸟雀 niǎoquè——了却 liǎoquè	水牛 shuǐniú——水流 shuǐliú
新娘 xīnniáng——新粮 xīnliáng	脑子 nǎozi——老子 lǎozi
姑娘 gūniang——估量 gūliáng	女客 nǚkè——旅客 lǚkè
允诺 yǔnnuò——陨落 yǔnluò	男女 nánnǚ——褴褛 lánlǚ
闹灾 nàozāi——涝灾 làozāi	门内 ménnèi——门类 ménlèi

4. n 和 l 相连朗读：

n—l

努力 nǔlì	嫩绿 nènlǜ	年历 niánlì	鸟类 niǎolèi
年轮 niánlún	能量 néngliàng	脑力 nǎolì	尼龙 nílóng
女郎 nǚláng	逆流 nìliú	内陆 nèilù	奶酪 nǎilào
农林 nónglín	暖流 nuǎnliú	凝练 níngliàn	闹铃 nàolíng

l—n

冷暖 lěngnuǎn	留念 liúniàn	老年 lǎonián	辽宁 Liáoníng
来年 láinián	历年 lìnián	蓝鸟 lánniǎo	老娘 lǎoniáng
龙脑 lóngnǎo	理念 lǐniàn	两难 liǎngnán	连年 liánnián

岭南 Lǐngnán　　烂泥 lànní　　老衲 lǎonà　　罹难 línàn

5.绕口令：

(1)蓝教练是女教练，吕教练是男教练，蓝教练不是男教练，吕教练不是女教练。蓝南是男篮主力，吕楠是女篮主力，吕教练在男篮训练蓝南，蓝教练在女篮训练吕楠。

(2)路东住着刘小柳，路南住着牛小妞。刘小柳拿着大皮球，牛小妞抱着大石榴。刘小柳把大皮球送给牛小妞，牛小妞把大石榴送给刘小柳。牛小妞脸儿乐得像红皮球，刘小柳笑得像开花的大石榴。

(3)门口有四辆四轮大马车，你爱拉哪两辆来拉哪两辆。

(四)分清 f 和 h

普通话里声母 f 和 h 分得很清楚。有些方言区，如湘方言、闽方言、粤方言、客家方言等都有 f 和 h 相混的现象。有的把一部分 f 声母字读成 h 声母字，有的则把一部分 h 声母读成 f 声母字，也有的 f 、h 随意读，结果“发生”(fāshēng)和“花生”(huāshēng)混同，“飞机”(fēijī)和“灰鸡”(huījī)不分。

要读准 f 和 h，学习方法是：

第一，要掌握 f 和 h 的发音要领，分清其不同的发音部位。f 和 h 的发音方法相同，都是清擦音。所不同的是，这两个音发音的部位不同。发 f 时，上唇和下齿发生摩擦；发 h 时，舌根和硬腭、软腭交界处构成阻碍。

第二，记住哪些字读 f 声母，哪些字读 h 声母。

同样，我们可以采用形声声旁类推的方法来帮助记忆。

例如：

方 fāng——芳 坊 妨 防 房 肪 访 仿 纺 舫 放

弗 fú——拂 佛 氟 佛 费 沸 狒

分 fēn——吩 芬 纷 汾 粉 份 忿

非 fēi——菲 啡 绯 扉 霏 匪 榧 斐 蜚 翡 痱

奂 huàn——唤 涣 换 痪 焕

化 huàn——哗 华 桦 骅 铧 货

胡 hú——糊 湖 瑚 蝴 葫

黄 huáng——磺 簧 潢 癀 蟥

练习

1.朗读下列单音节字词：

非 fēi　　方 fāng　风 fēng　伐 fá　　帆 fān　　分 fēn　　坟 fén

发 fā	锋 fēng	肥 féi	副 fù	奋 fèn	浮 fú	枫 fēng
反 fǎn	肥 féi	赴 fù	房 fáng	废 fèi	佛 fó	法 fǎ
回 huí	好 hǎo	活 huó	荒 huāng	汇 huì	忽 hū	狐 hú
户 hù	混 hùn	火 huǒ	湖 hú	黄 huáng	护 hù	话 huà
会 huì	昏 hūn	互 hù	慌 huāng	何 hé	航 háng	候 hòu

2.朗读下列双音节词语：

f—f

芬芳 fēnfāng	非法 fēifǎ	蜂房 fēngfáng	丰富 fēngfù
方法 fāngfǎ	仿佛 fǎngfú	发疯 fāfēng	反复 fǎnfù
非凡 fēifán	肺腑 fèifǔ	夫妇 fūfù	付费 fùfèi

h—h

花环 huāhuán	缓和 huǎnhé	欢呼 huānhū	恍惚 huǎnghū
后悔 hòuhuǐ	辉煌 huīhuáng	黄昏 huánghūn	花卉 huāhuì
合乎 héhū	黄河 Huánghé	好汉 hǎohàn	浑厚 húnhòu

3.对比朗读：

公费 gōngfèi——工会 gōnghuì	附注 fùzhù——互助 hùzhù
纷乱 fēnluàn——混乱 hùnluàn	幅度 fúdù——弧度 húdù
诽谤 fěibàng——毁谤 huǐbàng	消防 xiāofáng——硝磺 xiāohuáng
烧饭 shāofàn——烧焊 shāohàn	俯视 fǔshì——忽视 hūshì
开发 kāifā——开花 kāihuā	废气 fèiqì——晦气 huìqì
防风 fángfēng——黄蜂 huángfēng	船夫 chuánfū——传呼 chuánhū
风箱 fēngxiāng——烘箱 hōngxiāng	华丽 huálì——乏力 fálì

4.f 和 h 相连朗读：

f—h

废话 fèihuà	丰厚 fēnghòu	复活 fùhuó	繁华 fánhuá
粉红 fěnhóng	发挥 fāhuī	符号 fúhào	焚化 fénhuà
返回 fǎnhuí	分化 fēnhuà	缝合 fénghé	反悔 fǎnhuǐ
发话 fāhuà	腐化 fǔhuà	发火 fāhuǒ	分号 fēnhào

h—f

恢复 huīfù	后方 hòufāng	合法 héfǎ	河防 héfáng
耗费 hàofèi	焕发 huànfā	化肥 huàféi	会费 huìfèi
回复 huífù	横幅 héngfú	划分 huàfēn	混纺 hùnfǎng
洪福 hóngfú	荒废 huāngfèi	花房 huāfáng	哈佛 Hāfó

5. 绕口令：

(1)粉红墙上画凤凰，凤凰画上粉红墙；红凤凰，黄凤凰，粉红凤凰花凤凰，好似天上飞着两对真凤凰。

(2)风吹灰飞，灰飞花上花堆灰，风吹花灰灰飞去，灰在风里飞又飞。

(3)老方扛着个黄幌子，老黄扛着个方幌子，老方要拿老黄的方幌子，老黄要拿老方的黄幌子，老方老黄各自护幌子，方幌子碰破了黄幌子，黄幌子碰破了方幌子。

(五)改尖音为团音

在普通话语音系统中，齐齿呼、撮口呼的韵母只能跟 j、q 、x 相拼，不能跟 z、c、s 相拼，也就是说普通话不分尖音和团音。而在吴方言和粤方言中，齐齿呼和撮口呼的韵母既可以拼声母 j、q、x(团音)，也可以拼声母 z、c、s（尖音），有的在发 j、q、x 声母的音节时带有明显的尖音色彩。要学好普通话，必须注意这类发音问题。发音时应将舌尖下压至下齿背，舌面与硬腭前端构成阻碍但不能产生摩擦。

练习

1. 朗读下列单音节字词：

机 jī	几 jǐ	居 jū	挤 jǐ	句 jù	进 jìn
井 jǐng	接 jiē	决 jué	举 jǔ	饥 jī	局 jú
期 qī	秋 qiū	起 qǐ	妻 qī	启 qǐ	且 qiě
前 qián	恰 qià	却 què	掐 qiā	切 qiē	去 qù
西 xī	型 xíng	细 xì	虚 xū	兄 xiōng	行 xíng
稀 xī	选 xuǎn	学 xué	修 xiū	喜 xǐ	胸 xiōng
资 zī	紫 zǐ	自 zì	字 zì		
疵 cī	词 cí	此 cǐ	次 cì		
思 sī	死 sǐ	四 sì	寺 sì		

2. 朗读下列双音节词语：

j—j

经济 jīngjì	解决 jiějué	积极 jījí	坚决 jiānjué
接近 jiējìn	结交 jiéjiāo	讲解 jiǎngjiě	境界 jìngjiè

q—q

亲戚 qīnqi	确切 quèqiè	崎岖 qíqū	前期 qiánqī
情趣 qíngqù	请求 qǐngqiú	牵强 qiānqiǎng	欠缺 qiànquē

x—x

想象 xiǎngxiàng　详细 xiángxì　学习 xuéxí　谢谢 xièxie

虚心 xūxīn　相信 xiāngxìn　现象 xiànxiàng　休息 xiūxi

3. z c s—j q x 相连朗读：

z c s—j q x

资金 zījīn　刺激 cìjī　思想 sīxiǎng　自己 zìjǐ

司机 sījī　字迹 zìjì　四季 sìjì　丝线 sīxiàn

死角 sǐjiǎo　思绪 sīxù　瓷器 cíqì　自觉 zìjué

j q x—z c s

集资 jízī　其次 qícì　写字 xiězì　祭祀 jìsì

下策 xiàcè　细瓷 xìcí　洗菜 xǐcài　袖子 xiùzi

缉私 jīsī　棋子 qízǐ　席子 xízi　习字 xízì

4. 绕口令：

(1)七巷一个漆匠，西巷一个锡匠。七巷漆匠用了西巷锡匠的锡，西巷锡匠拿了七巷漆匠的漆，七巷漆匠气西巷锡匠用了漆，西巷锡匠讥七巷漆匠拿了锡。

(2)尖塔尖，尖杆尖，杆尖尖似塔尖尖，塔尖尖似杆尖尖。有人说杆尖比塔尖尖，有人说塔尖比杆尖尖。不知到底是杆尖比塔尖尖，还是塔尖比杆尖尖。

第三节　韵母的发音与辨正训练

训练目标

掌握韵母的构成和分类，掌握单韵母、复韵母和鼻韵母发音的特点，结合自己的方言，运用语音理论进行方音辨正，找到方言韵母和普通话韵母的对应关系，能念准复韵母，分清前后鼻韵尾，分清 i 和 ü 等。

一、韵母的构成与分类

（一）韵母的构成

韵母是指音节中声母后面的部分，有的全部由元音构成，有的由元音和辅音共同构成。如在 hǎo、gē、rùn、liáng 这些音节中，ao、e、uen、iang 分别跟在 h、g、r、l 声母的后面，这些跟在声母后面的部分就是韵母。其中，ao、e 都由元音构成，而 uen、iang 则由元音和鼻辅音共同构成的。

韵母可以分成韵头、韵腹、韵尾三部分。如："iang"这个韵母中，"i"是韵头，"a"是韵腹，"ng"是韵尾。韵头由 i 、u 、ü 三个元音充当，它的位置在韵腹前，发音轻而短，只表示韵母发音的起点，发音时舌位要快速滑向韵腹。韵头介于声母和韵腹之间，所以又叫介音或介母。如 jia、guai、jue 这些音节中的 i、u、ü 就是韵头。韵腹是韵母的主干，也叫主要元音。在音节中，与韵头、韵尾相比，韵腹的发音更响亮、清晰。韵腹一般由 a、o、e 、ê 充当，i、u、ü 、-i[前]、-i[后]也可以作韵腹，它是一个音节中最重要的部分。韵尾指韵腹后面的成分，它是一个音节的收束部分。韵尾有两类，i、u、o 是元音韵尾，n、ng 是鼻辅音韵尾。

一个韵母一般由韵头、韵腹、韵尾三部分构成。例如"xuǎn"(选)中的 ü 是韵头，a 是韵腹，n 是韵尾。一个音节中可以没有韵头，只有韵腹、韵尾，例如"dān"(丹)中的 a 是韵腹，n 是韵尾；可以没有韵尾，只有韵头、韵腹，例如"xiá"(霞)中的 i 是韵头，a 是韵腹；也可以只有韵腹，没有韵头、韵尾，例如"gù"(顾)中的 u。从上面的分析可以发现，韵腹是一个音节必不可少的部分，任何韵母都不能没有韵腹。

(二)韵母的分类

普通话的韵母有 39 个。详见下表。

普通话韵母分类表

	开口呼	齐口呼	合口呼	撮口呼
单韵母	-i(前)	i	u	ü
	-i(后)			
	a	ia	ua	
	o		uo	
	e			
	ê	ie		üe
	er			
复韵母	ai		uai	
	ei		uei	
	ao	iao		
	ou	iou		

续表

	开口呼	齐口呼	合口呼	撮口呼
鼻韵母	an	ian	uan	üan
	en	in	uen	ün
	ang	iang	uang	
	eng	ing	ueng	
			ong	iong

1.韵母按音素组成的不同情况可以分为单韵母、复韵母和鼻韵母三类：

单韵母 10 个：ɑ 、o、e、ê、i、u、ü、-i(前)、-i(后) 、er

复韵母 13 个：ai、ei、ao、ou、ia、ie、ua、uo、üe、iao、uai、uei、iou

鼻韵母 16 个：an、en、in、ün、ian、uan、üan、uen、ang、eng、ing、ong、iang、uang、ueng、iong

2.如果按韵母开头元音的实际发音分类，可以分成开口呼、齐齿呼、合口呼、撮口呼，这就是传统“四呼”的说法。

开口呼——开头元音的实际发音既不是 i，也不是 u 或 ü 的韵母。即上表第一列中的韵母，共 15 个。

齐齿呼——开头元音的实际发音为 i 的韵母。即上表第二列中的韵母，共 9 个。

合口呼——开头元音的实际发音为 u 的韵母，即上表第三列中的韵母，共 10 个。

撮口呼——开头元音的实际发音为 ü 的韵母，即上表第四列中的韵母，共 5 个。iong 实际发音时韵头接近 ü。

二、韵母的发音

(一)单韵母的发音

单韵母是由一个元音音素构成的韵母。单韵母一共有 10 个，其中 7 个是舌面元音，2 个是舌尖元音，1 个是卷舌元音。

单韵母发音时气流从肺部出来后，颤动声带，但在口腔中没有受到任何的阻碍；由于舌头的高低前后位置不同，口腔的开合度不一和唇形的圆与不圆的区别，就形成了不同的音色，构成了不同的单韵母。也就是说，舌位的前后、舌位的高低和唇形的圆展三个方面影响了单韵母的发音。

舌位的前后是指舌头的前伸或后缩。如发 i 时，舌头前伸，舌面隆起部位对着上腭前部，故称其为舌位前；发 u 时，舌头后缩，舌面隆起部位对着上腭后部，故称其为舌位后；发 a 时，舌头不前不后，处于中间，称为舌位央。

舌位的高低指舌面与上腭距离的远近。如发 i 时，舌面与上腭距离近，开口度小，称为舌位高；发 a 时，舌面与上腭的距离远，开口度大，称为舌位低。舌位的高低可分为高、半高、半低、低。

唇形的圆展指唇形的变化，有圆唇和展唇之分。如发 e 时，嘴角向两边自然展开，称为不圆唇；发 o 时，双唇聚拢，称为圆唇。

单元音发音受上述舌位前后、高低和唇形圆展的影响，单元音发音的共同特点是：从开始发音起，舌位和唇形保持不变，直到发音结束。如果其中的舌位或唇形发生了变化，就会影响单元音的音色，影响发音的准确程度。

根据舌位的前后升降变化，可以画一个舌位图表示单韵母的发音。先把舌头前伸，找出升至最高、降至最低的两个点；再把舌头后缩，找出舌位升到最高和降到最低的两个点；然后把这四个极点连成一个四边形图，这就是发舌面元音时舌头活动的大致范围。

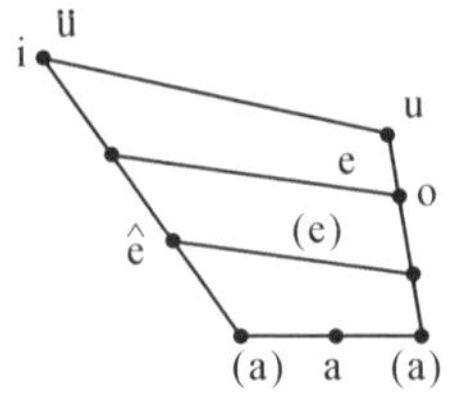

单元音发音舌位图

1. 舌面单韵母

a　舌面央低不圆唇元音

发音时口腔大开，舌头位置居中；舌面下降到最低度，舌面中部偏后处微微隆起，和硬腭后部相对。声带颤动，软腭上升，关闭鼻腔通路。

沙发 shāfā	喇叭 lǎba	大妈 dàmā
发达 fādá	打岔 dǎchà	麻纱 máshā

o　舌面后半高圆唇元音

发音时上下唇自然拢圆；舌头后缩，舌面后部隆起，和软腭相对。声带颤动，软腭上升，关闭鼻腔通路。

婆婆 pópo	默默 mòmò	磨破 mópò
泼墨 pōmò	薄膜 bómó	勃勃 bóbó

e　舌面后半高不圆唇元音

e 的发音与 o 大体相仿，不同在于唇形的圆展。o 是圆唇元音而 e 不圆唇。另外，e 的舌位比 o 略高且偏前一些。

合格 hégé　　特色 tèsè　　割舍 gēshě
客车 kèchē　　折射 zhéshè　　哥哥 gēge

ê　舌面前半低不圆唇元音

发音时嘴角向两边展开；舌面前部微微隆起，和硬腭前部相对；口腔开度较大。声带颤动，软腭上升，关闭鼻腔通路。

韵母 ê 自成音节只有一个字，即语气词“欸”，它与 i 和 ü 构成复韵母 ie、üe，省略 ê 头上的“ˆ”。这也就是说，在 ie 和 üe 这两个韵母中，字母 e 实际上是前半低不圆唇元音 ê。

i　舌面前高不圆唇元音

发音时口微开，嘴角向两边展开；上下齿相对，舌尖接触下齿背，舌面前部隆起和硬腭前部相对；开口度小，舌位高。声带颤动，软腭上升，关闭鼻腔通路。

习题 xítí　　利器 lìqì　　礼仪 lǐyí
笔记 bǐjì　　集体 jítǐ　　细腻 xìnì

u　舌面后高圆唇元音

发音时，上下唇收缩成圆形，微微向前突出，中间留一个小孔，舌头后缩，舌面后部隆起，和软腭相对；声带颤动，软腭上升，关闭鼻腔通路。

祝福 zhùfú　　出路 chūlù　　速度 sùdù
粗鲁 cūlǔ　　服务 fúwù　　鼓舞 gǔwǔ

ü　舌面前高圆唇元音

ü 的发音与 i 大体相仿，不同在于唇形的圆展上。发 i 时不圆唇，而 ü 是圆唇的。

聚居 jùjū　　序曲 xùqǔ　　雨具 yǔjù
区域 qūyù　　絮语 xùyǔ　　女婿 nǚxu

2. 舌尖单韵母

-i(前)　舌尖前高不圆唇元音

发音时开口度小，嘴角向两边展开，舌尖和上齿背相对，保持适当的距离；声带颤动，软腭上升，关闭鼻腔通路。-i(前)只和 z、c、s 相拼，训练时可用音节 zi、ci、si 作引导，发完声母后继续延长发音，同时颤动声带，消除摩擦，就能发出标准的舌尖前元音了。

字词 zìcí　　自私 zìsī　　子嗣 zǐsì
自此 zìcǐ　　恣肆 zìsì　　刺字 cìzì

-i (后)　舌尖后不圆唇元音

发音时开口度比-i(前)略大，嘴角向两边展开，舌尖上抬和硬腭相对，保持适当的距离；声带颤动，软腭上升，关闭鼻腔通路。这个韵母只出现在 zh、ch、sh

声母的后面。-i(后)只和 zh、ch、sh 相拼,发音训练可参照-i(前)的发音。

制止 zhìzhǐ　　食指 shízhǐ　　日志 rìzhì

致使 zhìshǐ　　支持 zhīchí　　咫尺 zhǐchǐ

3. 卷舌韵母

er　央中不圆唇卷舌元音

发音时,口腔自然打开,舌位不前不后不高不低,然后舌前部上抬,舌尖向后卷,和硬腭前端相对。声带颤动,软腭上升,关闭鼻腔通路。er 用两个字母代表一个音素,r 仅表示一个卷舌动作。

耳环 ěrhuán　　而且 érqiě　　偶尔 ǒu'ěr

二期 èrqī　　儿童 értóng　　花儿 huā'ér

(二)复韵母的发音

复韵母共有 13 个,是由两个或三个元音构成的。两个元音构成的复韵母叫“二合元音”韵母,三个元音构成的复韵母叫“三合元音”韵母。

复韵母的发音与单韵母不同,单韵母发音时要求舌位、唇形前后一致,不能发生变化,而复韵母发音时必须有“动程”,要求在发音时舌位和唇形都发生变化,由一个元音的舌位、唇形向另一个元音的舌位唇形滑动变化,而不是几个元音简单、机械地拼合。同时,也要注意突出主要元音,使韵腹的声音响亮、清晰。

根据韵腹所处的位置不同,可以将复韵母分为前响复韵母、中响复韵母和后响复韵母三类。

1. 前响复韵母

前响复韵母有两个元音组成,前面是韵腹,后面是韵尾,没有韵头。发音时,动程前半段响亮清晰,后半段轻短模糊,口形由大到小。

ai　起音 a 的舌位比单韵母 a 要偏前,我们称之为“前 a”。发音时,先放低舌位,唇形开而不圆,发出“前 a”,紧接着舌位渐升,向着 i 的方向滑动,终点不太明确,尾音念得轻短含混。

白菜 báicài　　开采 kāicǎi　　爱戴 àidài

海带 hǎidài　　灾害 zāihài　　彩排 cǎipái

ei　起音 e 的舌位比单韵母 e 要稍低靠前,音色接近央元音,起音要念得长而响,然后向着 i 的方向滑动,终点 i 不太明确,尾音念得轻短含混。此韵母的动程较短。

配备 pèibèi　　肥美 féiměi　　娓娓 wěiwěi

非得 fēiděi　　蓓蕾 bèilěi　　黑霉 hēiméi

ao　起音 a 比单韵母 a 的舌位要靠后,称为“后 a”。发音时,舌面后部隆起发"后 ɑ",起音要念得长而响,然后向着 u 的方向滑动(拼写作 o,实际发音接近 u),终点 u 不太明确,尾音念得轻短模糊。

高潮 gāocháo　　逃跑 táopǎo　　早操 zǎocāo

报到 bàodào　　草帽 cǎomào　　嘲笑 cháoxiào

ou　起音 o 的舌位比单韵母 o 的舌位略低略前,唇形略扁,起音要念得长而响,然后向着 u 的方向滑动,终点 u 不太明确,尾音念得轻短含混。

收购 shōugòu　　佝偻 gōulóu　　抖擞 dǒusǒu

丑陋 chǒulòu　　豆蔻 dòukòu　　守候 shǒuhòu

2. 后响复韵母

后响复韵母由两个元音组成,前面是韵头,后面是韵腹,没有韵尾。发音时,动程前半段轻短快捷,后半段响亮清晰,起点和终点都很明确,口形由小到大。

iɑ　发音时,舌位由前高不圆唇元音 i 向央低元音 ɑ 逐渐滑动,舌位逐渐降低,开口度变大。i 的发音紧而短,ɑ 响而长。

假牙 jiǎyá　　加价 jiājià　　恰恰 qiàqià

压价 yājià　　下架 xiàjià　　家家 jiājiā

ie　发音时,由前高不圆唇元音 i 向前半低不圆唇元音 ê 滑动,舌位渐低,开口度渐大。起音 i 紧而短,尾音 ê 响而长。

斜街 xiéjiē　　贴切 tiēqiè　　歇业 xiēyè

铁鞋 tiěxié　　姐姐 jiějie　　谢谢 xièxie

uɑ 发音时,由后高圆唇元音 u 向央 ɑ 滑动,舌位逐渐降低,开口度渐大,唇形由圆到不圆。起音 u 紧而短,ɑ 响而长。

耍滑 shuǎhuá　　挂花 guàhuā　　花袜 huāwà

画刷 huàshuā　　娃娃 wáwa　　画画 huàhuà

uo　发音时,由后高圆唇元音 u 向后半高圆唇元音 o 滑动,舌位稍稍降低,口形发 u 时较圆,到 o 时稍开。起音 u 紧而短, o 响而长。

蹉跎 cuōtuó　　着落 zhuóluò　　火锅 huǒguō

国货 guóhuò　　硕果 shuòguǒ　　堕落 duòluò

üe　发音时,由前高圆唇元音 ü 向前半低不圆唇元音 ê 滑动。口形从圆唇变为不圆唇,开口度渐大。起音 ü 紧而短,尾音 ê 响而长。

约略 yuēlüè　　雀跃 quèyuè　　月缺 yuèquē

决绝 juéjué　　缺略 quēlüè　　雪月 xuěyuè

3. 中响复韵母

中响复韵母由三个元音组成,分别是韵头、韵腹和韵尾。动程起始部分紧而短，中间部分响亮清晰，尾音部分短而弱。发音的起点很明确，但尾音终点不明确。

iao　发音时，由前高元音 i 开始，舌位降到后低元音 a，即“后 a”，再由后 a 向后高圆唇元音 u 的方向滑动。韵头 i 紧而短，韵腹 a 响而长，韵尾 o 弱而短。整个发音过程舌位的升降变化大。

窈窕 yǎotiǎo　　教条 jiàotiáo　　疗效 liáoxiào

巧妙 qiǎomiào　　笑料 xiàoliào　　吊桥 diàoqiáo

iou　发音时，由前高元音 i 开始，舌位降到比单韵母 o 的舌位略低略前的位置，然后再往上滑动至 u。韵头 i 紧而短，韵尾 o 弱而短。发阴平、阳平声调时，中间的主要元音 o 弱化，甚至接近消失，而在读上声和去声时主要元音响亮清晰。

优秀 yōuxiù　　绣球 xiùqiú　　牛油 niúyóu

求救 qiújiù　　久留 jiǔliú　　悠久 yōujiǔ

uai　发音时，由后高元音 u 开始，舌位降至前低元音 a，然后再由前 a 向前高不圆唇元音 i 滑动。韵头 u 紧而短，韵腹 a 响而长，韵尾 i 弱而短。整个发音过程舌位的升降变化大。

外快 wàikuài　　怀揣 huáichuāi　　乖乖 guāiguāi

摔坏 shuāihuài　　衰败 shuāibài　　外踝 wàihuái

uei　发音时，由后高圆唇元音 u 开始，舌位降至比单韵母 e 要稍低靠前，然后再向前高不圆唇元音 i 的方向滑动。韵头 u 紧而短，韵尾 i 弱而短。发阴平、阳平声调时，中间的主要元音 e 弱化，甚至接近消失，而在读上声和去声时主要元音响亮清晰。

归队 guīduì　　回馈 huíkuì　　垂危 chuíwēi

水位 shuǐwèi　　摧毁 cuīhuǐ　　追随 zhuīsuí

(三)鼻韵母的发音

鼻韵母是一个或两个元音，加鼻辅音 n 或 ng 作韵尾构成的。鼻韵母的发音与复韵母一样，也是由一个音的发音动作向另一个音的发音动作移动变化的结果。不同的是，复韵母都是元音复合而成，以元音收尾，而鼻韵母以鼻音收尾。因此，发鼻韵母时，n 和 ng 两个鼻辅音一定要念好，要能准确地区分 n 和 ng 的不同发音。

因为 n 的发音部位在前，ng 的发音部位在后，所以一般将带 n 韵尾的叫前鼻韵母，带 ng 韵尾的叫后鼻韵母。前鼻韵母共有 8 个：an、en、in、ün、ian、uan、uen、üan。后鼻韵母共有 8 个：ang、eng、ing、ong、iang、iong、uang、ueng。

1. 前鼻韵母

鼻韵母中的辅音韵尾 n 的发音同声母 n 的发音部位相同，但从发音方法看，略有不同。作声母时，气流要保持到阻碍排除，并带出声音；作韵尾时，只在阻碍排除之前发音。

an　起音 a 和 ai 中的 a 一样，是前低不圆唇元音 a，然后舌面升高，舌尖贴向上齿龈，当两者将要接触时，软腭下降，封闭口腔打开鼻腔通路，气流改从鼻腔里透出，发出鼻音。

勘探 kāntàn　泛滥 fànlàn　展览 zhǎnlǎn　坦然 tǎnrán
橄榄 gǎnlǎn　灿烂 cànlàn　漫谈 màntán　汗衫 hànshān

en　起音 e 从央中元音[ə]开始，舌面渐渐升高，舌尖抵上齿龈时，软腭下降，封闭口腔打开鼻腔通路，气流改从鼻腔里透出，发出鼻音。

深沉 shēnchén　根本 gēnběn　粉尘 fěnchén　振奋 zhènfèn
人参 rénshēn　沉闷 chénmèn　认真 rènzhēn　门诊 ménzhěn

in　起音 i 是前高不圆唇元音，然后舌面升高至上齿龈处，舌尖将抵上齿龈时，软腭迅速下降封闭口腔打开鼻腔通路，气流改从鼻腔流出，发出鼻音 n。

拼音 pīnyīn　殷勤 yīnqín　林荫 línyīn　亲信 qīnxìn
薪金 xīnjīn　引进 yǐnjìn　濒临 bīnlín　信心 xìnxīn

ün　ün 的发音与 in 的发音动作很接近。唯一不同的是 in 始终是不圆唇的，而 ün 的唇形由 ü 的圆唇逐步展开，变为展唇。

芸芸 yúnyún　军训 jūnxùn　均匀 jūnyún　逡巡 qūnxún

ian　由前高不圆唇元音 i 开始，舌位向"前 a"的位置滑动，降到[æ]（处于前 a 与 ê 的舌位间）的位置时，然后舌位又升高，舌尖将抵上齿龈时，软腭迅速下降封闭口腔打开鼻腔通路，气流改从鼻腔流出，发出鼻音 n。

鲜艳 xiānyàn　简便 jiǎnbiàn　电线 diànxiàn　演练 yǎnliàn
天仙 tiānxiān　检验 jiǎnyàn　连绵 liánmián　变迁 biànqiān

uan　由后高圆唇元音 u 开始，唇形由圆变展，舌位降至前低不圆唇元音 a，然后再升高，舌尖将抵上齿龈时，软腭迅速下降封闭口腔打开鼻腔通路，气流改从鼻腔流出，发出鼻音 n。

贯穿 guànchuān　酸软 suānruǎn　专款 zhuānkuǎn　传唤 chuánhuàn
专断 zhuānduàn　转弯 zhuǎnwān　宦官 huànguān　婉转 wǎnzhuǎn

üan　由前高圆唇元音 ü 开始，舌位降至[æ]，然后再向上滑动，舌尖将抵上齿龈时，软腭迅速下降，封闭口腔打开鼻腔通路，气流改从鼻腔流出，发出鼻音 n。

圆圈 yuánquān　渊源 yuānyuán　轩辕 xuānyuán　源泉 yuánquán

uen 由后高元音 u 开始，唇形由圆变展，由后高元音向央元音[ə]下滑，随后舌位再升高，舌尖将抵上齿龈时，软腭迅速下降，封闭口腔打开鼻腔通路，气流改从鼻腔透出，发出鼻音 n。

论文 lùnwén　春笋 chūnsǔn　温存 wēncún　伦敦 Lúndūn
滚滚 gǔngǔn　谆谆 zhūnzhūn　馄饨 húntún　昆仑 Kūnlún

2. 后鼻韵母

鼻辅音 ng 与声母 g、k、h 的发音部位相同，发音时舌根隆起，与软腭接触，阻塞气流通过，同时软腭下降，打开鼻腔通路，声带颤动。

ang 从后低不圆唇元音 a 起音，口大开，舌尖离开下齿背后缩，舌根隆起，当贴近软腭时，软腭下降，封闭口腔，打开鼻腔通道，气流从鼻腔里透出。

肮脏 āngzāng　帮忙 bāngmáng　当场 dāngchǎng　党章 dǎngzhāng
厂房 chǎngfáng　苍茫 cāngmáng　商场 shāngchǎng　张扬 zhāngyáng

eng 起音 e 的舌位比单元音 e 略低略前，舌头后缩，舌根隆起，当舌根抬起贴近软腭时，软腭下降，封闭口腔，打开鼻腔通道，气流从鼻腔里透出。

征程 zhēngchéng　更正 gēngzhèng　萌生 méngshēng　冷风 lěngfēng
声称 shēngchēng　升腾 shēngténg　逞能 chěngnéng　丰盛 fēngshèng

ing 由前高不圆唇元音 i 开始，舌面由前往后逐渐隆起，舌身后缩，当舌根贴近软腭时，软腭下降，封闭口腔，打开鼻腔通路，气流改从鼻腔流出。

命令 mìnglìng　聆听 língtīng　宁静 níngjìng　秉性 bǐngxìng
兵营 bīngyíng　明星 míngxīng　精明 jīngmíng　并行 bìngxíng

ong 起点元音 o 的实际发音处在单韵母 o 和 u 之间，接近 u 的位置，因此传统的音韵学将其归为合口呼。发音时舌头后缩，舌根隆起。当舌根贴近软腭时，软腭下降，封闭口腔打开鼻腔通路，气流改从鼻腔透出。

冲动 chōngdòng　从容 cóngróng　公共 gōnggòng　工农 gōngnóng
通红 tōnghóng　隆重 lóngzhòng　笼统 lǒngtǒng　瞳孔 tóngkǒng

iang 起音是前高不圆唇元音 i，接着舌位向后降至"后 a"，舌身后缩，舌根隆起，当舌根贴近软腭时，软腭下降，封闭口腔打开鼻腔通路，气流改从鼻腔透出。

强将 qiángjiàng　想象 xiǎngxiàng　两样 liǎngyàng　响亮 xiǎngliàng
洋相 yángxiàng　奖项 jiǎngxiàng　向阳 xiàngyáng　踉跄 liàngqiàng

uang 从后高圆唇元音 u 开始，舌位下降至后低元音 a，然后舌根渐渐升高，贴近软腭时，软腭下降，封闭口腔，打开鼻腔通路，气流改从鼻腔流出。

矿床 kuàngchuáng　网状 wǎngzhuàng　双簧 shuānghuáng
装潢 zhuānghuáng　窗框 chuāngkuàng　狂妄 kuángwàng

往往 wǎngwǎng　　　状况 zhuàngkuàng

ueng　从后高圆唇元音 u 开始，舌位渐渐下降至央[ə]的位置，然后舌根抬起，贴近软腭时，软腭下降，封闭口腔，打开鼻腔通路，气流改从鼻腔流出。

渔翁 yúwēng　　水瓮 shuǐwèng　　嗡嗡 wēngwēng　蓊郁 wěngyù

iong　由前高不圆唇元音 i 开始，舌位向后移动至比后高元音 o 略高的位置，然后舌根抬起，贴近软腭时，软腭下降，封闭口腔，打开鼻腔通路，气流改从鼻腔流出。由于 i 和 o(实为松 u)长期结合，听起来似圆唇的 ü，因此传统的音韵学将其归为撮口呼。

汹涌 xiōngyǒng　熊熊 xióngxióng　炯炯 jiǒngjiǒng　茕茕 qióng qióng

三、韵母辨正

(一)念准复韵母

复韵母是复合的韵母，把两个或三个元音复合在一起，发音时应该有“动程”，也就是说发音时元音的舌位、唇形的变化丰富，元音间的过渡自然。如：ai 是把 a 和 i 复合在一起，舌位和唇形从 a 滑向 i，动程非常明显。而吴方言中往往把 ai、ei、ao、ou 等复韵母念成单韵母，动程明显不足。纠正的办法一是要准确把握韵腹的准确舌位，开口度要大，二是重视舌位和唇形的连续移动变化，发音时要从前一个音素滑向后一个音素，开口度从小到大或从大到小变化自如，如中响复韵母口腔开口度必须由小到大，再由大到小。三是前响复韵母和中响复韵母都是有韵尾的，切记不能丢失韵尾。

练习

1. 读准下列多音节字词：

爱 ài	海 hǎi	来 lái	戴 dài	太 tài	柴 chái	腮 sāi	钙 gài
黑 hēi	贼 zéi	给 gěi	陪 péi	非 fēi	煤 méi	馁 něi	得 děi
熬 áo	好 hǎo	逃 táo	稿 gǎo	闹 nào	道 dào	照 zhào	巢 cháo
厚 hòu	钩 gōu	偶 ǒu	洲 zhōu	抽 chōu	首 shǒu	揉 róu	豆 dòu
姚 yáo	笑 xiào	巧 qiǎo	挑 tiāo	袅 niǎo	裱 biǎo	缴 jiǎo	掉 diào
右 yòu	秀 xiù	裘 qiú	扭 niǔ	丢 diū	刘 liú	谬 miù	揪 jiū
歪 wāi	踝 huái	块 kuài	揣 chuāi	拽 zhuài	帅 shuài	坏 huài	乖 guāi
未 wèi	推 tuī	队 duì	贵 guì	回 huí	睿 ruì	税 shuì	堆 duī

2.读准下列词语：

代培 dàipéi	白费 báifèi	暧昧 àimèi	郊游 jiāoyóu
幼苗 yòumiáo	求教 qiújiào	牛角 niújiǎo	衰微 shuāiwēi
交流 jiāoliú	黑白 hēibái	胚胎 pēitāi	内在 nèizài
要求 yāoqiú	漂流 piāoliú	柳条 liǔtiáo	有效 yǒuxiào
外汇 wàihuì	表白 biǎobái	快慰 kuàiwèi	怪罪 guàizuì
佩带 pèidài	招收 zhāoshōu	包头 Bāotóu	毛豆 máodòu
报仇 bàochóu	酬劳 chóuláo	周到 zhōudào	构造 gòuzào
口号 kǒuhào	头脑 tóunǎo	投靠 tóukào	毁坏 huǐhuài

3.对比朗读

铁桥 tiěqiáo——铁球 tiěqiú	赔偿 péicháng——排场 páichǎng
生效 shēngxiào——生锈 shēngxiù	雷电 léidiàn——来电 láidiàn
捎信 shāoxìn——收信 shōuxìn	求教 qiújiào——求救 qiújiù
牢房 láofáng——楼房 lóufáng	摇动 yáodòng——游动 yóudòng
分派 fēnpài——分配 fēnpèi	埋头 máitóu——眉头 méitóu
高洁 gāojié——勾结 gōujié	少数 shǎoshù——手术 shǒushù
摆布 bǎibu——北部 běibù	开外 kāiwài——开胃 kāiwèi

4.绕口令

(1)大妹和小妹

大妹和小妹，一起去收麦。大妹割大麦，小妹割小麦。大妹帮小妹挑小麦，小妹帮大妹挑大麦。大妹小妹收完麦，噼噼啪啪齐打麦。

(2)白菜和海带

买白菜，搭海带，不买海带就别买大白菜。买卖改，不搭卖，不买海带也能买到大白菜。

(二)分清鼻音韵尾-n和-ng

普通话里有前后鼻韵母之分，可是在有些方言里，an-ang，en-eng，in-ing，uan-uang，uen-ueng 分辨不清，所以说好普通话要注意分清鼻音韵尾-n 和-ng。

首先要注意-n 和-ng 发音上的不同，学会发-n 和-ng。

n 和 ng 虽都是鼻音韵尾，但它们的成阻部位不同，n 在舌尖与上齿龈处成阻，而 ng 成阻位置则靠后得多，在舌根与软腭。因此，发 n 时舌尖前伸，抵住上齿龈；而发 ng 则舌身后缩，舌根隆起贴近软腭。发 n 时开口度小，发 ng 时开口度较大。

另外，还可以利用一些方法记住普通话里哪些字属前鼻韵母，哪些字属后鼻韵母。

1. 利用形声字偏旁类推

如：丁(dīng)——叮、钉、盯、酊、仃、订、顶、厅、汀

申(shēn)——伸、呻、绅、砷、神、审、婶

2. 根据声韵配合规律帮助记忆

(1)d、t、n、l 只与 eng 相拼，不与 en 相拼(除托、嫩 外)，所以“凳、楞、能、腾”等肯定读“dèng、lèng、néng、téng”。

(2)z、c、s、d、t、n、l 不与 uang 相拼，只与 uan 相拼，所以“钻、窜、算、端、团、暖、卵”等肯定是 uan 韵。

(3)d、t、n 只与 ing 相拼，不与 in 相拼(除“您”外)，所以“丁、顶、定、停、宁”等肯定读“dīng、dǐng、dìng、tíng、níng”。

练习

1. 单音节字词练习：

安 ān	案 àn	办 bàn	潘 pān	满 mǎn	反 fǎn	淡 dàn
男 nán	栏 lán	干 gàn	砍 kǎn	寒 hán	詹 zhān	蝉 chán
盎 àng	绑 bǎng	旁 páng	盲 máng	芳 fāng	档 dàng	唐 táng
廊 láng	刚 gāng	糠 kāng	航 háng	张 zhāng	常 cháng	尚 shàng
摁 èn	笨 bèn	喷 pēn	门 mén	份 fèn	嫩 nèn	针 zhēn
森 sēn	怎 zěn	陈 chén	深 shēn	跟 gēn	垦 kěn	痕 hén
泵 bèng	碰 pèng	梦 mèng	凤 fèng	能 néng	登 dēng	腾 téng
证 zhèng	乘 chéng	生 shēng	仍 réng	赠 zèng	层 céng	僧 sēng
音 yīn	斌 bīn	拼 pīn	民 mín	林 lín	您 nín	金 jīn
心 xīn	秦 qín	临 lín	仅 jǐn	闽 mǐn	宾 bīn	皿 mǐn
映 yìng	经 jīng	请 qǐng	醒 xǐng	病 bìng	评 píng	明 míng
玲 líng	静 jìng	轻 qīng	莺 yīng	青 qīng	宁 níng	兵 bīng
玩 wán	换 huàn	段 duàn	暖 nuǎn	卵 luǎn	专 zhuān	穿 chuān
关 guān	款 kuǎn	欢 huān	短 duǎn	赚 zhuàn	算 suàn	窜 cuàn
网 wǎng	黄 huáng	广 guǎng	慌 huāng	狂 kuáng	幢 zhuàng	床 chuáng
双 shuāng	创 chuàng	爽 shuǎng	状 zhuàng	望 wàng	窗 chuāng	荒 huāng
文 wén	昏 hūn	棍 gùn	顿 dùn	臀 tún	准 zhǔn	顺 shùn
唇 chún	吮 shǔn	润 rùn	稳 wěn	混 hún	吞 tūn	纯 chún
翁 wēng	瓮 wèng	嗡 wēng	蓊 wěng			

2. 读准下列双音节词语：

灿烂 cànlàn　反感 fǎngǎn　贪婪 tānlán　汗衫 hànshān　懒汉 lǎnhàn
本身 běnshēn　沉闷 chénmèn　恩人 ēnrén　根本 gēnběn　门诊 ménzěn
临近 línjìn　殷勤 yīnqín　引进 yǐnjìn　金银 jīnyín　尽心 jìnxīn
论文 lùnwén　春笋 chūnsǔn　温顺 wēnshùn　伦敦 Lúndūn　昆仑 Kūnlún
军训 jūnxùn　均匀 jūnyún　逡巡 qūnxún　纭纭 yúnyún　菌群 jūnqún
前线 qiánxiàn　连绵 liánmián　电线 diànxiàn　棉线 mián xiàn
源泉 yuánquán　渊源 yuānyuán　全选 quánxuǎn　圆圈 yuánquān
苍茫 cāngmáng　商场 shāngchǎng　厂方 chǎngfāng　长廊 chángláng
风筝 fēngzheng　逞能 chěngnéng　奉承 fèngchéng　更正 gēngzhèng
蜻蜓 qīngtíng　庆幸 qìngxìng　叮咛 dīngníng　平顶 píngdǐng
从容 cóngróng　工农 gōngnóng　轰动 hōngdòng　空洞 kōngdòng
奖项 jiǎngxiàng　响亮 xiǎngliàng　香江 Xiāngjiāng　踉跄 liàngqiàng
往往 wǎngwǎng　装潢 zhuānghuáng　狂妄 kuángwàng　窗框 chuāngkuàng
嗡嗡 wēngwēng　老翁 lǎowēng　水瓮 shuǐwèng
汹涌 xiōngyǒng　炯炯 jiǒngjiǒng　熊熊 xióngxióng

3. 鼻韵母组合练习：

安全 ānquán　蜿蜒 wānyán　简单 jiǎndān　根源 gēnyuán
分担 fēndān　跟进 gēnjìn　亲眼 qīnyǎn　循环 xúnhuán
元音 yuányīn　连线 liánxiàn　繁简 fánjiǎn　捐献 juānxiàn
眩晕 xuànyùn　震颤 zhènchàn　身段 shēnduàn　侵犯 qīnfàn
分店 fēndiàn　新建 xīnjiàn　文坛 wéntán　亲身 qīnshēn
病床 bìngchuáng　苍蝇 cāngying　曾经 céngjīng　昌盛 chāngshèng
长征 chángzhēng　疯狂 fēngkuáng　工程 gōngchéng　奉行 fèngxíng
工整 gōngzhěng　功名 gōngmíng　光荣 guāngróng　光明 guāngmíng
名称 míngchēng　惊慌 jīnghuāng　景象 jǐngxiàng　竞争 jìngzhēng
狂风 kuángfēng　冷静 lěngjìng　相等 xiāngděng　平方 píngfāng
上等 shàngděng　生动 shēngdòng　听讲 tīngjiǎng　同等 tóngděng

4. 对比朗读：

(1) an—ang

残酷 cánkù——仓库 cāngkù　反应 fǎnyìng——放映 fàngyìng
展望 zhǎnwàng——张望 zhāngwàng　扮演 bànyǎn——榜样 bǎngyàng
简化 jiǎnhuà——讲话 jiǎnghuà　铅笔 qiānbǐ——枪毙 qiāngbì
传单 chuándān——床单 chuángdān　缓慢 huǎnmàn——慌忙 huāngmáng

(2)en—eng

笨蛋 bèndàn——绷带 bēngdài　　陈述 chénshù——成熟 chéngshú
吩咐 fēnfu——丰富 fēngfù　　狠心 hěnxīn——恒星 héngxīng
深处 shēnchù——牲畜 shēngchù　　身子 shēnzi——绳子 shéngzi
诊治 zhěnzhì——整治 zhěngzhì　　木盆 mùpén——木棚 mùpéng

(3)in—ing

金黄 jīnhuáng——惊慌 jīnghuāng　　紧密 jǐnmì——精密 jīngmì
民意 mínyì——名义 míngyì　　品尝 pǐncháng——平常 píngcháng
勤俭 qínjiǎn——请柬 qǐngjiǎn　　因而 yīn'ér——婴儿 yīng'ér
引用 yǐnyòng——应用 yìngyòng　　相信 xiāngxìn——先行 xiānxíng

5.前后鼻韵母相连朗读：

(1)an—ang

站岗 zhàngǎng　山冈 shāngāng　南方 nánfāng　赶忙 gǎnmáng
反抗 fǎnkàng　坦荡 tǎndàng

(2)ang—an

抗旱 kànghàn　畅谈 chàngtán　方案 fāng'àn　钢板 gāngbǎn
当然 dāngrán　上岸 shàng'àn

(3)en—eng

人生 rénshēng　奔腾 bēnténg　神圣 shénshèng　文风 wénfēng
真正 zhēnzhèng　本能 běnnéng

(4)eng—en

城镇 chéngzhèn　风疹 fēngzhěn　登门 dēngmén　缝纫 féngrèn
胜任 shèngrèn　承认 chéngrèn

(5)in—ing

新颖 xīnyǐng　民警 mínjǐng　进行 jìnxíng　聘请 pìnqǐng
银杏 yínxìng　心情 xīnqíng

(6)ing—in

精心 jīngxīn　定金 dìngjīn　听信 tīngxìn　灵敏 língmǐn
影印 yǐngyìn　领巾 lǐngjīn

6. 绕口令：

(1)冷，真冷，真正冷，冷冰冰，冰冰冷，猛地一阵风更冷。人人都说冷，冷也不冷，人能战胜风，更能战胜冷。

(2)姓陈不能说成姓程，姓程不能说成姓陈。禾木是程，耳东是陈。如果陈程不分，就会认错人。

(3)小金到北京看风景，小京到天津买纱巾。看风景，用眼睛，还带一个望远镜；买纱巾，带现金，到了天津把商店进。买纱巾，用现金；看风景，用眼睛，巾、金、睛、景要分清。

(三)分清韵母 i 和 ü

i、ü 都是舌面前高元音，不同的是 ü 是圆唇元音，而 i 是展唇元音。有些方言区的人 i、ü 不分，如把“有趣(yǒuqù)”，说成“(有气 yǒuqì)”，“缘分(yuánfèn)”说成“盐分(yánfèn)”，“渔民(yúmín)”说成“遗民(yímín)”。i、ü 不分的人先要学会发圆唇的 ü，其次要注意分清齐齿呼与撮口呼音节。

练习

1.读准下面的单音节字词：

已 yǐ　其 qí　析 xī　斜 xié　显 xiǎn　浅 qiǎn　间 jiān　研 yán　嵌 qiàn

语 yǔ　去 qù　需 xū　学 xué　癣 xuǎn　犬 quǎn　捐 juān　员 yuán　券 quàn

2.i-ü 韵母连读练习：

给予 jǐyǔ　例句 lìjù　继续 jìxù　其余 qíyú　地域 dìyù

玉米 yùmǐ　距离 jùlí　续集 xùjí　履历 lǚlì　氯气 lǜqì

3.对比朗读：

容易 róngyì—— 荣誉 róngyù　　适宜 shìyí—— 适于 shìyú

里程 lǐchéng——旅程 lǚchéng　　防疫 fángyì——防御 fángyù

大姨 dàyí—— 大鱼 dàyú　　雨季 yǔjì—— 雨具 yǔjù

得意 déyì—— 德育 déyù　　季节 jìjié —— 拒绝 jùjué

分期 fēnqī——分区 fēnqū　　办理 bànlǐ——伴侣 bànlǚ

遗传 yíchuán——渔船 yúchuán　　名义 míngyì——名誉 míngyù

4.绕口令：

(1)养鱼

大渠养大鱼不养小鱼，小渠养小鱼不养大鱼。一天天下雨，大渠水流进小渠，小渠水流进大渠。大渠里有了小鱼不见大鱼，小渠里有了大鱼不见小鱼。

(2)吃橘子

吃橘子，剥橘子，橘皮丢在垃圾箱里。不吃橘子，不剥橘子，不把橘子丢在垃圾箱里。

第四节　声调的发音与辨正训练

训练目标

本节要求掌握调值、调类的概念，掌握普通话四个声调的调值并能准确发音。对照普通话声调的实际调值，改正尚遗留的方言声调。

一、声调的性质

声调也称“字调”，是指一个音节中能区别意义的高低升降的变化形式。声调起着区别意义的作用。“无力”“武力”“物理”“物力”这四个词的声母和韵母都相同，由于声调不同，意义因此不同。

普通话的声调是由音高造成的，而音高的变化是因为发音时声带的松紧。声带紧，在一定时间里音波颤动的次数就多，发出的音就高；声带松，在一定时间里音波颤动的次数就少，发出的音就低。不过这种音高是相对音高，而非音乐上的绝对音高。比如，小孩、妇女的声带较短、较紧，音就高，老人、男人声带较长、较松，音就低。人们在倦怠乏力时音高往往比情绪亢奋时略低。但是，这种音高的变化不影响我们对语意的理解。只要人们在同一时间内，情绪保持稳定的情况下所发出的同一声调的音节的音高是稳定的，四个声调的音高变化是合乎比例的就行了。

二、调值和调类

声调的实际读法叫“调值”，即声调的高低升降的形式。普通话的调值有高平调、中升调、降升调、全降调四种基本类型，即有这四种不同的调值。

“调类”是声调的分类，是按照声调调值的实际读法归纳概括出来的。一种语言或方言有几种实际读法，就可以归纳出几种调类。把属于同一种调值的归为一种调类，如把凡是调值为高平的归为一类称为“阴平”，把调值为中升的归为一类，称为“阳平”，调值为降升的归为一类称为“上声”，调值为全降的归为一类称为“去声”。普通话中有四种不同的调值，因此就可以归纳出以上四种调类。平时，我们也通常称这四个调类为第一声、第二声、第三声、第四声。

在普通话中，4 种调值和 4 种调类正好一一对应。

为了准确地记录声调的实际读法，一般采用“五度标记法”，即用一根竖线表示声音的高低，由低而高，分为“低、半低、中、半高、高”，分别用数字 1、2、3、4、5 来表示。竖线的左边用直线、斜线、曲线表示声调的高低、升降、曲折的变化。普通话声调的调值表示如下：

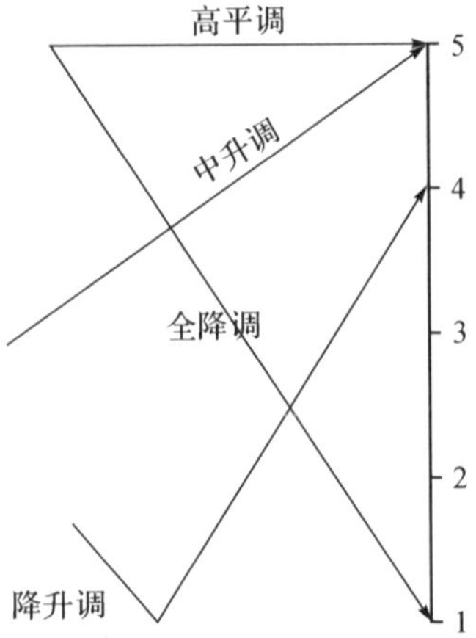

五度标调法表示声调的实际调值

汉语拼音的声调符号的写法来自于“五度标调法”。标调时，声调符号必须标在主要元音，即韵腹上。韵母 iou、uei 的省写形式 iu、ui 的调号分别标在 u 和 i 上，i 上标调要去掉点儿，轻声不标调。请看下面一则标调的顺口溜：

ɑ、o、e、i、u、ü，
标调时，按顺序。
i 上标调去掉点，
i、u 并排标后边。

练习

1. 读准下列单音节字词：

瓜 guā	装 zhuāng	窝 wō	归 guī	偷 tōu	搭 dā	抓 zhuā
弩 nú	学 xué	猴 hóu	轴 zhóu	晴 qíng	痕 hén	翔 xiáng
鲁 lǔ	果 guǒ	缶 fǒu	哪 nǎ	盹 dǔn	沈 shěn	广 guǎng
盾 dùn	酱 jiàng	闹 nào	放 fàng	众 zhòng	忾 kài	去 qù

2. 同调练习：

阴平＋阴平

相当 xiāngdāng	星期 xīngqī	剥削 bōxuē
堆积 duījī	珍惜 zhēnxī	忠贞 zhōngzhēn

阳平十阳平

及格 jígé　　执行 zhíxíng　　隔绝 géjué

同学 tóngxué　　其实 qíshí　　琉璃 liúlí

上声十上声

古老 gǔlǎo　　美好 měihǎo　　指引 zhǐyǐn

首选 shǎuxuǎn　　偶尔 ǒu'ěr　　勉强 miǎnqiǎng

去声十去声

色素 sèsù　　固定 gùdìng　　校样 jiàoyàng

奋斗 fèndòu　　正气 zhèngqì　　制造 zhìzào

3. 声调对比练习：

一向 yíxiàng——意象 yìxiàng　　以外 yǐwài——意外 yìwài

语言 yǔyán——预言 yùyán　　游艺 yóuyì——友谊 yǒuyì

游记 yóujì——有机 yǒujī　　有形 yǒuxíng——有幸 yǒuxìng

月食 yuèshí——乐师 yuèshī　　眼力 yǎnlì——艳丽 yànlì

音响 yīnxiǎng——印象 yìnxiàng　　音阶 yīnjiē——音节 yīnjié

微笑 wēixiào——微小 wēixiǎo　　包围 bāowéi——保卫 bǎowèi

兵力 bīnglì——病理 bìnglǐ　　名声 míngshēng——名胜 míngshèng

天时 tiānshí——天使 tiānshǐ　　天职 tiānzhí——添置 tiānzhì

天资 tiānzī——天子 tiānzǐ　　吞食 tūnshí——吞噬 tūnshì

孤立 gūlì——鼓励 gǔlì　　中庸 zhōngyōng——重用 zhòngyòng

姑息 gūxī——股息 gǔxī　　终生 zhōngshēng——众生 zhòngshēng

邻里 línlǐ——林立 línlì——淋漓 línlí

过失 guòshī——过时 guòshí——果实 guǒshí

画师 huàshī——画室 huàshì——化石 huàshí

佳节 jiājié——嫁接 jiàjiē——假借 jiǎjiè

交接 jiāojiē——交界 jiāojiè——皎洁 jiǎojié

简介 jiǎnjiè——见解 jiànjiě——间接 jiànjiē

紧急 jǐnjí——晋级 jìnjí——禁忌 jìnjì

精制 jīngzhì——景致 jǐngzhì——静止 jìngzhǐ

经济 jīngjì——荆棘 jīngjí——竞技 jìngjì

祈求 qíqiú——乞求 qǐqiú——气球 qìqiú

现今 xiànjīn——现金 xiànjīn——先进 xiānjìn

失业 shīyè——事业 shìyè——视野 shìyě

实施 shíshī——事实 shìshí——逝世 shìshì

实验 shíyàn——食盐 shíyán——试验 shìyàn

实践 shíjiàn——时间 shíjiān——事件 shìjiàn

4. 四音节成语声调练习：

风调雨顺 fēngtiáoyǔshùn	光明磊落 guāngmínglěiluò
春暖花开 chūnnuǎnhuākāi	千锤百炼 qiānchuíbǎiliàn
山穷水尽 shānqióngshuǐjìn	五光十色 wǔguāngshísè
花枝招展 huāzhīzhāozhǎn	赏心悦目 shǎngxīnyuèmù
日新月异 rìxīnyuèyì	逝水流年 shìshuǐliúnián
鞠躬尽瘁 jūgōngjìncuì	呕心沥血 ǒuxīnlìxuè
高瞻远瞩 gāozhānyuǎnzhǔ	丰功伟绩 fēnggōngwěijì

三、声调辨正

(一)分清阳平和上声

阳平的调值是 35，是升调，上声是曲调，其调值为 214。在有些方言中，阳平和上声不分，因此这些方言区的人念阳平调时，起调过高中间拐弯，易念成近乎上声的调；发上声时，没有把它发成简单的降升调，中间有一段低平调，时间稍长，因而尾部高度不到 4。

练习

对比辨音：

阳平＋上声

梅雨 méiyǔ	烦恼 fánnǎo	牛奶 niúnǎi	伏笔 fúbǐ
没有 méiyǒu	凉水 liángshuǐ	难产 nánchǎn	牟取 móuqǔ

上声＋阳平

小结 xiǎojié	守则 shǒuzé	谎言 huǎngyán	水雷 shuǐléi
曲牌 qǔpái	谴责 qiǎnzé	妥协 tuǒxié	表决 biǎojué

(二)克服入声

入声是南北方言的一个重要差别，普通话没有入声，古入声已分化成阴、阳、上、去四个声调。吴方言保留入声，音节末尾带有塞音韵尾，读音短促。朗读时要丢掉塞音韵尾，把声调念得长些。

练习

下列词语在方言中念入声，在普通话中该怎么念？

积 jī	出 chū	七 qī	合 hé	识 shí	竹 zhú	达 dá	宅 zhái	伐 fá
骨 gǔ	甲 jiǎ	匹 pǐ	栗 lì	一 yī	必 bì	钠 nà	粥 zhōu	杰 jié

第五节　语流音变训练

训练目标

普通话中，语流音变主要包括轻声、变调、儿化、“啊”的音变等几种现象。本节要求掌握轻声、儿化的音变规律，记住轻声词，念准儿化词；掌握“一、不”和上声的变调，掌握“啊”的音变规律。

人们在说话或朗读时，不是孤立地发出一个个音素或音节，而是把许多音节组合成词和句子连续地说出来的。在语流中，由于受到临近音素或音节的影响，有些音素或音节就会发生相应的变化，我们把这种现象叫做语流音变。在普通话中，语流音变主要有轻声、变调、儿化、“啊”的音变等几种现象。

一、轻声

(一)什么是轻声

普通话音节都有一个固定的声调，可是某些音节在词和句子中失去了它原有的声调，读成一种轻短模糊的调子，这就是轻声。如“爸”bà 原来读去声，可是在“爸爸”这个词里，第二个“爸”字要念得比第一个“爸”字轻得多，短得多，这就是一个轻声音节。

(二)轻声的作用

轻声具有区分词性或词义的作用。如：

地道　dìdao　　形容词，纯粹、真正的
地道　dìdào　　名词，地下挖成的隧道
大意　dàyi　　形容词，疏忽，不注意

大意　dàyì　　名词，主要意思
兄弟　xiōngdi　名词，弟弟
兄弟　xiōngdì　短语，哥哥和弟弟

(三)轻声的规律

1. 重叠式名词后缀，后一个音节读轻声。如：

妈妈 māma　　妹妹 mèimei　　娃娃 wáwa　　星星 xīngxing

2. 重叠式动词后缀，后一个音节读轻声。如：

走走 zǒuzou　　看看 kànkan

研究研究 yánjiu yánjiu　　学习学习 xuéxi xuéxi

3. 语气词“吗、呢、啊、吧、哇、呀、哪”等读轻声。如：

是吗 shì ma　　你呢 nǐ ne　　唱啊 chàng nga　　走吧 zǒu ba

好哇 hǎo wa　　什么呀 shénme ya　　看哪 kàn na

4. 助词“着、了、过、的、地、得”读轻声。如：

忙着 mángzhe　　来了 láile　　看过 kànguo　　我的 wǒ de

勇敢地 yǒnggǎn de　　喝得好 hē de hǎo

5. 名词、代词的后缀“子、头、们、巴”等读轻声。如：

桌子 zhuōzi　　木头 mùtou　　他们 tāmen　　嘴巴 zuǐba

6. 表示方位的语素或词读轻声。如：

墙上 qiáng shang　　河里 hé li　　地下 dì xia　　那边 nàbian

7. 某些量词读轻声。如：

一个人 yí ge rén　　写封信 xiě feng xìn

8. 趋向动词读轻声。如：

起来 qǐlai　　下去 xiàqu　　站起来 zhàn qǐlai　　取回来 qǔ huílai

9. 作宾语的人称代词读轻声。如：

打你 dǎ ni　　找他 zhǎo ta

(四)非规律性的必读轻声词

在普通话里，除了有区别词性、词义作用的以及有规律性的轻声词以外，还存在着大量的既无区别词性、词义作用，又无规律可循的轻声词，但是他们在习惯上必须读轻声。如：

云彩 yúncai　　书记 shūji　　干事 gànshi　　活泼 huópo

机灵 jīling　　抽屉 chōuti　　窗户 chuānghu　　膏药 gāoyao

扎实 zhāshi　扫帚 sàozhou　玻璃 bōli　刺猬 cìwei

练习

1. 朗读轻声词表，见附录5（第57页）。

2. 朗读绕口令

喇嘛和哑巴

有一个喇嘛，手里提着个蛤蟆。有一个哑巴，腰里别着个喇叭。手里提着蛤蟆的喇嘛，要拿蛤蟆换哑巴腰里别着的喇叭，腰里别着喇叭的哑巴，不肯拿喇叭换喇嘛手里提着的蛤蟆。手里提着蛤蟆的喇嘛，打了腰里别着喇叭的哑巴一蛤蟆。腰里别着喇叭的哑巴，也打了手里提着蛤蟆的喇嘛一喇叭。

二、变调

（一）上声的变调

在普通话中，上声只有在单念或词句末尾才念原调，在词句的末音节之前都会产生变调，其变调的依据是后面那个音节的声调。

1. 上声在非上声（阴平、阳平、去声、轻声）前面变成半上，调值由214变为211。

首都 shǒudū　法官 fǎguān　普通 pǔtōng　小心 xiǎoxīn　鼓吹 gǔchuī
美德 měidé　感情 gǎnqíng　只能 zhǐnéng　请求 qǐngqiú　语言 yǔyán
美丽 měilì　广大 guǎngdà　脚步 jiǎobù　请客 qǐngkè　手链 shǒuliàn
寡妇 guǎfu　尾巴 wěiba　喜欢 xǐhuan　奶奶 nǎinai　里头 lǐtou

2. 上声在上声前面，前一个上声变成阳平，调值由214变为35。

窈窕 yǎotiǎo　偶尔 ǒu'ěr　理想 lǐxiǎng　尽管 jǐnguǎn　处理 chǔlǐ

3. 三个上声字相连时，根据词语内部的结构变调。

（1）单双格结构的词语，读成“211＋35＋214”。

柳组长 liǔzǔzhǎng　纸老虎 zhǐlǎohǔ　小两口 xiǎoliǎngkǒu
冷处理 lěngchǔlǐ　老古董 lǎogǔdǒng

（2）双单格结构的词语，读成“35＋35＋214”。

管理组 guǎnlǐzǔ　洗脸水 xǐliǎnshuǐ　水彩笔 shuǐcǎibǐ　蒙古语 měnggǔyǔ
选举法 xuǎnjǔfǎ

(二)"一、不"的变调

"一、不"在语流中往往产生变调,而且较有规律,其变调的依据是后面那个音节的声调。现将它们的变调规则罗列如下:

(1)"一、不"在语句末或单念时,念原调。"一"在表示序数时念原调。"一"的原调是阴平,"不"的原调是去声。

九九归一 jiǔ jiǔ guī yī　　不管三七二十一 bùguǎn sān qī èrshíyī

第一 dìyī　　不 bù　　决不 jué bù

(2)"一、不"在去声字前念阳平。

一切 yíqiè　　一定 yídìng　　一刻 yí kè　　一道 yídào

不会 búhuì　　不去 búqù　　不是 búshì　　不必 búbì

(3)"一、不"在非去声(阴平、阳平、上声)字前念去声。

一生 yìshēng　一天 yì tiān　一些 yìxiē　一厢情愿 yì xiāng qíngyuàn

一群 yì qún　一回 yì huí　一行 yì xíng　一直 yìzhí

一手 yìshǒu　一体 yìtǐ　一起 yìqǐ　一纸空文 yì zhǐ kōng wén

不安 bù'ān　不公 bùgōng　不单 bùdān　不堪 bùkān

不行 bùxíng　不乏 bùfá　不曾 bùcéng　不才 bùcái

不法 bùfǎ　不久 bùjiǔ　不管 bùguǎn　不等 bùděng

(4)"一、不"夹在词语中间念轻声。

唱一唱 chàngyichàng　　听一听 tīngyitīng　　看一看 kànyikàn

会不会 huìbuhuì　　好不好 hǎobuhǎo　　在不在 zàibuzài

练习

1. 读准下列"一"的变调:

第一　万一　一共　一路　始终如一　表里如一　百里挑一

一半　一致　一面　一概　一心一意　一举一动　一事无成

一见如故　一毛不拔　一帆风顺　修一修　谈一谈　跑一跑　跳一跳

绝不　决不　不应该　不详　不和　不仅　不满

甜不甜　新不新　冷不冷　像不像　不闻不问　不干不净　不速之客

不翼而飞　不成体统　不知所措

2. 绕口令:

一帆一桨一渔舟,一个渔翁一钓钩。

一俯一仰一场笑,一江明月一江秋。

一个大一个小,一件衣服一顶帽。

一边多一边少，一打铅笔一把刀。
一个大一个小，一只西瓜一颗枣。
一边多一边少，一盒饼干一块糕。
一个大一个小，一头肥猪一只猫。
一边多一边少，一群大雁一只鸟。
一边唱一边跳，大小多少记得牢。

三、儿化

(一)儿化的音变规则

er在普通话里是一个比较特殊的韵母，它不同声母相拼，也不能同其他音素组合成复合韵母，可以自成音节。er常附在其他音节后边，使这个音节发生变化，成为一个带卷舌动作的韵母，这就是儿化现象。儿化后的韵母称儿化韵。

儿化韵音变规则：

(1)末尾音素是ɑ、o、e、ê、u时，直接加“r”。

豆芽儿 dòuyár　山坡儿 shānpōr　唱歌儿 chànggēr　丑角儿 chǒujuér　白兔儿 báitùr

(2)末尾音素是i、n(in、ün除外)时，将其去掉后加“r”。

锅盖儿 guōgàr　包干儿 bāogār　零碎儿 língsùr　手绢儿 shǒujuàr

(3)韵母是i、ü的，直接加“er”。

玩意儿 wányìer　唱曲儿 chàngqǔer小鸡儿 xiǎojīer　金鱼儿 jīnyúer

(4)韵母是in、ün的，去掉n后加“er”。

背心儿 bèixīer　短裙儿 duǎnqúer　干劲儿 gànjìer　白云儿 báiyúer

(5)尾音是ng(ing除外)，去掉ng，使前面元音鼻化并加“r”。

帮忙儿 bāngmɑ̃r　没空儿 méikɔ̃r　门缝儿 ménfẽr　蛋黄儿 dànhuɑ̃r

(注：ing丢掉ng后，i仍不能卷舌，所以要加er，并元音鼻化。)

(6)舌尖元音-i(前后)，丢-i(前后)，加“er”。

没词儿 méicér　没事儿 méishèr

(二)儿化的作用

(1)确定和区别词义。如：

头：tóu　脑袋

头儿：tóur　领导

白面：báimiàn　面粉

白面儿：báimiànr 烟土、鸦片

(2)区别词性。如：

尖：jiān　形容词

尖儿：jiānr　名词

画：huà　动词

画：huàr　名词

(3)表示亲切的、温婉的语气或细小的、轻微的状态和特点。

酒窝儿 jiǔwōr	花骨朵儿 huāgūduor
一丁点儿 yīdīngdiǎnr	粉末儿 fěnmòr

练习

1. 念准下面的儿化韵：

号码儿 hàomǎr	火锅儿 huǒguōr	饭盒儿 fànhér	水珠儿 shuǐzhūr
一下儿 yīxiàr	手稿儿 shǒugǎor	封口儿 fēngkǒur	知了儿 zhīliǎor
小米儿 xiǎomǐr	有趣儿 yǒuqùr	戏词儿 xìcír	果汁儿 guǒzhīr
一块儿 yīkuàir	树根儿 shùgēnr	饭馆儿 fànguǎnr	冰棍儿 bīnggùnr
瓜瓤儿 guārángr	板凳儿 bǎndèngr	手印儿 shǒuyìnr	花裙儿 huāqúnr
花瓶儿 huāpíngr			

2. 朗读下列绕口令：

练字音儿

进了门儿，倒杯水儿，喝了两口儿运运气儿，顺手儿拿起小唱本儿，唱了一曲儿又一曲儿，练完了嗓子练嘴皮儿，绕口令儿，练字音儿，还有单弦儿牌子曲儿，小快板儿大鼓词儿，越说越唱越带劲儿。

四、语气词"啊"的音变

语气词"啊"单念是"a"，而在句末或句中的停顿处，由于受到前面音节末尾音素的影响，就会产生音变现象。其变化的规律如下：

(1)前面音节的末尾音素是 a、o、e、ê、i、ü 时，读作 ya，汉字写作"呀"如：

原来是他啊！

手艺真不错啊！

他是你哥哥啊！

你怎么撒野啊！

好多的东西啊！

这么大一条鱼啊！

(2)前面音节的末尾音素是 u(包括 ao、iao)的,读作 wa,汉字写作“哇”。
有没有啊?
唱得多好啊!
她的手多巧啊!
(3)前面音节的末尾音素是 n 的,读作 na,汉字写作“哪”。
这事可不好办啊。
你真是一个好人啊!
(4)前面音节的末尾音素是 ng 的,读作 nga,汉字写作“啊”。
快点儿唱啊!
行不行啊?
(5)前面音节的末尾音素是-i(前)的,读作 [z]a,汉字写作“啊”。
这是谁的孩子啊?
快点儿吐丝啊!
(6)前面音节的末尾音素是-i (后)和 er 的,读作 ra,汉字写作“啊”。
今天他值日啊!
没错儿啊!

练习

1.在括号内标出“啊”的实际读音并朗读。
(1)是他哥哥啊!(　　)
(2)写得多好啊!(　　)
(2)多大的雨啊!(　　)
(4)用什么纸啊?(　　)
(5)哪个公司啊?(　　)
(6)加油干啊!(　　)
(7)大家一起唱啊!(　　)
(8)他就是王小二啊!(　　)
(9)真是一本好书啊!(　　)
(10)你可要小心啊!(　　)
(11)小心手烫啊!(　　)
(12)这是第几次啊 ?(　　)
(13)快上坡啊!(　　)
(14)您在这儿住啊?(　　)
(15)日子过得真快啊!(　　)
(16)笑得真欢啊!(　　)
2.绕口令:

鸡啊鸭啊

鸡啊,鸭啊,猫啊,狗啊,一块儿水里游啊!
牛啊,羊啊,马啊,骡啊,一块儿进鸡窝啊!
狼啊,虫啊, 虎啊,豹啊,一块儿上街跑啊!
兔啊,鹿啊,鼠啊,孩儿啊,一块儿上窗台儿啊!

附录3　《汉语拼音方案》

一　字母表

字母：	Aa	Bb	Cc	Dd	Ee	Ff	Gg
名称：	ㄚ	ㄅㄝ	ㄘㄝ	ㄉㄝ	ㄜ	ㄝㄈ	ㄍㄝ
	Hh	Ii	Jj	Kk	Ll	Mm	Nn
	ㄏㄚ	ㄧ	ㄐㄧㄝ	ㄎㄝ	ㄝㄌ	ㄝㄇ	ㄋㄝ
	Oo	Pp	Qq	Rr	Ss	Tt	
	ㄛ	ㄆㄝ	ㄑㄧㄡ	ㄚㄦ	ㄝㄙ	ㄊㄝ	
	Uu	Vv	Ww	Xx	Yy	Zz	
	ㄨ	ㄪㄝ	ㄨㄚ	ㄒㄧ	ㄧㄚ	ㄗㄝ	

v只用来拼写外来语、少数民族语言和方言。

字母的手写体依照拉丁字母的一般书写习惯。

二　声母表

b	p	m	f	d	t	n	l
ㄅ玻	ㄆ坡	ㄇ摸	ㄈ佛	ㄉ得	ㄊ特	ㄋ讷	ㄌ勒
g	k	h		j	q	x	
ㄍ哥	ㄎ科	ㄏ喝		ㄐ基	ㄑ欺	ㄒ希	
zh	ch	sh	r	z	c	s	
ㄓ知	ㄔ蚩	ㄕ诗	ㄖ日	ㄗ资	ㄘ雌	ㄙ思	

在给汉字注音的时候，为了使拼式简短，zh ch shi 可以省作ẑ ĉ ŝ。

三　韵母表

	i ㄧ 衣	u ㄨ 乌	ü ㄩ 迂
a ㄚ 啊	ia ㄧㄚ 呀	ua ㄨㄚ 蛙	
o ㄛ 喔		uo ㄨㄛ 窝	
e ㄜ 鹅	ie ㄧㄝ 耶		üe ㄩㄝ 约

续表

ai ㄞ 哀		uai ㄨㄞ 歪	
ei ㄟ 诶		uei ㄨㄟ 威	
ao ㄠ 熬	iao ㄧㄠ 腰		
ou ㄡ 欧	iou ㄧㄡ 忧		
an ㄢ 安	ian ㄧㄢ 烟	uan ㄨㄢ 弯	üan ㄩㄢ 冤
en ㄣ 恩	in ㄧㄣ 因	uen ㄨㄣ 温	ün ㄩㄣ 晕
ang ㄤ 昂	iang ㄧㄤ 央	uang ㄨㄤ 汪	
eng ㄥ 亨的韵母	ing ㄧㄥ 英	ueng ㄨㄥ 翁	
ong ㄨㄥ轰的韵母	iong ㄩㄥ 雍		

(1)"知、蚩、诗、日、资、雌、思"等七个音节的韵母用 i,即:知、蚩、诗、日、资、雌、思等字拼作 zhi,chi,shi,ri,zi,ci,si。

(2)韵母儿写成 er,用做韵尾的时候写成 r。例如:"儿童"拼作 ertong,"花儿"拼作 huar。

(3)韵母ㄝ单用的时候写成 ê。

(4)i 行的韵母,前面没有声母的时候,写成:yi(衣),ya(呀),ye(耶),yao(腰),you(忧),yan(烟),yin(因),yang(央),ying(英),yong(雍)。

u 行的韵母,前面没有声母的时候,写成 wu(乌),wa(蛙),wo(窝),wai(歪),wei(威),wan(弯),wen(温),wang(汪),weng(翁)。

ü 行的韵母,前面没有声母的时候,写成 yu (迂),yue (约),yuan (冤),yun (晕);ü 上两点省略。

ü 行的韵母跟声母 j,q,x 拼的时候,写成 ju(居),qu(区),xu(虚),ü 上两点也省略;但是跟声母 l,n 拼的时候,仍然写成 lü(吕),nü(女)。

(5)iou,uei,uen 前面加声母的时候,写成:iu,ui,un。例如 niu(牛),gui(归),lun(论)。

(6)在给汉字注音的时候,为了使拼式简短,ng 可以省作 ŋ。

四　声调符号

阴平	阳平	上声	去声
—	/	V	\

声调符号标在音节的主要母音上。轻声不标。

例如：

妈 mā	麻 má	马 mǎ	骂 mà	吗 ma
（阴平）	（阳平）	（上声）	（去声）	（轻声）

五　隔音符号

a,o,e 开头的音节连接在其他音节后面的时候，如果音节的界限发生混淆，用隔音符号(’)隔开，例如 pi’ao(皮袄)。

附录 4　普通话水平测试常用易错单音节字词表

氨 ān	按 àn	斑 bān	笨 bèn	蹦 bèng	宾 bīn	冰 bīng
兵 bīng	丙 bǐng	饼 bǐng	屏 píng	病 bìng	并 bìng	拨 bō
捕 bǔ	残 cán	蚕 cán	仓 cāng	操 cāo	曹 cáo	册 cè
层 céng	曾 céng	察 chá	拆 chāi	柴 chái	缠 chán	巢 cháo
扯 chě	撤 chè	臣 chén	尘 chén	沉 chén	称 chēng	趁 chèn
撑 chēng	成 chéng	诚 chéng	称 chēng	秤 chèng	愁 chóu	畜 chù
喘 chuǎn	串 chuàn	幢 chuáng	吹 chuī	垂 chuí	磁 cí	赐 cì
从 cóng	凑 còu	粗 cū	促 cù	簇 cù	催 cuī	村 cūn
存 cún	错 cuò	氮 dàn	垫 diàn	叠 dié	丁 dīng	订 dìng
兜 dōu	恩 ēn	尔 ěr	泛 fàn	分 fēn	份 fèn	粪 fèn
封 fēng	丰 fēng	风 fēng	峰 fēng	冯 Féng	奉 fèng	否 fǒu
钙 gài	杆 gǎn	跟 gēn	更 gèng	汞 gǒng	硅 guī	含 hán
恨 hèn	恒 héng	横 hèng	弧 hú	今 jīn	近 jìn	金 jīn
仅 jǐn	进 jìn	劲 jìn	锦 jǐn	尽 jǐn	晋 jìn	径 jìng
鲸 jīng	井 jǐng	颈 jǐng	劲 jìng	净 jìng	竟 jìng	敬 jìng
菌 jūn	砍 kǎn	扛 káng	炕 kàng	肯 kěn	坑 kēng	筐 kuāng
捆 kǔn	赖 lài	兰 lán	捞 lāo	雷 léi	冷 lěng	愣 lèng
例 lì	俩 liǎng	炼 liàn	辆 liàng	咧 liě	邻 lín	林 lín
临 lín	淋 lín	磷 lín	灵 líng	铃 líng	零 líng	龄 líng
岭 lǐng	溜 liū	瘤 liú	溜 liù	弄 lòng	漏 lòu	露 lòu

卤 lǔ	驴 lǘ	缕 lǚ	氯 lǜ	卵 luǎn	略 lüè	轮 lún
络 luò	抹 mā	迈 mài	蛮 mán	瞒 mán	枚 méi	酶 méi
闷 mēn	闷 mèn	梦 mèng	灭 miè	民 mín	名 míng	命 mìng
抹 mǒ	囊 náng	嫩 nèn	能 néng	拟 nǐ	逆 nì	捏 niē
您 nín	宁 níng	凝 níng	拧 nǐng	偶 ǒu	胚 pēi	喷 pēn
盆 pén	彭 péng	棚 péng	捧 pěng	碰 pèng	匹 pǐ	贫 pín
品 pǐn	平 píng	凭 píng	屏 píng	瓶 píng	颇 pō	砌 qì
潜 qián	嵌 qiàn	壳 qiào	亲 qīn	秦 qín	琴 qín	勤 qín
轻 qīng	青 qīng	氢 qīng	倾 qīng	渠 qú	却 què	染 rǎn
惹 rě	任 rèn	仁 rén	忍 rěn	扔 rēng	仍 réng	软 ruǎn
若 ruò	撒 sǎ	腮 sāi	伞 sǎn	扫 sǎo	色 sè	僧 sēng
杀 shā	沙 shā	傻 shǎ	色 shǎi	晒 shài	山 shān	扇 shàn
善 shàn	闪 shǎn	伤 shāng	商 shāng	稍 shāo	舌 shé	伸 shēn
身 shēn	参 shēn	深 shēn	神 shén	沈 shěn	婶 shěn	肾 shèn
甚 shèn	升 shēng	声 shēng	省 shěng	胜 shèng	圣 shèng	盛 shèng
剩 shèng	式 shì	瘦 shòu	竖 shù	刷 shuā	耍 shuǎ	摔 shuāi
甩 shuǎi	率 shuài	栓 shuān	双 shuāng	霜 shuāng	税 shuì	顺 shùn
司 sī	丝 sī	思 sī	斯 sī	死 sǐ	寺 sì	似 sì
松 sōng	宋 sòng	送 sòng	艘 sōu	苏 sū	俗 sú	素 sù
速 sù	宿 sù	酸 suān	算 suàn	虽 suī	隋 Suí	随 suí
髓 suǐ	碎 suì	岁 suì	穗 suì	孙 sūn	缩 suō	所 suǒ
索 suǒ	摊 tān	疼 téng	腾 téng	踢 tī	厅 tīng	听 tīng
停 tíng	挺 tǐng	透 tòu	托 tuō	晚 wǎn	汪 wāng	往 wǎng
纬 wěi	温 wēn	纹 wén	闻 wén	吻 wěn	稳 wěn	问 wèn
卧 wò	勿 wù	锡 xī	狭 xiá	弦 xián	嫌 xián	腺 xiàn
箱 xiāng	消 xiāo	邪 xié	泄 xiè	心 xīn	锌 xīn	新 xīn
信 xìn	星 xīng	兴 xīng	刑 xíng	行 híng	型 xíng	形 xíng
醒 xǐng	性 xìng	省 xǐng	姓 xìng	宿 xiǔ	穴 xué	秧 yāng
仰 yǎng	因 yīn	阴 yīn	音 yīn	银 yín	引 yǐn	饮 yǐn
隐 yǐn	印 yìn	应 yìng	鹰 yīng	迎 yíng	营 yíng	影 yǐng
映 yìng	硬 yìng	铀 yóu	粤 yuè	栽 zāi	脏 zāng	糟 zāo
早 zǎo	灶 zào	贼 zéi	怎 zěn	增 zēng	摘 zhāi	债 zhài
寨 zhài	粘 zhān	盏 zhǎn	站 zhàn	章 zhāng	针 zhēn	真 zhēn
阵 zhèn	震 zhèn	争 zhēng	征 zhēng	挣 zhèng	睁 zhēng	整 zhěng

正 zhèng	证 zhèng	郑 zhèng	政 zhèng	症 zhèng	滞 zhì	轴 zhóu
皱 zhòu	捉 zhuō	紫 zǐ	奏 zòu	祖 zǔ	组 zǔ	癌 ái
庵 ān	螯 áo	靶 bǎ	掰 bāi	扳 bān	梆 bāng	雹 báo
钡 bèi	泵 bèng	迸 bèng	鄙 bǐ	痹 bì	辟 bì	敝 bì
贬 biǎn	膘 biāo	瘪 biě	滨 bīn	鬓 bìn	禀 bǐng	钵 bō
驳 bó	铂 bó	箔 bó	跛 bǒ	卜 bǔ	埠 bù	惨 cǎn
策 cè	蹭 cèng	杈 chā	茬 chá	搀 chān	掺 chān	馋 chán
禅 chán	蝉 chán	铲 chǎn	颤 chàn	昌 chāng	偿 cháng	
畅 chàng	倡 chàng	钞 chāo	彻 chè	澈 chè	抻 chēn	辰 chén
晨 chén	衬 chèn	丞 chéng	惩 chéng	橙 chéng	逞 chěng	嗤 chī
痴 chī	斥 chì	舂 chōng	稠 chóu	雏 chú	揣 chuāi	踹 chuài
疮 chuāng	捶 chuí	醇 chún	蠢 chǔn	戳 chuō	瓷 cí	祠 cí
慈 cí	葱 cōng	醋 cù	蹿 cuān	攒 zǎn	崔 Cuī	脆 cuì
啐 cuì	皴 cūn	搓 cuō	撮 cuō	挫 cuò	锉 cuò	掸 dǎn
裆 dāng	澄 dèng	凳 dèng	堤 dī	嫡 dí	蒂 dì	掂 diān
奠 diàn	佃 diàn	貂 diāo	刁 diāo	叮 dīng	鼎 dǐng	锭 dìng
痘 dòu	窦 dòu	犊 dú	煅 duàn	兑 duì	墩 dūn	囤 dùn
炖 dùn	钝 dùn	踱 duó	垛 duǒ	扼 è	腭 è	饵 ěr
帆 fān	贩 fàn	妃 fēi	吠 fèi	酚 fēn	坟 fén	焚 fén
愤 fèn	枫 fēng	疯 fēng	逢 féng	讽 fěng	凤 fèng	氟 fú
符 fú	辐 fú	甫 fǔ	缚 fù	秆 gǎn	擀 gǎn	赣 Gàn
缸 gāng	篙 gāo	庚 gēng	羹 gēng	埂 gěng	耿 gěng	梗 gěng
龚 Gōng	垢 gòu	氦 hài	骇 hài	蚶 hān	函 hán	郝 Hǎo
痕 hén	衡 héng	侯 hóu	桦 huà	淮 Huái	槐 huái	徽 huī
喙 huì	荤 hūn	豁 huō	霍 huò	姬 jī	脊 jǐ	瘠 jí
戟 jǐ	麂 jǐ	暨 jì	髻 jì	颊 jiá	荚 jiá	桨 jiǎng
犟 jiàng	剿 jiǎo	秸 jiē	劫 jié	诫 jiè	筋 jīn	禁 jīn
襟 jīn	谨 jǐn	荆 jīng	睛 jīng	警 jǐng	竞 jìng	揪 jiū
灸 jiǔ	厩 jiù	驹 jū	矩 jǔ	绢 juàn	撅 juē	厥 jué
蕨 jué	攫 jué	倔 jué	郡 jùn	咯 kǎ	揩 kāi	刊 kān
堪 kān	坎 kǎn	垦 kěn	抠 kōu	叩 kòu	框 kuàng	盔 kuī
窥 kuī	奎 kuí	坤 kūn	癞 lài	烙 lào	镭 léi	楞 lèng
敛 liǎn	撩 liāo	撂 liào	劣 liè	拎 līn	蹓 liū	绺 liǔ
捋 lǚ	掠 lüè	摞 luò	鳗 mán	螨 mǎn	蟒 mǎng	锚 máo

卯 mǎo	铆 mǎo	媚 mèi	萌 méng	盟 méng	幂 mì	皿 mǐn
泯 mǐn	抿 mǐn	闽 Mǐn	铭 míng	谬 miù	眸 móu	氖 nǎi
挠 náo	溺 nì	拈 niān	蔫 niān	黏 nián	捻 niǎn	撵 niǎn
廿 niàn	啮 niè	镍 niè	孽 niè	耙 pá	裴 Péi	蓬 péng
硼 péng	篷 péng	坯 pī	癖 pǐ	瞥 piē	拼 pīn	频 pín
聘 pìn	坪 píng	剖 pōu	沏 qī	祈 qí	畦 qí	鳍 qí
迄 qì	契 qì	扦 qiān	纤 qiàn	呛 qiàng	跷 qiāo	锹 qiāo
撬 qiào	鞘 qiào	妾 qiè	怯 qiè	禽 qín	擒 qín	寝 qǐn
沁 qìn	卿 qīng	擎 qíng	顷 qǐng	庆 qìng	磬 qìng	琼 qióng
邱 Qiū	祛 qū	蛆 qū	蜷 quán	券 quàn	瘸 qué	阙 què
刃 rèn	蕊 ruǐ	闰 rùn	仨 sā	搔 sāo	骚 sāo	臊 sào
色 sè	瑟 sè	刹 shā	煞 shà	筛 shāi	杉 shān	衫 shān
陕 Shǎn	禅 shàn	晌 shǎng	勺 sháo	涉 shè	赦 shè	麝 shè
呻 shēn	渗 shèn	慎 shèn	笙 shēng	尸 shī	什 shén	什 shí
蚀 shí	屎 shǐ	仕 shì	侍 shì	恃 shì	逝 shì	舐 shì
嗜 shì	誓 shì	噬 shì	螫 shì	寿 shòu	枢 shū	赎 shú
暑 shǔ	蜀 Shǔ	衰 shuāi	栓 shuān	涮 shuàn	吮 shǔn	舜 Shùn
祀 sì	俟 sì	嗣 sì	耸 sǒng	讼 sòng	颂 sòng	搜 sōu
酥 sū	诉 sù	粟 sù	塑 sù	溯 sù	蒜 suàn	绥 suí
损 sǔn	笋 sǔn	梭 suō	榻 tà	汰 tài	剃 tì	舔 tiǎn
帖 tiē	廷 tíng	亭 tíng	艇 tǐng	佟 Tóng	捅 tǒng	蜕 tuì
屯 tún	臀 tún	驮 tuó	剜 wān	丸 wán	婉 wǎn	枉 wǎng
韦 wéi	瘟 wēn	翁 wēng	瓮 wèng	涡 wō	毋 wú	捂 wǔ
晤 wù	袭 xí	铣 xǐ	匣 xiá	辖 xiá	纤 xiān	掀 xiān
贤 xián	涎 xián	霰 xiàn	饷 xiǎng	肖 xiāo	楔 xiē	协 xié
偕 xié	卸 xiè	屑 xiè	芯 xīn	薪 xīn	腥 xīng	幸 xìng
戌 xū	嘘 xū	絮 xù	玄 xuán	癣 xuǎn	靴 xuē	荀 xún
驯 xùn	逊 xùn	崖 yá	轧 yà	衍 yǎn	砚 yàn	佯 yáng
痒 yǎng	尧 yáo	舀 yǎo	噎 yē	冶 yě	曳 yè	淫 yín
寅 yín	尹 yǐn	瘾 yǐn	婴 yīng	膺 yīng	盈 yíng	萤 yíng
蝇 yíng	赢 yíng	痈 yōng	壅 yōng	酉 yǒu	釉 yòu	隅 yú
逾 yú	禹 Yǔ	谕 yù	垣 yuán	苑 yuàn	咂 zā	灾 zāi
哉 zāi	宰 zǎi	崽 zǎi	赞 zàn	凿 záo	枣 zǎo	澡 zǎo
燥 zào	噪 zào	躁 zào	择 zé	泽 zé	仄 zè	憎 zēng

赠 zèng	轧 zhá	闸 zhá	铡 zhá	乍 zhà	榨 zhà	斋 zhāi
宅 zhái	毡 zhān	瞻 zhān	蘸 zhàn	爪 zhǎo	召 zhào	兆 zhào
诏 zhào	罩 zhào	哲 zhé	褶 zhě	浙 Zhè	蔗 zhè	贞 zhēn
珍 zhēn	砧 zhēn	斟 zhēn	臻 zhēn	诊 zhěn	枕 zhěn	朕 zhèn
脂 zhī	侄 zhí	旨 zhǐ	址 zhǐ	趾 zhǐ	帜 zhì	炙 zhì
掷 zhì	稚 zhì	盅 zhōng	冢 zhǒng	仲 zhòng	舟 zhōu	肘 zhǒu
咒 zhòu	昼 zhòu	骤 zhòu	诛 zhū	烛 zhú	拄 zhǔ	嘱 zhǔ
贮 zhù	铸 zhù	拽 zhuài	撰 zhuàn	篆 zhuàn	妆 zhuāng	锥 zhuī
椎 zhuī	坠 zhuì	缀 zhuì	赘 zhuì	拙 zhuō	灼 zhuó	卓 zhuó
浊 zhuó	啄 zhuó	姿 zī	兹 zī	籽 zǐ	渍 zì	棕 zōng
踪 zōng	鬃 zōng	揍 zòu	卒 zú	攥 zuàn	遵 zūn	佐 zuǒ
撮 zuǒ						

附录 5 普通话水平测试用必读轻声词表

爱人 àiren	案子 ànzi	巴掌 bāzhang	把子 bǎzi
把子 bàzi	爸爸 bàba	白净 báijing	班子 bānzi
板子 bǎnzi	帮手 bāngshou	梆子 bāngzi	膀子 bǎngzi
棒槌 bàngchui	包袱 bāofu	包涵 bāohan	包子 bāozi
豹子 bàozi	杯子 bēizi	被子 bèizi	本事 běnshi
本子 běnzi	鼻子 bízi	比方 bǐfang	鞭子 biānzi
扁担 biǎndan	辫子 biànzi	别扭 bièniu	饼子 bǐngzi
拨弄 bōnong	脖子 bózi	簸箕 bòji	补丁 bǔding
不由得 bùyóude	不在乎 búzàihu	步子 bùzi	部分 bùfen
裁缝 cáifeng	财主 cáizhu	苍蝇 cāngying	差事 chāishi
柴火 cháihuo	肠子 chángzi	厂子 chǎngzi	场子 chǎngzi
车子 chēzi	称呼 chēnghu	池子 chízi	尺子 chǐzi
虫子 chóngzi	绸子 chóuzi	除了 chúle	锄头 chútou
畜生 chùsheng	窗户 chuānghu	窗子 chuāngzi	锤子 chuízi
刺猬 cìwei	凑合 còuhe	村子 cūnzi	耷拉 dāla
答应 dāying	打扮 dǎban	打点 dǎdian	打发 dǎfa
打量 dǎliang	打算 dǎsuan	打听 dǎting	大方 dàfang
大爷 dàye	大夫 dàifu	带子 dàizi	袋子 dàizi
耽搁 dānge	耽误 dānwu	单子 dānzi	胆子 dǎnzi
担子 dànzi	刀子 dāozi	道士 dàoshi	稻子 dàozi

灯笼 dēnglong	提防 dīfang	笛子 dízi	底子 dǐzi
地道 dìdao	地方 dìfang	弟弟 dìdi	弟兄 dìxiong
点心 diǎnxin	调子 diàozi	钉子 dīngzi	东家 dōngjia
东西 dōngxi	动静 dòngjing	动弹 dòngtan	豆腐 dòufu
豆子 dòuzi	嘟囔 dūnang	肚子 dǔzi	肚子 dùzi
缎子 duànzi	对付 duìfu	对头 duìtou	队伍 duìwu
多么 duōme	蛾子 ézi	儿子 érzi	耳朵 ěrduo
贩子 fànzi	房子 fángzi	份子 fènzi	风筝 fēngzheng
疯子 fēngzi	福气 fúqi	斧子 fǔzi	盖子 gàizi
甘蔗 gānzhe	杆子 gānzi	杆子 gǎnzi	干事 gànshi
杠子 gàngzi	高粱 gāoliang	膏药 gāoyao	稿子 gǎozi
疙瘩 gēda	哥哥 gēge	胳膊 gēbo	鸽子 gēzi
格子 gézi	个子 gèzi	根子 gēnzi	跟头 gēntou
工夫 gōngfu	弓子 gōngzi	公公 gōnggong	功夫 gōngfu
钩子 gōuzi	姑姑 gūgu	姑娘 gūniang	谷子 gǔzi
骨头 gǔtou	故事 gùshi	寡妇 guǎfu	褂子 guàzi
怪物 guàiwu	关系 guānxi	官司 guānsi	罐头 guàntou
规矩 guīju	闺女 guīnü	鬼子 guǐzi	柜子 guìzi
棍子 gùnzi	锅子 guōzi	果子 guǒzi	蛤蟆 háma
孩子 háizi	含糊 hánhu	汉子 hànzi	行当 hángdang
合同 hétong	和尚 héshang	核桃 hétao	盒子 hézi
红火 hónghuo	猴子 hóuzi	后头 hòutou	厚道 hòudao
狐狸 húli	胡琴 húqin	糊涂 hútu	皇上 huángshang
幌子 huǎngzi	胡萝卜 húluóbo	活泼 huópo	火候 huǒhou
伙计 huǒji	护士 hùshi	机灵 jīling	脊梁 jǐliang
记号 jìhao	记性 jìxing	夹子 jiāzi	家伙 jiāhuo
架势 jiàshi	架子 jiàzi	嫁妆 jiàzhuang	尖子 jiānzi
茧子 jiǎnzi	剪子 jiǎnzi	见识 jiànshi	毽子 jiànzi
将就 jiāngjiu	交情 jiāoqing	饺子 jiǎozi	叫唤 jiàohuan
轿子 jiàozi	结实 jiēshi	街坊 jiēfang	姐夫 jiěfu
姐姐 jiějie	戒指 jièzhi	金子 jīnzi	精神 jīngshen
镜子 jìngzi	舅舅 jiùjiu	橘子 júzi	句子 jùzi
卷子 juànzi	咳嗽 késou	客气 kèqi	空子 kòngzi
口袋 kǒudài	口子 kǒuzi	扣子 kòuzi	窟窿 kūlong

裤子 kùzi	快活 kuàihuo	筷子 kuàizi	框子 kuàngzi
困难 kùnnan	阔气 kuòqi	喇叭 lǎba	喇嘛 lǎma
篮子 lánzi	懒得 lǎnde	浪头 làngtou	老婆 lǎopo
老实 lǎoshi	老太太 lǎotàitai	老头子 lǎotóuzi	老子 lǎozi
姥姥 lǎolao	累赘 léizhui	里头 lǐtou	力气 lìqi
厉害 lìhai	利落 lìluo	利索 lìsuo	例子 lìzi
栗子 lìzi	痢疾 lìji	连累 liánlei	帘子 liánzi
凉快 liángkuai	粮食 liángshi	两口子 liǎngkǒuzi	料子 liàozi
林子 línzi	翎子 língzi	领子 lǐngzi	溜达 liūda
聋子 lóngzi	笼子 lóngzi	炉子 lúzi	路子 lùzi
轮子 lúnzi	萝卜 luóbo	骡子 luózi	骆驼 luòtuo
妈妈 māma	麻烦 máfan	麻利 máli	麻子 mázi
马虎 mǎhu	码头 mǎtou	买卖 mǎimai	麦子 màizi
馒头 mántou	忙活 mánghuo	冒失 màoshi	帽子 màozi
眉毛 méimao	媒人 méiren	妹妹 mèimei	门道 méndao
眯缝 mīfeng	迷糊 míhu	面子 miànzi	苗条 miáotiao
苗头 miáotou	名堂 míngtang	名字 míngzi	明白 míngbai
蘑菇 mógu	模糊 móhu	木匠 mùjiang	木头 mùtou
那么 nàme	奶奶 nǎinai	难为 nánwei	脑袋 nǎodai
脑子 nǎozi	能耐 néngnai	你们 nǐmen	念叨 niàndao
念头 niàntou	娘家 niángjia	镊子 nièzi	奴才 núcai
女婿 nǚxü	暖和 nuǎnhuo	疟疾 nüèji	拍子 pāizi
牌楼 páilou	牌子 páizi	盘算 pánsuan	盘子 pánzi
胖子 pàngzi	狍子 páozi	盆子 pénzi	朋友 péngyou
棚子 péngzi	脾气 píqi	皮子 pízi	痞子 pǐzi
屁股 pìgu	片子 piānzi	便宜 piányi	骗子 piànzi
票子 piàozi	漂亮 piàoliang	瓶子 píngzi	婆家 pójia
婆婆 pópo	铺盖 pūgai	欺负 qīfu	旗子 qízi
前头 qiántou	钳子 qiánzi	茄子 qiézi	亲戚 qīnqi
勤快 qínkuai	清楚 qīngchu	亲家 qìngjia	曲子 qǔzi
圈子 quānzi	拳头 quántou	裙子 qúnzi	热闹 rènao
人家 rénjia	人们 rénmen	认识 rènshi	日子 rìzi
褥子 rùzi	塞子 sāizi	嗓子 sǎngzi	嫂子 sǎozi
扫帚 sàozhou	沙子 shāzi	傻子 shǎzi	扇子 shànzi

商量 shāngliang	上司 shàngsi	上头 shàngtou	烧饼 shāobing
勺子 sháozi	少爷 shàoye	哨子 shàozi	舌头 shétou
身子 shēnzi	什么 shénme	婶子 shěnzi	生意 shēngyi
牲口 shēngkou	绳子 shéngzi	师父 shīfu	师傅 shīfu
虱子 shīzi	狮子 shīzi	石匠 shíjiang	石榴 shíliu
石头 shítou	时候 shíhou	实在 shízai	拾掇 shíduo
使唤 shǐhuan	世故 shìgu	似的 shìde	事情 shìqing
柿子 shìzi	收成 shōucheng	收拾 shōushi	首饰 shǒushi
叔叔 shūshu	梳子 shūzi	舒服 shūfu	舒坦 shūtan
疏忽 shūhu	爽快 shuǎngkuai	思量 sīliang	算计 suànji
岁数 suìshu	孙子 sūnzi	他们 tāmen	它们 tāmen
她们 tāmen	台子 táizi	太太 tàitai	摊子 tānzi
坛子 tánzi	毯子 tǎnzi	桃子 táozi	特务 tèwu
梯子 tīzi	蹄子 tízi	挑剔 tiāoti	挑子 tiāozi
条子 tiáozi	跳蚤 tiàozao	铁匠 tiějiang	亭子 tíngzi
头发 tóufa	头子 tóuzi	兔子 tùzi	妥当 tuǒdang
唾沫 tuòmo	挖苦 wāku	娃娃 wáwa	袜子 wàzi
晚上 wǎnshang	尾巴 wěiba	委屈 wěiqu	为了 wèile
位置 wèizhi	位子 wèizi	蚊子 wénzi	稳当 wěndang
我们 wǒmen	稀罕 xīhan	席子 xízi	媳妇 xífu
喜欢 xǐhuan	瞎子 xiāzi	匣子 xiázi	下巴 xiàba
吓唬 xiàhu	先生 xiānsheng	乡下 xiāngxia	箱子 xiāngzi
相声 xiàngsheng	消息 xiāoxi	小伙子 xiǎohuǒzi	小气 xiǎoqi
小子 xiǎozi	笑话 xiàohua	谢谢 xièxie	心思 xīnsi
星星 xīngxing	猩猩 xīngxing	行李 xíngli	性子 xìngzi
兄弟 xiōngdi	休息 xiūxi	秀才 xiùcai	袖子 xiùzi
靴子 xuēzi	学生 xuésheng	学问 xuéwen	丫头 yātou
鸭子 yāzi	衙门 yámen	哑巴 yǎba	胭脂 yānzhi
烟筒 yāntong	眼睛 yǎnjing	燕子 yànzi	秧歌 yāngge
养活 yǎnghuo	样子 yàngzi	吆喝 yāohe	妖精 yāojing
钥匙 yàoshi	椰子 yēzi	爷爷 yéye	叶子 yèzi
一辈子 yībèizi	衣服 yīfu	衣裳 yīshang	椅子 yǐzi
意思 yìsi	银子 yínzi	影子 yǐngzǐ	应酬 yìngchou
柚子 yòuzi	冤枉 yuānwang	院子 yuànzi	月饼 yuèbing

月亮 yuèliang 云彩 yúncai 运气 yùnqi 在乎 zàihu
咱们 zánmen 早上 zǎoshang 怎么 zěnme 扎实 zhāshi
眨巴 zhǎba 栅栏 zhàlan 宅子 zháizi 寨子 zhàizi
张罗 zhāngluo 丈夫 zhàngfu 帐篷 zhàngpéng 丈人 zhàngren
帐子 zhàngzi 招呼 zhāohu 招牌 zhāopai 折腾 zhēteng
这个 zhège 这么 zhème 枕头 zhěntou 镇子 zhènzi
芝麻 zhīma 知识 zhīshi 侄子 zhízi 指甲 zhǐjia(zhījia)
指头 zhǐtou(zhítou) 种子 zhǒngzi 珠子 zhūzi 竹子 zhúzi
主意 zhǔyi 主子 zhǔzi 柱子 zhùzi 爪子 zhuǎzi
转悠 zhuànyou 庄稼 zhuāngjia 庄子 zhuāngzi 壮实 zhuàngshi
状元 zhuàngyuan 锥子 zhuīzi 桌子 zhuōzi 字号 zìhao
自在 zìzai 祖宗 zǔzong 嘴巴 zuǐba 作坊 zuōfang
琢磨 zuómo

附录 6 普通话水平测试用必读儿化词表

刀把儿 dāobàr 号码儿 hàomǎr 戏法儿 xìfǎr
在哪儿 zàinǎr 找茬儿 zhǎochár 打杂儿 dǎzár
板擦儿 bǎncār 名牌儿 míngpáir 鞋带儿 xiédàir
壶盖儿 húgàir 小孩儿 xiǎoháir 加塞儿 jiāsāir
快板儿 kuàibǎnr 老伴儿 lǎobànr 蒜瓣儿 suànbànr
脸盘儿 liǎnpánr 脸蛋儿 liǎndànr 收摊儿 shōutānr
栅栏儿 zhàlanr 包干儿 bāogānr 笔杆儿 bǐgǎnr
门槛儿 ménkǎnr 药方儿 yàofāngr 赶趟儿 gǎntàngr
香肠儿 xiāngchángr 瓜瓤儿 guārángr 掉价儿 diàojiàr
一下儿 yīxiàr 豆芽儿 dòuyár 小辫儿 xiǎobiànr
照片儿 zhàopiānr 扇面儿 shànmiànr 差点儿 chàdiǎnr
一点儿 yīdiǎnr 雨点儿 yǔdiǎnr 聊天儿 liáotiānr
拉链儿 lāliànr 冒尖儿 màojiānr 坎肩儿 kǎnjiānr
牙签儿 yáqiānr 露馅儿 lòuxiànr 心眼儿 xīnyǎnr
鼻梁儿 bíliángr 透亮儿 tòuliàngr 花样儿 huāyàngr
脑瓜儿 nǎoguār 大褂儿 dàguàr 麻花儿 máhuār
笑话儿 xiàohuàr 牙刷儿 yáshuār 一块儿 yīkuàir
茶馆儿 cháguǎnr 饭馆儿 fànguǎnr 火罐儿 huǒguànr
落款儿 luòkuǎnr 打转儿 dǎzhuànr 拐弯儿 guǎiwānr

好玩儿 hǎowánr
打晃儿 dǎhuàngr
手绢儿 shǒujuànr
人缘儿 rényuánr
刀背儿 dāobèir
花盆儿 huāpénr
哥们儿 gēmenr
高跟儿鞋 gāogēnrxié
走神儿 zǒushénr
刀刃儿 dāorènr
脖颈儿 bógěngr
小鞋儿 xiǎoxiér
跑腿儿 pǎotuǐr
墨水儿 mòshuǐr
打盹儿 dǎdǔnr
冰棍儿 bīnggùnr
小瓮儿 xiǎowèngr
没词儿 méicír
锯齿儿 jùchǐr
垫底儿 diàndǐr
有劲儿 yǒujìnr
花瓶儿 huāpíngr
门铃儿 ménlíngr
火星儿 huǒxīngr
小曲儿 xiǎoqǔr
模特儿 mótèr
挨个儿 āigèr
在这儿 zàizhèr
儿媳妇儿 érxífur
有数儿 yǒushùr
胡同儿 hútòngr
小葱儿 xiǎocōngr
灯泡儿 dēngpàor
跳高儿 tiàogāor

大腕儿 dàwànr
天窗儿 tiānchuāngr
出圈儿 chūquānr
绕远儿 ràoyuǎnr
摸黑儿 mōhēir
嗓门儿 sǎngménr
纳闷儿 nàmènr
别针儿 biézhēnr
小人儿书 xiǎorénrshū
钢镚儿 gāngbèngr
提成儿 tíchéngr
旦角儿 dànjuér
一会儿 yīhuìr
围嘴儿 wéizuǐr
胖墩儿 pàngdūnr
没准儿 méizhǔnr
瓜子儿 guāzǐr
挑刺儿 tiāocìr
记事儿 jìshìr
肚脐儿 dùqír
送信儿 sòngxìnr
打鸣儿 dǎmíngr
眼镜儿 yǎnjìngr
人影儿 rényǐngr
痰盂儿 tányúr
逗乐儿 dòulèr
打嗝儿 dǎgér
碎步儿 suìbùr
梨核儿 líhúr
果冻儿 guǒdòngr
抽空儿 chōukòngr
小熊儿 xiǎoxióngr
半道儿 bàndàor
叫好儿 jiàohǎor

蛋黄儿 dànhuángr
烟卷儿 yānjuǎnr
包圆儿 bāoyuánr
杂院儿 záyuànr
老本儿 lǎoběnr
把门儿 bǎménr
后跟儿 hòugēnr
一阵儿 yīzhènr
杏仁儿 xìngrénr
夹缝儿 jiāfèngr
半截儿 bànjiér
主角儿 zhǔjuér
耳垂儿 ěrchuír
走味儿 zǒuwèir
砂轮儿 shālúnr
开春儿 kāichūnr
石子儿 shízǐr
墨汁儿 mòzhīr
针鼻儿 zhēnbír
玩意儿 wányìr
脚印儿 jiǎoyìnr
图钉儿 túdīngr
蛋清儿 dànqīngr
毛驴儿 máolǘr
合群儿 héqúnr
唱歌儿 chànggēr
饭盒儿 fànhér
没谱儿 méipǔr
泪珠儿 lèizhūr
门洞儿 méndòngr
酒盅儿 jiǔzhōngr
红包儿 hóngbāor
手套儿 shǒutàor
口罩儿 kǒuzhàor

绝招儿 juézhāor	口哨儿 kǒushàor	蜜枣儿 mìzǎor
鱼漂儿 yúpiāor	火苗儿 huǒmiáor	跑调儿 pǎodiàor
面条儿 miàntiáor	豆角儿 dòujiǎor	开窍儿 kāiqiàor
衣兜儿 yīdōur	老头儿 lǎotóur	年头儿 niántóur
小偷儿 xiǎotōur	门口儿 ménkǒur	纽扣儿 niǔkòur
线轴儿 xiànzhóur	小丑儿 xiǎochǒur	加油儿 jiāyóur
顶牛儿 dǐngniúr	抓阄儿 zhuājiūr	棉球儿 miánqiúr
火锅儿 huǒguōr	做活儿 zuòhuór	大伙儿 dàhuǒr
邮戳儿 yóuchuōr	小说儿 xiǎoshuōr	被窝儿 bèiwōr
耳膜儿 ěrmór	粉末儿 fěnmòr	

附录7 普通话水平测试单多音节词模拟试题

普通话水平测试练习题(1)

一、读单音节字词

拦	瞟	否	茉	动	膛	扭	碑	跟	犒	荒	袈
泉	存	箱	喘	伤	容	走	准	腮	而	裱	瞥
电	佛	麻	跳	嫩	花	驴	江	惯	裙	框	夏
拽	闪	迟	认	增	鱿	才	碎	缤	皮	裆	美
舔	扶	农	礼	窘	勾	禽	坑	心	怀	直	丞
署	软	攒	骚	错	庸	破	叠	蚌	乃	翁	割
熬	撞	恽	激	约	祛	外	宣	围	邵	贰	闰
雁	砸	剜	寺	鹅	凝	药	夸	街	腥	棵	日
学	族	所	自								

二、读多音节词语

钟头	手稿	搜查	档案	随便	克制
允许	迸裂	背后	婆家	勤劳	下班
封存	烟卷儿	分担	羡慕	逆子	尚且
类型	菠菜	跑腿儿	条款	纯粹	果断
儿女	嘴巴	军队	衰弱	旷工	快乐
想念	刚毅	沉思	拥护	抓紧	灭绝
雄壮	任何	原则	小孩儿	起码	燃烧
照片儿	点心	确实	朋友	滑冰	抚摩
大相径庭					

普通话水平测试练习题(2)

一、读单音节字词

冰 丢 牵 仍 爬 抬 墙 紫 平 跳 群 酸
磨 暖 醒 暗 毛 围 俩 龙 而 肺 锣 窄
喂 防 虐 织 屋 搭 刮 审 活 但 滚 升
滑 甩 红 门 蹦 亏 饶 公 框 揉 标 忌
贼 撇 聚 揍 翁 菌 雌 否 锌 凑 特 幢
窜 怒 池 寺 馋 损 酿 喘 讹 哑 邦 枯
舌 腌 胞 逮 藕 踹 梯 尼 扎 叵 掖 君
蟹 瘾 槛 宣 逾 掠 渊 泡 曾 咏 纫 诈
妞 晌 拙 薛

二、读多音节词语

海滨 佛教 豆浆 恰当 倘若 怀孕
领土 撒谎 寻找 场合 装卸 凑巧
顺序 尺子 金鱼儿 马路 此外 我们
存在 反动 洗澡 觉得 年轻 负责
登记 专家 确定 耳朵 全体 难过
理解 贵姓 森林 构成 修改 爆肚儿
撕毁 洋葱 美容 琼脂 围脖儿 耍笑
疲软 飞溅 牛蛙 铿锵 影片儿 困倦
错综复杂

普通话水平测试练习题(3)

一、读单音节字词

拔 退 盆 表 慌 匹 灭 您 黑 滚 膜 缺
防 厚 矮 绕 睁 吵 用 许 拆 想 瞧 某
二 群 撕 港 船 略 从 俩 冻 奖 移 穷
选 摇 贵 临 池 播 砸 此 坑 掐 贼 峰
绒 闸 捐 匀 耍 暂 赌 嗅 舵 翁 框 柄
拽 吞 聚 瓜 促 偏 俯 瞥 渗 乖 榻 腮
痣 剜 踹 宵 藕 涩 哑 克 隋 屉 朱 判
涛 习 枕 腻 膳 蹑 邢 涮 索 秧 捂 舔
赵 晌 妞 润

二、读多音节词语

自由	粉笔	最初	率领	没事儿	概括
咖啡	塑料	原则	日程	合同	安排
暖和	价格	铁路	贡献	窗户	破坏
而且	顺便	典礼	泄露	这会儿	少量
佛教	补偿	烹饪	存款	心眼儿	全民
卓越	金鱼儿	档次	化妆	投产	迥然
夸张	虐待	王孙	硬朗	蛙泳	寻觅
均等	采种	辖区	考究	僧侣	微生物
图书馆					

普通话水平测试练习题(4)

一、读单音节字词

军	胸	远	决	渠	钟	顿	慌	春	软	锅	滑
船	呼	兵	碎	雾	镶	催	醒	庙	金	扭	届
扶	捧	摘	流	猫	织	蓝	猜	天	而	紫	射
甩	盆	破	滚	涌	卷	讯	侣	翁	绒	框	搓
品	耍	瞥	颊	嵌	猛	糠	掐	震	竿	砌	揍
贼	驶	搜	雌	饶	纺	贰	肆	拨	废	踹	镖
扎	蔫	逮	屉	蛹	诈	砣	弩	郑	荫	薛	闰
掖	萧	舜	褪	索	纫	妾	瞟	藕	嗑	襁	嘣
腻	裆	挠	榻								

二、读多音节词语

润色	债券	准绳	铜子儿	丰碑	菲薄
丢丑	抓阄儿	磅秤	罢了	扒手	雅量
粗细	揣摩	小曲儿	窘况	烦躁	挂念
饲养	儿女	妨碍	炮弹	眉毛	捐款
衰弱	创业	庸俗	评价	确信	磁铁
能干	草地	军队	个人	原则	运动
暖和	处理	约会	事情	只好	本来
参观	招呼	印象	推广	一块儿	领导
矫揉造作					

普通话水平测试练习题(5)

一、读单音节字词

掷	犬	卵	籽	播	腐	舍	拼	帆	僵	翁	窜
纺	增	贰	锈	偏	贼	浸	空	搓	墓	佳	坯
瓷	否	怎	捐	锄	俊	蟹	敢	扎	逛	滑	裆
趁	涩	榻	惰	绉	瘫	晌	蹑	踹	孙	恫	虐
褪	邹	浊	嘣	掖	絮	乍	涛	铐	纳	槛	泡
鲵	回	遍	流	小	临	染	俩	扔	瞧	雄	某
抓	日	块	压	隔	太	慌	草	穷	软	黑	晒
滚	肾	潘	妄	顶	膜	递	名	拆	项	说	演
段	女	运	扫								

二、读多音节词语

压强	发愣	找茬儿	撒泼	爆肚儿	怪罪
窘况	薄命	刷新	傧相	旦角儿	缅怀
浴血	藕节儿	掐算	袜子	磁带	配合
火车	热闹	本来	费用	困难	称赞
平常	调整	儿童	总理	原则	天真
旅馆	迅速	轻松	婚姻	衰弱	持久
扎实	佛教	可巧	才能	归还	两手
烹饪	躲藏	群体	灭亡	悬念	付款
因地制宜					

普通话水平测试练习题(6)

一、读单音节字词

拜	独	涌	租	翁	铝	疤	贰	黑	耸	贼	揪
屯	描	坯	纺	霉	栋	怀	啃	品	颊	谋	酿
硅	捐	桩	惦	迁	辞	穷	槽	滚	费	望	弱
牌	丢	笔	纸	港	擦	军	船	风	诗	灯	您
催	乱	死	女	停	饶	平	摔	膜	俩	哼	略
酸	染	刮	贴	跟	灭	拆	咱	跨	趁	荀	镖
窘	癣	浊	漱	邹	惰	襄	虐	佘	剜	涩	佛
凝	膛	胞	杨	晌	润	鹤	委	黎	槛	藕	踹
黏	榻	秦	蟹								

二、读多音节词语

收藏	坑害	裙子	讲义	押解	革新
早晨	好久	私下	鼓掌	齿轮	侵略
回声	矿区	转车	月球	色彩	原则
农药	雄伟	宣传	刷洗	蔗糖	合作
端正	怀念	运用	柔嫩	衰退	聊天儿
耳朵	广泛	大夫	散发	样品	金鱼儿
染坊	本领	茉莉	叵测	标题	大伙儿
瓜分	保存	聪明	跑鞋	辱骂	没事儿
配角	拷贝				

普通话水平测试练习题(7)

一、读单音节字词

矿	捂	娶	考	共	乘	决	舜	瞥	捐	餐	泯
厚	润	蛙	匣	蹬	尊	超	半	秦	抓	圆	栓
腮	副	刷	膜	翻	壤	絮	射	嘣	粗	涌	舔
砣	屉	否	铙	约	膻	组	气	搓	翁	修	挺
潘	弩	成	身	喘	塌	艇	勺	瘸	郓	邢	冷
擦	瞟	涩	内	寨	穴	窘	限	醉	喊	换	沾
贰	捉	龙	刁	扑	褶	丢	军	冥	亮	玻	沈
御	旁	日	吹	肯	近	肉	痉	垒	蒜	鬼	踹
逼	绒	憋	酿								

二、读多音节词语

波澜	虐待	风靡	泡桐	心眼儿	掠夺
孙女	碰壁	劝解	推辞	可是	留念
对话	分手	庄稼	搜查	篡改	扰乱
广场	冰棍儿	儿戏	特派	熊猫	邻居
储藏	绕远儿	找寻	指头	水果	散会
舟楫	跟踪	铁路	裙子	挂号	想法
选择	横财	培养	小孩儿	存款	赘述
佛教	恰当	旅途	快活	率领	荧光屏
研究生					

普通话水平测试练习题(8)

一、读单音节字词

晌 黏 习 漱 停 酸 跨 船 望 酿 若 揪

租 瘸 贼 槽 硅 费 军 死 染 绕 浊 剜

榻 润 鹤 秦 涩 癣 帅 瓜 乱 擦 冻 捐

滚 诵 膳 佛 黑 梅 状 淮 港 翠 贴 评

窘 舌 蟹 委 槛 杨 抓 膘 略 跟 您 纸

啃 电 纺 二 拔 譬 钱 频 宽 灯 灭 膜

讯 襄 抱 犁 藕 汤 随 沉 俩 拆 趴 丢

颊 词 描 侣 涌 屯 穷 谋 牌 风 咱 哼

女 邹 凝 踹

二、读多音节词语

避免 学生 更加 秋收 一点儿 自制

采取 儿童 回信 年头儿 脑袋 狂妄

钻石 救助 碎步儿 发明 考虑 粮票

团圆 妥协 评分 厕所 快餐 农场

袜子 循环 鲁莽 热忱 旦角儿 长期

高原 忍耐 森林 迫切 内政 拐弯

傻瓜 背后 强调 经验 讲理 混淆

找茬儿 群居 玄乎 墨水儿 迥然 榫眼

自力更生

普通话水平测试练习题(9)

一、读单音节字词

逛 我 互 怒 缺 页 挺 女 掠 唱 穷 帖

市 侩 则 疮 扎 将 扁 捐 斓 蚕 痣 霞

籽 而 锅 日 泯 恽 忌 辣 痛 到 败 菲

落 墨 颐 眷 封 啥 博 丢 患 错 涤 映

御 鞘 膀 双 猫 回 棒 任 钙 舱 粟 揪

奶 阅 鸟 抓 敦 藐 捻 踹 鹤 垒 逊 剩

良 筝 嘭 赠 翁 咔 丑 怨 绕 近 遂 瓦

俩 盅 釉 叩 卵 司 帆 兄 陪 阳 怎 窜

跨 堆 从 绪

二、读多音节词语

律师	姑娘	紧急	小孩儿	聪明	裙子
老鼠	兔儿爷	驳斥	点心	全面	私人
密切	有关	外头	内地	烟卷儿	当前
周围	荒唐	反正	岁月	展览	团结
洽谈	打算	普通	遵照	玩意儿	连续
测量	可怕	风水	困难	抹杀	儿童
改行	黑豆	矿层	病假	票根	训诲
雄劲	偌大	挂彩	甩手	绰号	螺旋桨
圣诞节					

普通话水平测试练习题(10)

一、读单音节字词

商	纲	篇	弦	笋	喷	懂	秒	快	咖	知	暖
牌	轮	虐	凤	女	做	各	比	自	骏	蛮	压
举	妥	佛	蔷	怀	窍	像	穷	贵	丢	呱	森
衷	皂	眺	寝	嫁	爹	穿	病	菁	剃	丞	迟
捐	润	缶	若	框	副	厅	盎	夸	秋	颇	孀
略	曾	槽	幢	插	式	饲	徽	晕	酶	类	熊
朕	嫩	滚	翁	后	踩	热	炒	拼	而	梦	授
祝	稀	傣	斑	总	写	吝	傻	捏	盒	黑	伞
练	圆	催	酷								

二、读多音节词语

化学	凶猛	光彩	声色	豆角儿	稳当
原因	操场	邻居	爱护	墙壁	金鱼儿
恳请	撒谎	群体	愤怒	一会儿	失业
苹果	耳背	线轴儿	悬挂	北面	手指
算盘	自从	嗓子	文明	压迫	座位
对策	串门儿	刺绣	纷纭	讨巧	觉察
网球	粮站	褥疮	会计	燃烧	流寇
玻璃	扭转	怪罪	铁索	卡壳	吞没
理直气壮					

普通话水平测试练习题(11)

一、读单音节字词

若　林　待　嫩　飞　幢　陪　损　免　粽　外　等
浊　点　肆　如　蛙　恩　吕　牛　拥　痹　润　书
型　标　逊　崖　挺　瞅　闺　郑　瓮　抛　秀　科
繁　藕　珊　庇　婴　挠　虐　摸　资　您　乏　杨
券　坑　微　憎　齿　鞋　拓　俏　或　搜　启　尔
育　闻　槐　俊　桥　白　摄　签　曾　阔　颜　熬
清　窘　蚕　掠　常　策　贞　堆　破　越　吹　选
酿　歪　讽　时　解　猜　塔　柄　东　吮　案　旁
邹　频　丝　皂

二、读多音节词语

解聘　卑鄙　放假　追踪　飞翔　参与
发酵　纯粹　钥匙　一定　侵略　山脉
什么　勇敢　带领　不看　回答　特殊
他们　资格　热烈　围脖儿　圆圈儿　一群
偶尔　柳絮　沉思　不准　荒谬　个头儿
月亮　年庚　峻峭　作家　扭转　老翁
胸怀　涨潮　麦苗儿　缝纫　暂停　文雅
酸涩　过滤　制约　环绕　英雄　里程碑
流水线

普通话水平测试练习题(12)

一、读单音节字词

摆　而　逼　矮　标　魏　颇　蛙　病　褪　御　配
驼　聘　杨　佛　群　淹　飞　幕　叶　权　否　翁
苗　孙　犯　絮　索　学　棉　份　鸣　罩　思　逢
次　岛　脆　卷　从　苔　餐　绿　跌　决　仅　尊
丢　熊　闩　咨　电　舜　狂　涛　扎　挪　窗　屉
溶　吃　童　任　酿　初　纳　饶　浊　捻　够　尚
缓　捏　霄　临　夏　靓　婚　痣　款　港　城　徽
穷　流　孔　盆　憔　经　坏　主　折　绉　拐　洽
辙　快　审　话

二、读多音节词语

背后	手法	宾馆	责怪	运算	眼光
合适	采取	问题	审美	捐赠	草原
年头儿	吃惊	所属	台风	地方	专业
墨水儿	讲座	瑞雪	哪怕	闺女	然而
此外	刀子	东边儿	理想	旅途	纽扣儿
培训	破旧	妥协	忘却	南面	怀古
证人	颂歌	亲近	重霄	名字	航程
组稿	花椒	夸耀	恰似	永别	超声波
不得了					

普通话水平测试练习题(13)

一、读单音节字词

按	拨	劝	锌	胞	捂	摆	热	搓	怎	御	禀
擦	仍	枣	孵	踹	淤	刺	会	创	蒸	逮	邹
茶	松	堤	掷	秤	枕	冲	贴	纺	踝	挖	闲
稿	眷	丢	歇	缸	窘	而	雪	寒	嗑	肥	牙
患	愧	浮	养	颊	鳞	够	紫	绒	缴	若	泯
章	拐	框	拈	环	直	猛	虐	扛	抓	谱	牢
藕	颇	砌	瞟	冷	遂	琼	硅	俩	申	类	名
舜	牛	笋	孀	女	摄	屉	盆	捅	期	榻	瞒
荀	晴	翁	镶								

二、读多音节词语

长途	咏叹	着想	军装	环境	憎恨
思维	蘑菇	审美	纳闷儿	反倒	抓紧
虽然	宣布	辞赋	全体	操纵	栽绒
测验	客串	德育	分别	旁边	凉快
压迫	挂号	绝缘	衰弱	冰棍儿	柳条
队伍	聊天儿	厚实	横行	撇开	疟蚊
群众	索引	窗口	寝具	简称	老爷
找茬儿	至少	价格	批准	处理	下班
得心应手					

普通话水平测试练习题(14)

一、读单音节字词

批　饿　街　歌　日　坡　雪　科　缩　册　麻　旅
季　池　利　思　砸　租　撇　奶　蛆　漱　碑　藕
镖　勺　雁　瞟　剜　臊　月　歪　跳　位　摔　套
药　岁　篮　桥　爹　怀　财　袄　拽　否　暂　钩
串　蚌　癣　闩　秦　碱　裆　邢　晕　脓　润　凝
电　夏　况　软　先　准　信　人　花　群　罐　嫩
权　狂　翁　坑　巷　黄　绒　增　腮　哑　哇　铐
釉　汤　庸　舔　迥　佛　奖　跟　寸　脏　冬　山
走　二　上　牛

二、读多音节词语

存在　窗户　抽象　尾巴　老板　同盟
聘请　恳切　扰乱　绿化　耳朵　苹果
纠正　承认　庄稼　耍弄　蘑菇　角色
暴虐　会计　大伙儿　非常　美好　否则
讹诈　隧道　快餐　脉搏　墨水儿　落选
左右　突击　批准　蜜蜂　有点儿　喧嚷
时光　小曲儿　司法　善良　边卡　汤圆
凉爽　俊俏　王冠　拥戴　琼脂　迥然
顾名思义

普通话水平测试练习题(15)

一、读单音节字词

梨　她　蹑　秦　虐　司　妞　劝　抓　那　荫　隋
薛　润　伪　砣　喘　二　装　得　沈　杨　痣　凹
癣　舜　浊　化　石　咳　欧　笙　故　郑　涮　伍
蚕　揣　区　冲　粪　掐　饶　磷　俊　曰　搀　雨
闷　扎　迟　叨　炕　乖　命　荒　溶　否　钉　俩
兄　翁　涌　逼　热　密　粗　广　巷　膀　则　膜
坡　词　陪　跨　丢　发　句　圈　贴　寸　九　后
字　群　醉　并　了　撇　我　边　块　件　馆　唉
款　强　挑　塞

二、读多音节词语

场所	千瓦	小心	咖啡	运动	拨弄
公用	报恩	全体	噩梦	杯子	睡眠
窗户	杀菌	安宁	贫穷	指出	压抑
凉快	夏天	愚蠢	杜鹃	好好儿	迫切
采访	继而	人缘儿	终日	侵略	篡夺
修改	走私	夸奖	相片儿	规律	揉搓
风尚	解剖	描写	乳酸	情况	完善
侦探	孙女	灭亡	格外	大伙儿	花岗岩
照相机					

普通话水平测试练习题(16)

一、读单音节字词

榻	溺	涩	习	驱	聂	御	怪	庙	那	秦	司
薛	润	卫	砣	啃	快	慌	得	嘭	秧	痣	宋
旺	舜	剜	画	听	扎	浊	鸥	踹	郑	法	拨
负	劝	而	俩	代	掐	啃	邻	挎	玖	购	上
溜	卷	均	曰	拄	蝉	标	酿	窜	否	熬	旋
偏	鸣	狂	熊	总	翁	涌	地	盖	喷	串	盒
膜	人	根	灭	陪	刺	据	臊	染	紧	催	在
村	徽	略	石	凉	壤	求	紫	弱	训	吃	电
病	叶	刷	挑								

二、读多音节词语

小吃	千瓦	旦角儿	血肉	地下	转交
食品	刀片儿	环境	压缩	构成	群众
一会儿	让座	死板	破坏	妹妹	磁铁
星云	非常	稳妥	从而	纳闷儿	侵略
采访	节日	认得	雄姿	有些	授奖
能耐	高原	外边	听说	跨栏	广播
捐赠	殡车	穷苦	奉劝	孙女	民航
遵照	框架	恩爱	启发	贮存	化妆品
集装箱					

普通话水平测试练习题(17)

一、读单音节字词

跨 闯 锅 留 夏 隔 烫 像 跌 嘿 膜 劝
甜 渴 静 穷 贴 室 选 织 扭 碑 捧 迈
坐 捕 紫 吹 踩 咱 甩 弱 扶 刷 催 闻
岛 肉 酸 愁 翁 罩 拟 拨 拽 达 酿 审
勤 俊 乳 溪 熏 梗 昏 窜 贰 烘 扯 叼
炕 耸 鸣 帆 绒 拼 伐 涌 针 锯 疟 鹊
寡 履 涮 褪 掠 孙 梨 司 苍 讽 枷 蛮
嵌 载 胞 狂 纫 掖 恽 旺 姚 婿 喉 荫
眷 踝 唁 痴

二、读多音节词语

耳朵 熊猫 女儿 觉得 状态 率领
窗户 挂号 生日 压迫 差点儿 批准
明亮 非常 暖和 尽管 发言 咖啡
避免 双方 旋转 策略 冷饮 蕴藏
失踪 斯文 豆浆 狭窄 配偶 歌颂
磁铁 诱人 整体 尺寸 元素 迥然
围裙 揣摩 挎包 窃贼 小曲儿 颓丧
恳请 摆谱儿 鸟瞰 牛蛙 够劲儿 歪斜
潜移默化

普通话水平测试练习题(18)

一、读单音节字词

灯 拔 灰 安 踝 举 带 辞 裙 搬 界 劝
帮 冻 讹 窘 擦 丢 总 庸 册 慌 啄 翁
层 座 粥 揣 场 钻 伸 齐 陪 某 锣 绿
狼 肯 烤 佛 闰 锐 姚 晕 坟 肺 笋 镶
掐 枕 走 印 则 秃 瓜 笙 池 酸 云 苗
镖 篝 亏 熟 稳 闲 抹 心 耐 虐 撕 悬
扎 御 李 透 湿 迎 异 偏 凭 捏 滞 耶
坠 众 委 越 入 亚 高 溺 广 茂 秀 贰
掩 痛 酿 夸

二、读多音节词语

接近	口号	农业	取得	原诉	率领
量力	制裁	语文	外钞	蛙泳	腾跃
人才	空气	洗澡	抓紧	海港	罪状
运动	押金	波段	然而	区别	镯子
牛奶	火车	批评	使用	温柔	闺女
呕吐	莫非	远客	伤风	纳闷儿	价钱
遭殃	词法	月初	老头儿	爬行	镇静
发送	英俊	小孩儿	散步	郊游	墨水儿
情不自禁					

普通话水平测试练习题(19)

一、读单音节字词

爬	抹	够	刁	艳	镶	惊	跨	驽	苔	并	您
秋	托	峦	逛	绪	员	聪	哑	闰	踹	葛	尔
擦	邹	侦	晌	憎	悟	痛	翁	穷	疯	弯	幢
凹	撕	额	渣	置	宣	虹	损	歪	索	云	瓷
苛	黑	分	离	瞟	展	刷	扔	掖	二	愁	贼
费	盗	朱	极	缴	凌	捧	使	破	壤	伞	求
垒	军	吨	疮	决	委	埋	与	神	脸	掐	冒
碑	辆	憋	吼	贫	槛	淌	拷	名	堆	女	寝
扭	禅	虐	熊								

二、读多音节词语

模仿	过分	双料	困难	顶牛儿	转播
丢脸	织女	动员	朝日	虐杀	窗户
背运	某些	范文	聘用	压迫	群体
竞赛	一块儿	评价	眉毛	衬衫	抢亲
心脏	此间	非常	采种	人口	好好儿
性别	自爱	乐观	挖掘	疼痛	揉搓
光线	外边	规律	理想	穷苦	差距
罪恶	损失	瑞雪	声调	增长	出圈儿
如释重负					

第二章 朗读技能训练

学习提示

朗读是社会生活中非常普及的一种有声语言活动，是学习知识和传达情感的重要手段。朗读训练是教师口语训练的有机组成部分，是普通话正音的继续，同时为说话训练做好准备。朗读的训练一方面促进理解，帮助我们提高语文阅读水平，另一方面有助于我们积累素材，提高语言表达能力。

第一节 朗读概说

训练目标

本节要求学生了解朗读的定义、朗读的特征和朗读的基本要求。

一、什么是朗读

朗读是把文字作品转化为发音规范的有声语言的再创作活动。朗读是将书面语言经过朗读者的理解并注入其对作品的感受，用富于艺术性的声音将作品表达出来的艺术创作过程。

朗读者是书面作品和读者的中介，起着桥梁和纽带的作用，同时，他还要对书面作品进行艺术再加工。也就是说，朗读者要在深入分析理解文字作品内容的基础上，加深内心的感受，产生真实的感情和鲜明的态度，然后通过富有感染力的声音，准确、清晰、生动地再现文字作品的思想内容，加深听者对作品的理解，引起共鸣，激起情感，从而达到朗读的目的。张颂先生把朗读的这一规律概括为："理解是基础，目的是统帅，感受是关键；感情要运动，声音要变化，状态要自如。"①

二、朗读的基本特征

（一）再造性

再造是再一次创造的意思，指的是朗读者在作家创造的文字作品的基础上进行再创造，把文字作品用声音形式还原其生活面貌。因为朗读所凭借的文本是作家创作的成果，它往往无法表达生活语言中的某些语气、语势、抑扬顿挫、轻重缓急和情感上的细微差别等等。朗读者在朗读时要充分运用有声语言表达的诸因素弥补书面语言所无法表达的内容，从而使文字作品具有更强烈的感染力。由此我们说朗读是是朗读者的再创造活动。再创作要经历"文字—理解—表达"这个过程。在这个过程中，朗读者对原作的理解是否准确和深刻与他本人的语言文字功底和知识、文化、情感的积淀有关，对原作的表达是否生动传神与他本人的有声语言表达能力有关。

（二）声音性

朗读"取他人之所作，由自己所读，为别人所听"，是一个把书面语言转化为有声语言的过程。朗读不但要用朗读者的口来代替作者说话，同时要在朗读中表达出朗读者对作品的理解和感受。

首先，声音性指朗读的声音是发自朗读者内心的。朗读者是在理解了原作的基础上再次创作而进行的传情达意，既不能信口开河，置原作于脑后，也不能见字发声没有自己的感悟。朗读者发出的声音是有所规约的，但同时又经过"成于外而化乎内"的过程而传达出朗读者的情感体验。其次，声音性指朗读者发出的声音是充满了情感色彩的。朗读借助内在丰富的情感体验来丰富声音的表现，运用声音把或喜或怒，或哀或乐的情感恰如其分地加以表现，使听众通过声音体会到其中饱含的情感力量。最后，声音性还指朗读者的语音是富于艺术表现力的。或轻柔曼妙，或大气磅礴，朗读者运用艺术发声技巧使嗓音优美动听、响亮圆润，从而给听者美好的感受。

（三）规范性

朗读不但要选用规范的文字作品，还必须使用规范的现代汉民族的共同

---

① 张颂著：《朗读学》，北京广播学院出版社，1999年2月，第16页。

语——普通话进行朗读。普通话从语音到词汇、语法都对语言进行了规范，因此，使用规范的普通话朗读，其内容能够为广大的听众接受和理解，能达到更丰富细腻地传情达意的效果，从而使听众获得更多的美感享受。同时，用规范的语言进行朗读，可以提高朗读者的普通话语音水平，也有利于提高其语言表达能力。

三、朗读的基本要求

（一）语音标准，吐字清晰饱满

朗读必须使用规范的普通话语音，声、韵、调必须符合读音的规范。同时，还要正确掌握“一”和“不”的变调、上声的变调、轻声和儿化等语流音变。朗读者要努力克服方言的发音习惯，使语音纯正。朗读要忠于原作，因此我们在朗读前要充分熟悉作品，朗读时不读错字、不丢字，不添字、不改字、不吃字（指把字音含糊不清地带过去，没有读全）、不颠倒字词。对于作品中出现的生僻字、多音字、异读字等要勤查字典，根据语境来选择正确的读音，扫清朗读过程中的“拦路虎”。

朗读时吐字要清晰，声音要响亮。要根据吐字归音的要领把音节发成“枣核形”，字头发音要蓄足气流，喷吐有力，富有弹性；韵腹发音要充分运用共鸣使之响亮悦耳；韵尾归音要到位弱收，这样，声音就能变得圆润、饱满、清晰。

（二）语流顺畅，语调变化有致

一篇作品中的每一个句子或句群都表示一定的中心语意，朗读作品时，我们不能根据文字作品字词的线性排列简单地一字一词念下来，而是必须围绕其中的重点，在准确理解的基础上，把语意表达得自然流畅。语流顺畅，指的是不读破句，不重复字词，不随意停顿，不打磕巴，使前后语句连贯，中心语意突出。

语意内涵的明晰在很大程度上还需要借助一定的朗读技巧。朗读时，要求能够从作品的内容出发，合理运用朗读的技巧，做到速度快慢合体，语气轻重相宜，停连长短恰当，节奏和谐适度，语调变化有致。这样，呈现给听众的将是一篇完整的、意义明朗且颇具艺术感染力的作品。

（三）朴实自然，情感鲜明适度

朗读者是作者的代言人，他要把作品中作者的爱憎褒贬、喜怒哀乐通过有声语言传达给听众，让听众得到启发、受到感染、引起共鸣，从而使其起到教育人、娱乐人的作用。这需要朗读者具有丰富的情感。

朴实自然指的是朗读者在处理作品时要忠实于原作，不能脱离文章的内容，追求自我情感的表达，使听众听不到作品本身的意思，而只能见到朗读者的自我陶醉。朗读需要朗读者情感的投射，但朗读不同于朗诵，不是表演。有的朗读者一上来就用一种固定的朗诵腔激昂慷慨地进行大声朗诵，音量极大，语速极快；也有的朗读者用极慢的语速、极低的音量一个字一个字地去表达沉痛的心情。如果朗读时情感处理失当，会给人虚假、做作的感觉。朗读应采用朴素平实的语调，保持日常说话的自然和真实，又在此基础上多一点感染力。

第二节　朗读前的准备

训练目标

本节要求学生从把握作品和具体感受两方面作好朗读前的准备工作，掌握文本解读的步骤和方法，能对具体文本进行准确解读，并形成正确的逻辑感受、形象感受和情感感受。

朗读过程是“取他人之作，由自己朗读，为他人所听”的过程，因此，朗读者必须处理好原作者(作品)、朗读者与听众三者之间的关系，一方面准确地传达作品的主题内容和态度情感，同时充分地表达朗读者自己的理解和感情；另一方面，要根据不同的对象确定并努力去实现朗读的目的。也就是说，朗读前的准备工作就包括了理解作品、具体感受和把握听者对象等几个方面。

大家都知道，理解是表达的基础。朗读者在熟悉作品、确定基调之后，才能科学、合理地调动好内在心理感受机制，形成具体感受。一般我们把这种内在机制的调动称为朗读的内部心理感受技巧，它是停连、重音、语气、节奏等朗读的外部言语表达技巧能否合理运用的基础。

一、理解作品

作家运用书面语言建造了作品的大厦，朗读者用声音重现了大厦的风貌；作家运用写作技法使这座大厦具有某种风格，朗读者用言语的技巧再现这座大厦的格调。如果作个比方，文字与声音是建筑用的砖瓦，那么，写作技法和朗读技巧就是砌砖盖瓦的技艺，它们都是被用来体现作品风格与基调的工具。而所有技艺的运用都应以作者的思想和立意为本。朗读者必须把握住作者的思想脉络，才能使朗读成为文字作品的再创造活动。

1. 疏通字词

朗读作品中往往有一些词的读音和意义我们不甚明了，朗读前的第一步准备工作就是在粗读的基础上对朗读作品中的那些陌生的、存疑的字音和字义进行分析理解。确保读音正确、理解准确是朗读的最基本要求。因此，对于稍有疑问的字词，无论是读音还是意义都要认真地查阅词典，把每个存疑的字词都弄清楚。否则，信息传递会产生错误，情感表达会不够准确。

以下例句均选自普通话水平测试朗读作品。

(1)它黑黝黝地卧在那里，牛似的模样。(念 mú 不念 mó)

(2)一群群孩子在雪地里堆雪人，掷雪球儿。(念 zhì 不念 zhèng)

(3)他们一看那些小山，心中便觉得有了着落，有了依靠。(念 zhuó 不念 zháo)

(4)你是一把闪亮的镰刀，割刈着欢笑的花果。(念 yì)

(5)另一个则彬彬有礼地发问："小姐，您是哪国人？喜欢渥太华吗？"(念 bīn 不念 bīng)

(6)孩子的营养全靠学校里免费的中饭，甚至可以多拿些回家当晚餐。(念 dàng 不念 dāng)

2. 理清文脉

作品的结构对作品的内容起着支撑作用，理清作品的文脉要求我们对作品的布局、结构作剖析，具体包括段落层次、开头和结尾、过渡和照应等方面。事实上，作家在写作之前对作品进行构思，要形成一个写作的提纲，而对作品结构的分析恰恰是把作品的布局、结构提炼概括出来，这两者的思路正好相逆。

对文脉的梳理包括归并和划分两种方法。归并是指把内在联系比较紧密的段落归并为一个层次，归并的主要根据是材料间关系的疏密；划分是指把一个自然段里的内容划分为几个小层次。简短的自然段可以不再划分。通过对作品每一个部分、层次、自然段以及小层次的内容进行归并和划分，就形成作品的结构提纲。一般来说，层次结构有纵向递进式的，也有横向并列式的，这两种结构往往纵横交错，变化出许多样式来。文脉理清之后，作品的结构和布局就清晰了，人物和事件的来龙去脉、观点、例证的前因后果，情感的缘起和发展就明确了，朗读时，内容的表达就会有条理、有层次。

开头和结尾，是作品的有机组成部分，具有很强的表达作用，作品的题旨往往在开头和结尾点明；而过渡和照应则是行文中巧制密缝的重要方面，它使作品行文缜密，前后上下一气贯通。要使朗读获得成功，这些比较关键的因素也不可忽视。

3. 把握主题

主题是作品内容的集中和升华，表达了作者的观点、态度、情感，它是表达目的的体现，是文字作品的灵魂，它统帅、支配着文字作品的一切，成为统领全篇的基本线索。朗读者必须在把握文字作品的表达目的的基础上，“内明于心，外达于人”，在朗读过程中渗透自己的颇具个性特征的情感意志和趣味，使朗读更具表现力和感染力。

作品的主题通过内容来体现，所以，主题必须从内容中去概括。一般说来，记叙文的主题是从人物和事件的发生、发展、结局等方面去挖掘，议论文的主题就是中心论点，是从论点、论据和论证方法中分析出来的。每一篇文字作品的主题都有别于其他作品，即便是主要内容有某些相似之处，但由于写作的角度不同、志趣不同，主题也不会雷同。

如 20 世纪 20 年代，俞平伯与朱自清同游秦淮河，以《桨声灯影里的秦淮河》为共同的题目，各作散文一篇，成为现代文学史上的一段佳话。当时正值“五四”革命风潮刚刚过去三四年的时候。随着革命的深入，“五四”新文化运动的统一战线进一步分化，整个文化领域显得比较冷落，一些知识分子感到前途茫茫，在文章中，无论是俞平伯还是朱自清，由于困缚在知识分子的狭小天地里，因而他们也就不可能从秦淮河的历史和现状里，发掘出更有积极意义的思想来。他们都有所不满、有所追求，但是又感到十分迷惘，因而文中流露着怅惘的心绪。他们渴望借秦淮之游来滋润心灵的干枯，慰藉寂寞的灵魂，但是山水声色之乐不能解除他们精神上的苦闷，在灯月交辉、笙歌彻夜的秦淮河上，他们处处显得拘谨，显得与环境很不协调。但是在大致相同的思想境界中，我们又可以发现他们不同的地方。在如画的美景中，朱自清抒发的是难以消受或不堪消受的心境，对那怡人的美景和粗率不拘的歌声，有着一种热切的依恋，感情上比较强烈、朴实而诚恳。而俞平伯的文章，在抒情写景之中，阐发所谓“主心主物的哲思”，置身在秦淮河这所谓“六朝金粉”的销金窟里，他虽则被环境所陶醉，但是所感到的“不是什么欣悦，不是什么慰藉；只感到一种怪陌生与怪异样的朦胧”。比朱自清的热切依恋之情来，俞平伯表现得冷静、理智，他在文章中极力要造成一种空灵、朦胧的意境，就像水中月、镜中花，使人捉摸不定。

从上面的例子我们可以发现，挖掘主题，还要考虑作品产生的时代背景和作者背景，要弄清楚作品是在哪个时代、哪种社会条件和心境下创作的。这样，朗读者对作品的理解才能到位，表达才能贴切。

4. 确定基调

基调是指作品的基本情调，即作品的总的态度感情，总的色彩和分量。基调不是指某一句或一段的感情色彩和分量，不是声音的高低。每一个文本都有一定的感情色彩和分量，或高亢、或低沉；或昂扬、或凝重；或明快、或舒缓；或紧张、或风趣等，基调是朗读时感情色彩的一种综合体现。

基调的构成主要包括两个因素，即作品本身的感情和朗读者的态度。作品的基调是由它的思想内容决定的，我们应该在对作品思想内容的理解与感受过程中去把握，然后在朗读的过程中以声音的形式去体现作品的基调。朗读者的情感态度必须本于作品，不能随心所欲地强加给作品什么情感态度，但也不能不作深入思考被动地应付作品中蕴含的情感态度。朗读者应当在分析理解作品的基础上，把自己的理解融入作品的内容中，进而通过声音表达出来。

作品的基调是一个整体概念，是语句、层次、段落、部分等的具体的思想感情的综合表露。把握基调就是要把握朗读某篇作品的整体。一篇作品都会有一个统一完整的基调，如《我们爱你啊，中国》的高亢激昂，《春》的舒缓清新，《在马克思墓前的讲话》的悲愤凝重。但是，整体感的构成是建立在具体感之上的。语句、段落、层次、部分的情感态度相对来说是具体的。具体感的丰富和饱满使整体感的建立有所依傍而不至变得空泛。这正如一幅画，作品的基调是明媚的、绚丽的、充满生机的，但是，有的局部色彩晦暗，有的地方甚至还有阴影，而这晦暗和阴影丝毫不影响整幅画面基调的明亮，反而使作品整体显得层次分明、内容丰富。因此，我们说，朗读的基调是既完整统一又富于变化的。朗读者思想感情的发展要朝着一个方向，不能中途转向。在确定了基调后，还应在表达中将其发展变化体现出来，做到统一和变化相辅相成。

二、形成具体感受

朗读者的具体感受是“感之于外，受之于心”[①]而形成的。“感之于外”，不只是感觉到文字的存在，而是透过文字语言感觉到它的逻辑关系、事物的具体形象；“受之于心”，是指感觉到的这些内容在朗读者内心引发的反应。感受，在理解和表达之间架起了一座桥梁，把朗读者的思维引向情感，使朗读者用自己的感受去丰富和充实文字作品，为“形之于声”做好准备。

1. 逻辑感受

作品的各语句、各层次、各段落之间存在一定的内在联系，这就是作品内部的逻辑关系。这种内在的联系犹如人体的经络，把作品的各个组成部分编织成联系紧密的整体，具体体现在作品的脉络中。逻辑感受是指朗读者对这种逻辑关系的感受，它由朗读者通过层次结构、主题等的分析加以把握，包括对作品中并列、对比、递进、转折、主次、总分等的多种感受。形成逻辑感受首先要求朗读

---

① 张颂著：《朗读学》，北京广播学院出版社，1999年2月，第77页。

者能深刻理解语句和篇章的真正含义，准确把握语言的本质，正确认识文字作品表达的目的性；其次要求朗读者对语言链条的上下衔接、前后呼应等有整体性的把握，并将作品中的主次、并列、转折、递进、对比、总分等文脉转化为朗读者的思路，从而形成内心的语流，增强有声语言表达的整体性、连贯性和变化性。

【示例】

读书三境界①

读书有三境界："吞"、"啃"、"品"。

"吞"乃生吞活剥、囫囵吞枣——是充满饥饿感的发奋的青春初潮的标志。虽然广收博采难免盲目，进食过速导致肿胀——但这个过程毕竟是日后学富五车，满腹经纶的必不可少的前奏。古今中外有许多人都是进入中年后凭反刍青春岁月里的泛读而成名成家的。"吞"虽为知识累积的必经之途，但毕竟是读的低级阶段。

"啃"乃咀嚼消化，强行吸收——是志存高远的人生必经头晕脑涨、寝食不安的砥砺智慧的夜路。咬烂磨碎骨头，获取钙质，这当然谈不上享受——但却是峥嵘人生必须付出的艰辛。"为伊消得人憔悴"是任何一位学有所成的人都不能蠲(juān)免的里程。

"啃"是在"吞"之基础上的知性提高——这是将死知识化为活的血肉的过程。

"品"乃焚香沐浴，如饮醍醐——是成熟聪颖的心灵与星空的娓娓絮语。月下折枝，花前怜玉，豁然贯通的人生不胜惋惜地告别了青春光阴——庄严地踏上了奉献岁月。浮躁尽除，功利淡化，读书成了颐养灵性的乐事——"蓦然回首"，天机消融于慧心。"品"是在"啃"之基础上的悟性升华——这是进入人生创造之园的门票。

读书人多如牛毛，但大多数都停留在第一境界，仅少数不甘人生庸碌者可进入第二境界。进入第三境界，非智强志达者不能。但能进入第三境界者，必是成功地穿越了第一境界与第二境界者。"吞"至其博，啃至其深，品至其灵性。若无博与深，则灵性无其根本。

举凡大家鸿儒，书读到"品"至灵性后，往往将"吞"、"啃"、"品"三字当成进一步治学的相济并用的三种方法："吞"文字，"啃"新意，"品"韵致。或者是：泛读的"吞"之，精读的"啃"之，需细细体悟的则

---

① 佚名：《读书三境界》，语文同步练习(九年级上)，浙江教育出版社，2009年5月，第64页。

"品"之。

对一般的读书人而言，不谈三境界，如能将"吞"、"啃"、"品"三字当做对待不同读物的不同阅读方法：无用的书"吞"，有用的书"啃"，启心益智的书不妨"品"——那么人生同样会受益无穷。

对作品内部逻辑关系的梳理能帮助我们正确地把握内容，表达自己的态度。这是一篇论读书方法的议论文。文章一开篇就提出读书的三个境界，紧接着分别对三个境界进行论述，指出"吞"是读的初级阶段，目的在于积累；"啃"是知性的提高，目的在于将死的知识化为活的血肉；"品"是悟性的升华，其目的在于创造。在此基础上，文章告诉我们读书要努力从"吞"走向"啃"，从"啃"走向"悟"，把泛读、精读和体悟紧密结合起来，把"吞""啃""品"当作对待不同读物的阅读方法，学会科学合理的读书方法，人生才会受益无穷。

2. 形象感受

形象感受是指文字作品中的词语概念对朗读者内心刺激而引起朗读者对客观事物的感知、体会、思考的一种心理过程。朗读者要努力使自己沉浸在作品中，把作品中所描写的一切当作亲眼所见、亲耳所闻、亲身经历的东西，潜心去研究，用心去体会，并调动自己的生活积累去充实、丰富、提升它，产生对情景、形象、外貌以及性格的形象感知，使自己受到感染，然后再用有声语言真切、生动、形象地进行表达。

抓住表达事物形象的实词是形成形象感受的比较重要的方法。朗读者要借助栩栩如生的描写，使自己置身于形象构建的世界中，让文字作品中的景、人、物、事、情以及理在内心深处活跃起来，形成"内心视像"。只有这样，朗读者运用声音塑造的形象，描画的场景，传达的情感才可能是具体可感的。

【示例】

雨是最寻常的，一下就是三两天。可别恼。看，像牛毛，像花针，像细丝，密密地斜织着，人家屋顶上全笼着一层薄烟。树叶却绿得发亮，小草也青得逼你的眼。傍晚时候，上灯了，一点点黄晕的光，烘托出一片安静而和平的夜。在乡下，小路上，石桥边，有撑着伞慢慢走着的人，地里还有工作的农民，披着蓑戴着笠。他们的房屋稀稀疏疏的，在雨里静默着。[①]

朱自清笔下的这幅"春雨图"可谓栩栩如生。作者采用比喻、排比等修辞手法，把春雨的细、密、绵刻画得非常传神。在朗读时，我们要抓住"牛毛""花针"

① 节选自朱自清著：春，《语文》（七年级上），人民教育出版社，2007年第3版，第52页。

“细丝”“斜织着”“薄烟”“绿得发亮”“青得逼你的眼”等词和短语，采用重音等方式突出春雨的形象。

有些时候，作品中所描绘的情景或景象是我们未曾看到过的，在这种情况下，要求朗读者发挥记忆联想和再造想象能力，去再现作品的情景，形成形象感受。朗读者根据作品提供的形象结合以往的关于该方面内容的知识、经验、形象等的积累，通过记忆联想和再造想象“合成”视觉形象。比如，我们在朗读上例中的“春雨图”时，很多人没有经历过乡村生活，对作品中描写的雨中乡村宁静的生活缺乏感性的认识，这就要求我们把影视作品中看到过的风景挪移过来，再借助自己的生活体验，通过再造想象来完成视觉形象的塑造。

3.情感感受

著名语言学家徐世荣先生曾说过：运用声音朗读文章是两个合拢，一是说的语言和写的语言的合拢，二是作者思想感情和朗读者思想感情的合拢。可见，朗读必须有感情，要在领悟和传达原作者感情的基础上加上朗读者自己的感情。标准的声音、优美的音色加上充沛的感情才能使朗读充满艺术魅力。

朗读者对作品情感的表达是否恰当与两个方面有关，一是对作品情感的内在体验，二是外部表达技巧的运用。体悟文字作品的情感，酝酿自己的感情体验是朗读者能否把情感表达好的比较重要的环节。朗读者要对作品中或喜或怒，或哀或乐的情感有切身的体验，才可能合理调动外在的表达技巧从而将两种情感顺利合拢。

对文章的段落、层次、句子和关键语词等进行仔细分析可以帮助我们形成情感感受，另外，了解作品的写作背景、作者的生平和经历也是帮助我们形成情感感受的途径。如李清照的词在经历了南北分裂之乱后，词风发生了很大的转变。南渡前，李清照的词多描写少女、少妇的闺中生活，在轻快活泼的画面中表达其开朗欢乐的心情，感情的基调是清新而明快的。宋室南渡后，生活的苦难使她的词风趋于含蓄深沉，词中多悲苦之情。因此，我们在朗读前期作品《如梦令》和后期作品《声声慢》时，形成的情感感受是迥异的。

【示例】

如梦令

李清照

常记溪亭日暮，沉醉不知归路。兴尽晚回舟，误入藕花深处。争渡，争渡，惊起一滩鸥鹭。

声声慢

李清照

寻寻觅觅，冷冷清清，凄凄惨惨戚戚。乍暖还寒时候，最难将息。三杯两盏淡酒，怎敌他、晚来风急？雁过也，正伤心，却是旧时相识。

满地黄花堆积。憔悴损，如今有谁堪摘？守着窗儿，独自怎生得黑？梧桐更兼细雨，到黄昏、点点滴滴。这次第，怎一个、愁字了得！

练习

1. 试分析《桂林山水》的结构、主题和基调，并进行朗读练习。

桂林山水[1]

人们都说："桂林山水甲天下。"我们乘着木船，荡漾在漓江上，来观赏桂林的山水。

我看见过波澜壮阔的大海，欣赏过水平如镜的西湖，却从没看见过漓江这样的水。漓江的水真静啊，静得让你感觉不到它在流动；漓江的水真清啊，清得可以看见江底的沙石；漓江的水真绿啊，绿得仿佛那是一块无瑕的翡翠。船桨激起的微波扩散出一道道水纹，才让你感觉到船在前进，岸在后移。

我攀登过峰峦雄伟的泰山，游览过红叶似火的香山，却从没看见过桂林这一带的山。桂林的山真奇啊，一座座拔地而起，各不相连，像老人，像巨象，像骆驼，奇峰罗列，形态万千；桂林的山真秀啊，像翠绿的屏障，像新生的竹笋，色彩明丽，倒映水中；桂林的山真险啊，危峰兀立，怪石嶙峋，好像一不小心就会栽倒下来。

这样的山围绕着这样的水，这样的水倒映着这样的山，再加上空中云雾迷蒙，山间绿树红花，江上竹筏小舟，让你感到像是走进了连绵不断的画卷，真是"舟行碧波上，人在画中游"。

2. 仔细阅读下面的文章，体会如何从逻辑、形象和情感上去感受作品。

给　予[2]

我有一位朋友名叫保罗，在圣诞节前夕收到了一辆新轿车。是他哥哥送给他的圣诞礼物。圣诞前夜，他从办公室里出来，看见一个小淘气正在看他的新

---

① 陈淼著：桂林山水，《语文》(11册)，人民教育出版社，2006年，第1页。

② 田玮东译：给予，转引自《语文同步练习》(九年级上)，人民教育出版社，2009年5月，第44页。

车，小男孩问道："先生，这是你的车吗？"

保罗点点头，"我哥哥送给我的圣诞礼物。"小男孩吃惊地瞪大了眼睛："你是说这车是你哥哥白白送给你的，你一分钱都没花？天呵！我希望……"他犹豫了一下。

保罗当然知道他希望什么。这个小男孩会希望他也有一个这样的哥哥。但是那小男孩接下去说的话却让他对这小男孩刮目相看。

"我希望，"小男孩子接着说，"我将来能像你哥那样。"

保罗吃惊地看着这个小男孩，不由自主地问了一句："你愿意坐我的车兜一圈吗？"

"当然，我非常愿意。"

车开了一段路，小男孩转过身来，眼里闪着亮光，说道："先生，你能把车开到我家门口吗？"

保罗笑了，这回他想他知道这小男孩想干什么，这小男孩想在邻居们面前炫耀一下他是坐新轿车回家的。但是保罗又错了。小男孩请求他："你能把车停到那两个台阶那儿吗？"

车停后，小男孩顺着台阶跑进了屋，不一会儿，保罗听到小男孩又返回来了，不过这次他回来很快。他背着他脚有残疾的弟弟，他把他放在最下面的台阶上，然后扶着他，指着车对他说："伙计，看那新车，是不是跟我在楼上告诉你的一样。他哥哥送给他的圣诞礼物，他一分钱也没花，你等着，有一天我也会送你一辆车。那样你就可以坐在车里亲眼看一看圣诞节商店橱窗里那些好东西！"

保罗下了车，把那个小男孩抱进了车里，那位小哥哥也坐进了车里，他们3个人一起度过了一个难忘的夜晚。

从那天起，保罗真正懂得了"给予是快乐的"这句话。

第三节　发声技能训练

训练目标

本节要求学习有控制的胸腹联合呼吸技能，学会科学呼吸，做到以气托声；学习"三腔"共同协作共鸣的方法；学会吐字归音的方法，即：咬住字头、立起字腹、归好字尾。

教师主要依靠有声语言向学生传道、授业、解惑，教师的语言技能训练应特别重视声音形象的打造和语音质量的提高。为了使语音达到准确规范、清晰流畅、圆润集中、朴实自然、色彩丰富、变化自如的要求，我们要掌握科学的用气方法，运用有控制的胸腹联合呼吸法，结合以“口腔为主，三腔共鸣”的方式进行口语表达，努力做到吐字归音清晰自然、饱满有力、灵活轻巧，达到“字正腔圆”的表达效果。

一、用气发声训练

掌握科学的用气方法是口语表达的基础与前提。气流是指呼吸时的气流，它是发音的原动力。“气乃音之帅”，“气动则声发”，没有气息，就发不出声音。呼吸器官主要是肺和气管。肺是送出气流的动力站。肺的外面是胸腔，下面是一层横膈膜。横膈膜下降，胸腔扩大，肺部膨胀，便吸入空气；反之，横膈膜上升，胸腔缩小，肺部收缩，就呼出气流。

（一）声音与气息的关系

人的一切情感活动都在气息状态上得到明显地反映。气息的强弱直接影响着声音的大小、高低、强弱、长短等，影响着语势的强弱和感情的表达。人们在喜悦、愤怒、惊恐、哀伤时的气息状态是完全不同的，因之发出的声音也呈现出不同的色彩来。要控好声音、驾驭语言，必须掌握一定的用气技巧。换句话说，只有在气息得到控制的基础上，才能谈到控制声音。

在口语表达中，声音对气息的要求可以概括为四个字：深、匀、通、活。

深指吸气要深，使气息饱满；

匀指出气要匀，使气息稳定，声音流畅；

通指行气要通畅，使声音自如；

活指行气要活，使声音能随情感的变化而变化。

（二）呼吸的方法——有控制的胸腹联合呼吸

日常生活中的一般呼吸是不受神经控制的下意识的神经反射活动。主要有以下几种方式：

(1)胸式呼吸又称浅呼吸，吸气时只张两肋，横膈膜下降很少，气流被吸入肺部后又从肺部呼出，气流经过气管到喉头，振动声带而发出声音来。这种呼吸法气息的吸入量少、部位浅。所以发出的声音比较漂浮、单薄，不够浑厚和圆润。若要加大音量，往往需在喉头拼命用力，这不但影响声音的自然，而且易损伤声带。女生用这种呼吸方法的较多。

(2)腹式呼吸又称单纯横膈式呼吸,这种呼吸主要靠横膈肌的收缩或放松,使腹部一起一伏地进行呼吸。事实上,忽略肺泡的作用,光靠腹部吸入的气息是很少的,再加上来自腹部的气息很难对声带产生应有的控制,所以发出的声音空洞、无力。男生用这种呼吸方法的较多。

(3)胸腹联合式呼吸:又称深呼吸,是胸腹两种呼吸方式的结合。呼吸时,由于胸腹同时进行,吸入的气流量大,而且有一定的深度,容易产生较为坚实的音色。采取这种呼吸方式,还可减轻声带和喉头的压力,可以做到长时间讲话而不感觉疲劳。但是,这种方法也有缺陷:进气快,出气也快,气息难以控制,胸部和腹部大起大落,表达时往往很难自如地进行调控。

在口语表达中比较理想的呼吸方式是有控制的胸腹联合呼吸法。这种呼吸方式一方面采用胸式呼吸使胸腔的前后左右扩张,另一方面利用腹式呼吸时横膈肌的下降扩大胸腔的上下径,更重要的是加强了小腹的控制力量,实现了对气息的有效控制。这样一来,吸气量增加,胸、腹、膈之间的联系建立并加强,声音也随之变得坚实而响亮。

(三)呼吸的要领

(1)吸气要深　吸气时两肩下垂放松,两肋渐渐扩张,口鼻同时进气,口角向两侧微微展开,将气吸到肺的底部,小腹肌肉向中心部位收缩,横膈膜收缩下降,这就是人们常说的“气沉丹田”。吸气深是练好呼吸的前提。深深地吸气,在小腹肌肉、横膈膜向小腹中心——丹田穴(脐下三指)这个支点收缩时,利用收缩力将气托住。这时,腰部也有向外撑的感觉。若用手摸腰部,似有一个气环。

(2)呼气要均匀而持久　呼气时两肋保持一定的控制,不要放松;小腹保持收缩状态,维持两肋的扩张。慢慢收缩腹部肌肉和横膈膜,产生压力,利用压力将吸入肺部的气息顺咽壁提到口腔慢慢呼出,小腹的肌肉也随之逐渐放松。小腹是气息的支点,是控制气息的重要部位。

言语发声在呼气的过程中完成,因此呼气是呼吸训练的关键。呼气易犯的毛病有二:一是吐气过快,刹那间气息全无,声音不能持久;二是气息前强后弱,声音不能均匀。我们要做到“吸气一大片,呼气一条线”,训练时始终保持一定的气息压力,控制住气息流量,使气息均匀、平稳。避免前强后弱,或渐强渐弱的气息状态,努力使呼气保持较长的时间,确保表达长句时语句结构完整。

(四)运用气息发声的方法

教师的语音应该是朴实自然、优美生动的,而不能干瘪平直、僵硬呆滞。在进行用气发声训练时，要做到：

(1)声音要松弛、自然　放松喉部，让气流通过声带时充分振动，使声音轻松、舒展、自然、悦耳。松弛的声音不是指处于松懈状态下无精打采、没有力度的声音，也忌提嗓子、挤压嗓子或拔直嗓子大喊。

(2)声音要集中、圆润　声音集中是指声音洪亮、结实、有力度；声音圆润是指声音饱满，给人以美感。要使声音达到上述要求，关键在于发声时发音器官应保持正确的发声生理状态，具体应该是：开牙关、提笑肌、松舌根，掉下巴。在此基础上，使一条声柱通硬腭直击口盖儿。“开牙关，提笑肌”能增加口腔的空间，加强口腔的共鸣，使声音竖立、明亮、圆润，避免因受到挤压而成为缺少共鸣、没有弹性的声音；“松舌根”是指喉部要放松，避免因喉部紧张造成对气息的阻滞而使声音受到挤压；“掉下巴”指的是打开牙关，让自己的下巴放松得如同不存在似的，而非用力张开嘴巴把下巴往下拉。“一条声柱通硬腭直击口盖儿”是指结合气息的作用，使声音集中成一束直通硬腭中心线，声柱打到口盖上，声音集中而有穿透力。

二、共鸣控制训练

共鸣是物体因共振而发声的现象。人体发声的共鸣是指声带发出的声音经过共鸣器官的共振而扩大，从而变得清晰、圆润、响亮、优美。共鸣不仅可以将声音传得更远，而且能够改变音色，增加声音的可塑性。

(一)共鸣器官的构成

人体共鸣器官包括胸腔、咽腔、口腔、鼻腔等，其中口腔是最主要、最灵活的共鸣腔体，口腔的开合、舌头的伸缩、软腭的升降等，都会改变口腔的形状，影响共鸣效果。良好的共鸣，可以使声音优美，较长时间说话而不至于嘶哑，发音较为省力，收到事半功倍的效果。

教师在口语活动中，主要使用胸腔共鸣、口腔共鸣和鼻腔共鸣。

胸腔共鸣也叫“低音共鸣”或“下部共鸣”，这部分属低音泛音区，恰当地运用胸腔共鸣，可以使声音浑厚、低沉。发低音时，手摸胸腔，一般会感到明显的振动。

口腔共鸣也叫“中音共鸣”或“中部共鸣”，恰当地运用口腔共鸣，可以使声音丰满、圆润。练习口腔共鸣，要适度打开口腔，这与前面用气发声时提到的发声的生理状态一致，在此不再赘述。

鼻腔共鸣也叫“高音共鸣”或“上部共鸣”，恰当地使用鼻腔共鸣，可以使声音高亢、明亮且省力。一般唱高音时，鼻腔的振动感即鼻腔产生了共鸣作用。

（二）三腔共鸣

我们在进行口语表达时，不是单一地使用一种共鸣方式，而是各共鸣腔体协调配合共同运作的。一般情况下，以口腔共鸣为主，口腔、胸腔、鼻腔“三腔”并用。用这样的共鸣方式发出的声音既丰满圆润、洪亮浑厚，又朴实自然、清晰真切。

（三）三腔共鸣的要领

教师在课堂上讲话，需要把声音送到较远的地方，因而必须充分利用口腔共鸣，以扩大音量。训练时，要注意掌握发音的总体感觉：气息下沉，两肋扩张，喉部放松，胸部不僵，声音像一条弹性带，从小腹拉出垂直向上，经口咽部向前，沿上腭中线前行，“挂”于硬腭前部，透出口外，声音通畅，运行自如。简单地说，就是：提起软腭，适当打开后槽牙，扩大口腔容积，让气息在口腔内共振，使声音变得明亮而结实，并且传得远。

三、吐字归音训练

吐字归音是我国传统说唱艺术理论中关于咬字方法的一个术语。吐字归音是把一个音节的发音过程分为出字、立字、归音三个阶段。出字是指声母和韵头的发音过程；立字是指韵腹的发音过程；归音是指音节发音的收尾过程。吐字归音是朗读的重要环节，也是一项非常重要的基本功。吐字归音是气息、发声、共鸣作用的归宿，是体现作品内容和思想感情的载体。朗读能否再现作品的内容和情感，关键在于吐字归音。

（一）吐字归音的要求

吐字归音的总的要求是“字正腔圆”。“字正”是指字音的正确规整，字音清楚，发音有力；“腔圆”是在“字正”的基础上，行腔饱满圆润，优美动听。这需要唇、舌、齿等发音器官的积极参与和努力协调。吐字应呈“枣核形”，两头分别是字头和字尾，中间是字腹。一般而言，字腹发音时口腔开度大，持续时间长，而字头与字尾发音则口腔开度小，发音的时间较短。字头由声母和韵头担任，是整个字音的着力点，发音时要用力咬准；字腹即韵腹，是字音的中心，由主要元音担任，发音时要求口腔开度大；字尾由韵尾担任，是字音完整的关键，发音时轻轻收住，才能做到字正腔圆。例如：发 pàn（盼）这个音节时，要先找准 p 的发音部位，即咬住字头；而后在一股较强气流的作用下，冲破阻碍，清晰、响亮地吐字腹 a；紧接着舌尖要轻轻回抵 n 的发音部位上牙床，收住字尾，这就是传统所说的归音。

(二)吐字归音的训练要领

1. 咬紧字头,弹发有力

明代戏曲音乐家魏良辅说:“曲有三绝,字清为一绝”,“曲有五难”首先是“开口难,出字难”。这不仅指出了字音清晰在有声语言表达中的重要性,而且强调了出字在发声中的难度。

出字首先要有咬的感觉,而且要“咬紧”。咬得太松,就会有声无字,字音含混不清;但是也不能咬得过紧,否则字音又会显得僵滞。所以,既要“咬而不死”,又要“咬而无痕”。其次,出字要使声音“弹出”,使字头的发音弹发有力而轻快,这样才能使声音干净利落,结实有力。成功出字的关键是把握好声母的发音部位、发音方法和韵头的唇形。

2. 发响字腹,展开立住

在字头轻轻弹出后,口腔随着字腹的到来而有控制地打开,感觉字音随着上腭的提起而“立”了起来,这就是“立字”。立字的过程实际上就是在一个音节里突出字腹的过程。要把字“立”起来就要保证正确地打开口腔,寻找口腔竖着展开,把字音“挂”在上腭的感觉。这样可以使气流在口腔内形成较丰富的泛音共鸣,结合声束向硬腭前部的流动冲击,形成一种“立”的感觉。同时,要保证韵腹的发音有足够的时间,以突出其圆润、饱满。一个音节的声音色彩主要通过字腹来表现。发响字腹的关键是口形、音位准确,口腔开合适度、松紧适宜。

3. 发全字尾,到位弱收

归音要求到位、弱收。“到位、弱收”是指在恰当的字尾处轻松自然地结束发音,趋向鲜明、干净利落。“到位”是指韵腹向韵尾滑动的过程要清晰、流畅,不能收刹不住留尾巴,也不能唇舌收不到位。“弱收”是指归音的力度不宜过大。归音时口腔由开到闭,声音由强到弱,气断而声停,整个音节发音完整。

要强调的是,吐字归音要求一个音节的发音过程有头有尾,形成一个枣核形,字头、字腹和字尾的发音应形成一个有机的整体。在吐字归音练习时,必须把这三个部分的训练紧密地结合起来,发音时从字头到字腹、字尾的滑动必须连贯,而且每一部分的特点都必须牢牢把握,这样才能使语音圆润饱满、流畅自然。

练习

1. 吸气后发单韵母 a、o、e、i、u、ü,每次发一个单韵母,持续的时间越长越好。

2.用有控制的胸腹联合呼吸法呼吸，呼气时出声数数，1、2、3、4……数下去。数出的字音要稳劲而有力，忌发生面红颈粗或者躬腰弯背等现象。速度可以由慢到快，快时仍要保持字音的清晰，不能因快而含混带过。

3.把握好绕口令语言的节奏，找准绕口令的气口，做到语音准确、吐字清晰、语句连贯流畅，要求一口气念完。

山里有个寺，山外有个市，弟子三十三，师父四十四。三十三的弟子在寺里练写字，四十四的师父到市里去办事。三十三的弟子用了四十四小时，四十四的师父走了三十三里地。走了三十三里地就办了四十四件事，用了四十四小时才写了三十三个字。

4.用高音、中音、低音讲话，念“你好！”“响亮！”“太高兴了！”，找准三个共鸣区的共鸣位置。

5.以口腔共鸣为主，朗读下面的段落。

我们的下意识中常常藏有这样一个田园般的梦幻，我们乘坐火车作横跨大陆的长途旅行，沉醉于窗外高速公路上如梭的车流，孩子们在路口招手致意，奶牛在远远的山脚下吃草，发电厂冒出浓烟，成排成行的玉米和小麦，平畴深谷，山峦起伏，城市的轮廓，乡村的庄园，都让我们如此沉迷，如此心醉。①

6.朗读下面的词作，注意咬字准确、有力，吐字清晰、饱满、响亮，韵尾收音渐弱渐止，清晰圆满。

沁园春·雪

毛泽东

北国风光，千里冰封，万里雪飘。望长城内外，惟余莽莽。大河上下，顿失滔滔。山舞银蛇，原驰蜡象，欲与天公试比高。须晴日，看红装素裹，分外妖娆。

江山如此多娇，引无数英雄竞折腰。惜秦皇汉武，略输文采；唐宗宋祖，稍逊风骚。一代天骄，成吉思汗，只识弯弓射大雕。俱往矣，数风流人物，还看今朝。

水调歌头

苏　轼

丙辰中秋，欢饮达旦，大醉，作此篇，兼怀子由。

明月几时有？把酒问青天。不知天上宫阙，今夕是何年？我欲乘风归去，

---

① 节选自罗伯特·J·哈斯汀著，终点，转引自《读者》，2010年第20期，第1页。

唯恐琼楼玉宇，高处不胜寒。起舞弄清影，何似在人间？

转朱阁，低绮户，照无眠。不应有恨，何事长向别时圆？人有悲欢离合，月有阴晴圆缺，此事古难全。但愿人长久，千里共婵娟。

第四节　朗读技巧训练

训练目标

本节要求掌握停连、重音、句调、节奏和速度等朗读的表达技巧。结合普通话水平测试40篇短文进行朗读训练，要求在朗读中能合理运用朗读技巧，突出作品的主旨，把情感表达得恰如其分。

广义的朗读技巧包括内部心理感受的技巧和外部言语表达的技巧。内部心理感受技巧已经在前面进行了具体的分析，这里的朗读技巧是指朗读的外部表达技巧，即言语声气技巧，包括停连、重音、语气、节奏和速度等。

一、停连

停连是指在朗读时语流行进中声音的中断或延续。在朗读时，我们不能一字一顿地读，也不能毫无间歇地一口气连读下去，而要以思想感情发展变化为线索，通过安排停顿和连接来揭示词、句、段间的内在关系，做到连中有停，停中有连，停连结合，使语言的链条井然有序，使语意的表达清晰明了。

在说话和朗读的过程中，我们要通过停顿和连接来换气，调节声音，因此，停顿是生理上换气的需要。但是，停顿又不仅仅是生理方面的需要，更主要的是表达作品思想内容，使听众更好地感受、理解作品的需要。朗读者要根据作品的内容和语句的目的安排停连，作品中段落、层次、句子、语词间结构比较松散，意义联系不太紧密处，可以设置停顿以造成适当的声音的间歇；而语意连贯、步步衔接、一气呵成的地方，就需要运用连接。停连解决的是作品内容的分合关系。停连处理得当，可以把语言的层次表现得清清楚楚，可以增强语言的表现力和感染力；反之，停连处理不当，如句子中没有停顿，语意会含糊不清，如停顿太多则会使句子支离破碎、不知所云。

（一）语法停连

语法停连是由语言的结构形式决定的语流声音的中断和延续。语法停连反映了段落、层次、句子、词语之间的结构形式。

朗读要利用语法停连展现作品的结构层次。在朗读的准备阶段，我们要对作品的结构层次进行具体细致的分析。在这个基础上，我们按照作品的结构，在标题、副题、小标题、部分、段落、层次之间进行适当的停连处理，以更好地显示作品的文脉，展现作品的内容和情节的来龙去脉。

一般情况下，标题后的停顿要长一些；部分、段落间的停顿次之；层次之间停顿较短，当然，这些停顿的位置和时间的长短都是相对的，要根据内容的联系是否紧密，感情的变化是否衔接来灵活掌握。这类停连经常可以依据标点来处理。

朗读的停连必须服从标点符号，多数情况下，书面语中有标点的地方同朗读时需要有停顿的地方是一致的。

一般地说，句号、问号、感叹号的停顿比分号长些；分号的停顿要比逗号长些；逗号的停顿比顿号长些；而冒号的停顿则有较大的伸缩性：它的停顿有时相当于句号，有时相当于分号，有时只相当于逗号。

【示例】

那是力争上游的一种树，笔直的干，笔直的枝。//它的干呢，通常是丈把高，像是加以人工似的，一丈以内，绝无旁枝；/它所有的桠枝呢，一律向上，而且紧紧靠拢，也像是加以人工似的，成为一束，绝无横斜逸出；/它的宽大的叶子也是片片向上，几乎没有斜生的，更不用说倒垂了；/它的皮，光滑而有银色的晕圈，微微泛出淡青色。//这是虽在北方的风雪的压迫下却保持着倔强挺立的一种树！

（《白杨礼赞》）

上面的段落中凡是有标点的地方，朗读时都必须停顿，而且要根据不同的标点符号，安排长短不同的停顿。其中，句号之间的停顿时间最长，我们用“//”来表示停顿，分号间的停顿次之，用“/”表示，逗号间的停顿更小些。

为了使表达的语意更清晰，往往在句子内部各成分之间运用停连来揭示各成分之间的关系。

（1）主语和谓语之间的停连。

深蓝色的天空里/悬着无数半明半昧的星。　（《繁星》）

海上的夜/是柔和的，静寂的。　（《繁星》）

（2）谓语和宾语之间的停连。

信赖，往往创造出/美好的境界。　（《珍珠鸟》）

我明白了/她称自己为素食者的真正原因。　（《我的母亲独一无二》）

（3）定语、状语、补语和中心词之间的停连。

从中传出笛儿般/又细又亮的叫声，就格外/轻松自在了。（《珍珠鸟》）

人们从《论语》中/学得智慧的思考，从《史记》中/学得严肃的历史精神，从《正气歌》中/学得人格的刚烈，从马克思/学得人世的激情，从鲁迅/学得批判精神，从托尔斯泰/学得道德的执著。（《读书人是幸福人》）

漓江的水真清啊，清得/可以看见江底的砂石。（《桂林山水》）

（二）强调停连

强调停连是为了突出强调某一事物，突出某个语意或某种情感，或为了加强语气而作的停连。强调停连可以在不是语法停顿的地方作适当的停顿，也可以在语法停顿的基础上变动停顿的时间，或者在标点符号处不作停顿反而连贯起来。相比较而言，语法停连的位置和时间长短有一定的规律可循，比较容易把握；而强调停连的位置灵活多变，运用起来也更富艺术性。

我和母亲/走在前面，我的妻子和儿子/走在后面。（《散步》）

我崇敬/那只小小的英勇的鸟儿，我崇敬/它那种爱的冲动和力量。（《麻雀》）

一些十字路口处或车站/坐着几位老人。（《捐诚》）

（三）停连的一般规律

1.停连要以思想感情的运动状态为前提，根据文字作品的内容和具体语句来安排设置，不能没有根据地随意停连。

2.表达感情凝重深沉的作品时，停多连少；表达感情欢快急切的作品时，连多停少。

3.句子越长、内容越丰富，停顿就越多；句子越短、内容越浅显，停顿就越少。词语的组合关系较为松动，停顿时间较长；词语的组合关系较为紧密，停顿时间较短。

4.停连的安排设置必须和重音、语气、节奏等一起考虑，共同完成有声语言的再创作。

二、重音

在朗读时，根据语句目的、思想感情表达的需要，往往需要强调那些起重要作用的词或短语，这就是重音。

重音解决作品内容间的主次关系。组成句子的词和短语，在表达基本语意和思想感情的时候，不是平列地处在同一个地位上，有的词、短语在表达语意和思想感情上比较重要；而与之相比较，另外一些词和短语就处于较为次要的地位上，这就需要我们采用重音来突出那些比较重要的内容。朗读时，我们必须分析句子所要表达的重点，分清哪些词是主要的，哪些词是次要的，并使次要的词语从属于主要的词语。同一个句子，重音的位置不同，语句表达的意思就大不相同。例如：

1. 我爱你。（谁爱你？）

2. 我爱你。（我爱不爱你？）

3. 我爱你。（我爱谁？）

一般来说，一个独立完整的句子只能有一个主要重音，其他为次要重音。表达时，不能均衡用力，一定要突出主要重音。“重音愈精，语意愈清，目的愈明。”[①]如果重音设置过多，主要重音不突出，会使语句目的不明。

（一）语法重音

有些句子不表达特殊的感情色彩，也没有什么特别强调的意味，这种句子可以依据其语法结构来确定重音，这类重音叫语法重音或结构重音。一般来说，短句中的主语、谓语、宾语、定语、状语、疑问代词和指示代词等语法成分要读重音。这类重音在朗读时不必过分强调，只要比其他音节读得重些就可以了。

它的干呢，通常是丈把高，像是加以人工似的，一丈以内，绝无旁枝。（《白杨礼赞》）

它黑黝黝地卧在那里，牛似的模样。（《丑石》）

她的名字叫翁香玉。（《永远的记忆》）

一只孤单的小鸟无家可归。（《可爱的小鸟》）

大雪整整下了一夜。（《第一场雪》）

（二）逻辑重音

有些句子由于表意曲折或者表达的感情比较特殊，重音往往不能一下子确定，必须联系上下文，对它细加研究，进行认真推敲，尤其要把它放到特定的语言环境中加以考察，才能确定其重音，这类重音叫做逻辑重音或强调重音。它同语法重音有时是一致的，有时则是不一致的。当逻辑重音和语法重音不一致时，后者必须服从前者。

逻辑重音在语句中的位置没有一个固定的格式。它不仅仅和本语句有关，更重要的是和上下文的联系，和整个作品的内容及思想感情的联系。因此，我

---

① 张颂著：《朗读学》，北京广播学院出版社，1999年2月，第184页。

们必须在理解和感受作品内容和情感的基础上，根据语句表达的重点来确定重音的位置。

没有一片绿叶，没有一缕炊烟，没有一粒泥土，没有一丝花香，只有水的世界，云的海洋。 （《可爱的小鸟》）

不在乎别人的批评意见，不在乎别人的诋毁流言，只在乎那一份随心所欲的舒坦自然。 （《朋友和其他》）

这一切都使人想着一样东西——生命。 （《散步》）

这些信是由在瑞士的一个朋友秘密地转到伦敦，送到我手中的。

（《我的母亲独一无二》）

占用这个大山坡的先决条件是同意保护这棵老树。

（《香港：最贵的一棵树》）

（三）重音的表现

确定重音的位置是为了在朗读中更好地表达重音，但如果重音表达得不贴切、不恰当，就不能收到好的表达效果。因此，如何用有声语言把重音表达好就有一个表现技巧的问题。

重音的表现方法常见的有以下几种：

1. 加强音量

强弱轻重是相对而言的。一般说来，在表达明朗的态度、观点和形象鲜明的事物时，我们要把语流中需要强调的字、词、短语念得重些以加强音量和气势，使字音高亢响亮、饱满有力。用这样的方法来表现重音也即"加重声音"。

(1)我会告诉他：假若你一直和时间比赛，你就可以成功！

（《和时间赛跑》）

(2)你是一根晃悠悠的扁担，挑起了彩色的明天！ （《家乡的桥》）

(3)这美丽的南国的树！ （《小鸟的天堂》）

2. 重音轻读

轻读要求控制声带和气息，把强调的音节读得轻一些，弱一些，使这些柔和亲切、悦耳动听的字音在较强、较响的语流中得到突出和强调。这种方法常用于表达深沉、凝重、亲切、细腻的思想感情，常用于表达怀念、幸福等情愫或表现平静、舒适的氛围。

(1)盲老人叹息着回答："我，我什么也没有得到。" （《语言的魅力》）

(2)什么是永远不会回来呢？ （《和时间赛跑》）

(3)也比作文本上的"光阴似箭，日月如梭"更让我觉得有一种说不出的滋味。 （《和时间赛跑》）

3. 重音慢读，拖长音节

这种方法即刻意放慢速度，或延长音节，以突出强调的音节。这种重音听起来富有抒情色彩，适合表达真挚的情意。

(1)这太阳像负着什么重担似的，慢慢儿，一步一步地，努力向上面升起来。（《海上的日出》）

(2)哦，明艳艳的太阳照耀了，芳香甜蜜的花果捧来了，五彩斑斓的岁月拉开了！（《家乡的桥》）

(3)这一切都使人想着一样东西——生命。（《散步》）

4. 利用停顿

这种重音的表现方法是在要强调的音节的前后作必要的停顿，使听者产生某种期待，把感情抒发得深沉感人，或给人以深刻的启迪，或者引发人们深深的回味和思考。

(1)一种比它的理智更强烈的力量，使它从那儿/扑下身来。（《麻雀》）

(2)但它整个小小的身体因恐怖而战栗着，它小小的声音也变得粗暴嘶哑，它在/牺牲自己！（《麻雀》）

三、句调

语调的起伏千变万化，加上影响语调表达的因素纷繁复杂，我们很难对语调进行全面的剖析和训练。在此，我们对语调的运动趋势作总的粗略的归纳，把大体相似的语调作简单的归类，根据语调的高低升降概括出四种基本类型，具体如下：

(1)平直调(→)。语流的运行状态基本平直，没有明显的高低升降变化，句首和句尾基本在同一高度。一般的叙述和说明，表示动作的持续，较多用平直调。平直调常用来表达平静、冷淡、沉着、迟疑、庄重、严肃、悲痛、思索、回忆等语气。

①我们像朋友一样聊起天儿来……（《捐诚》）

②狗跑在我前边。（《麻雀》）

③我们在田野散步：我，我的母亲，我的妻子和儿子。（《散步》）

(2)高升调(↗)。语流的运行状态由低到高，句尾音节一般较强并向上扬起。常用来表示疑问、反诘、号召、高兴、激动、惊恐、紧张等语气。疑问句常用高升调表达。

①你以为这是什么车？旅游车？（《父亲的爱》）

②除去足球本身的魅力之外，还有什么超乎其上而更伟大的东西？（《国家荣誉感》）

③ 什么是永远不会回来呢? （《和时间赛跑》）

(3)降抑调(↘)。语流的运行状态由高到低，逐渐下降，句尾音强而短促。常用来表示陈述、肯定、自信、决断、请求、感叹、祝愿、愤怒等语气。肯定句常用降抑调表达，降抑调是语调中最为常见的。

①假若你一直和时间比赛，你就可以成功！ （《和时间赛跑》）

②是由于一种无上崇高的精神情感——国家荣誉感！ （《国家荣誉感》）

③说起森林的功劳，那还多得很。 （《“能吞能吐”的森林》）

(4)曲折调(⌒↗、⌣↘)。语流的运行状态呈起伏曲折形，或由高而低再扬起，或由低向高再降下，或有更多曲折。一般用于表达复杂的情绪或隐晦的感情，如讽刺、反语、夸张、双关、幽默、怀疑、惊讶、责备等。

①会不会是他已经表达了而我却未能察觉? （《父亲的爱》）

②树，活的树，又不卖何言其贵? （《香港：最贵的一棵树》）

③许是累了? 还是发现了新大陆? （《可爱的小鸟》）

四、节奏与速度

朗读的节奏是指：“由一定的思想感情的波澜起伏所造成的，在有声语言的表达上所显示的抑扬顿挫、轻重缓急、回环往复的声音形式。”[①]节奏由抑扬、顿挫、轻重、缓急等对立性要素构成，并使这些要素构成有规律的交替出现的声音的循环往复的形式，以运动着的声音表达思想情感的运动。

节奏与速度的关系比较密切。速度是指朗读中语速的快慢疾缓的变化，作品的段落、层次、语句间的停顿、转换和语句中音节的长短造成朗读速度的变化。速度是构成节奏的主要内容。

【示例】

一名少女失踪了！消息不胫而走，急坏了校领导，应变措施很快制定出来：分头行动，一定要找到她。

几位老师风风火火地赶到电话亭。糟糕！旁边已排了四五个人！杨老师上前说明情况，立刻，电话让了出来。少女的父亲前几天出差了，不在北京！姐姐不在！亲戚不在！

时间一分一分过去，却毫无结果。空气似乎令人窒息地凝固了。

这一段落的语速为“中速—快速—慢速”。少女失踪的消息如一块巨石落入池中打破了水面的平静，顷刻间在学校里掀起轩然大波。校领导以果断的态

---

① 张颂著：《朗读学》，北京广播学院出版社，1999 年 2 月，第 267 页。

度确定了解决方案，紧接着老师们马上按领导的工作部署四处寻找。电话亭边，一波刚平一波又起，老师通过努力得到打电话的机会，可是一打电话所有的联系线索全断了。紧张的气氛达到了高潮，随即空气似乎凝固了。思想感情的波澜在这个片段中表达得层次分明，朗读时的节奏要根据上述思想感情的运动状态来处理。

影响速度的因素有很多，文章的内容和主题是决定速度的主要因素，浅显易懂，表达直白的，速度快些；深奥难懂，有言外之意的，速度慢些。其他环境气氛、人物情绪、人物特点、表达方式等都对速度有很大的影响。如气氛紧张热烈、活跃欢快的速度快些，气氛沉闷平静、庄严凄清的速度慢些；人物情绪激动亢奋的速度快些，情绪低落失望的速度慢些；人物年轻、外向的速度快些，年迈、内向的速度慢些等等。总体而言，热烈、欢快、兴奋、紧张的内容速度快一些；平静、庄重、悲伤、沉重、追忆的内容速度慢一些。而一般的叙述、说明、议论则用中速。

节奏是对作品整体、全局的表现，被朗读目的和作品主题所统率，被表达愿望和基调所制约。节奏的特点是流动和变化。一般情况下，节奏和速度经常是一致的。节奏充分运用声音高低、轻重、疾徐三方面构成的对比和它们之间的组合关系，在转换和承接中进行表现。在朗读中，常见的节奏转换形式有欲扬先抑、欲抑先扬；欲快先慢、欲慢先快；欲重先轻、欲轻先重三种，科学合理地运用节奏转换的技巧可以极大地丰富有声语言的表现力和感染力。

练习

一、给下面的句子安排停顿并朗读。

(1)下雨天留客天天留我不留

(2)大肚能容容天下难容之事，笑口常开笑天下可笑之人

二、李嫂的电视机坏了，去敲邻居小王的门，请他修一下，但小王三次回答由于重音落不准确，都造成答非所问的情况，请判断小王答话的重音误落在哪个词上，怎么说才对？

李嫂：小王呀，你会不会修电视机？

小王：我不会修电视机。

李嫂：敢情你会装电视机……

小王：我不会修电视机。

李嫂：我家录音机也坏了，能不能……

小王：我不会修……

李嫂：那你找别人替我修一下吧！

三、根据句调符号的提示，练说下面这段话。

甲：你的普通话说得不错啊！↘

乙：现在是不错了。↘刚开始学的时候可不行，净出笑话儿。→

甲：是吗？↗ 出过什么笑话儿？↗

乙：有一天，我在食堂吃饭……→

甲：吃的什么啊？↗

乙：我买了一盘饺子。↘

甲：嘿！饺子可好吃了！↘

乙：是挺好吃。↘就是咸了点儿，我跟师傅要点儿汤喝。→

甲：给你汤了吗？↗

乙：没给，给了我两勺儿糖。↘

甲：啊！↗你要汤，怎么给你糖啊！∿

乙：因为我声调没说好，把汤说成糖了。↘

甲：普通话声调太重要。↘

四、朗读下面的文章，体会句调的变化。

匆　匆

朱自清

燕子去了，有再来的时候；杨柳枯了，有再青的时候；桃花谢了，有再开的时候。但是，聪明的，你告诉我，我们的日子为什么一去不复返呢？——是有人偷了他们罢：那是谁？又藏在何处呢？是他们自己逃走了罢：现在又到哪里呢？

我不知道他们给了我多少日子；但我的手确乎是渐渐空虚了。在默默里算着，八千多日子已经从我手中溜去；像针尖上一滴水滴在大海里，我的日子滴在时间的流里，没有声音，也没有影子。我不禁头涔涔而泪潸潸了。

去的尽管去了，来的尽管来着；去来的中间，又怎样地匆匆呢？早上我起来的时候，小屋里射进两三方斜斜的太阳。太阳他有脚啊，轻轻悄悄地挪移了；我也茫茫然跟着旋转。于是——洗手的时候，日子从水盆里过去；吃饭的时候，日子从饭碗里过去；默默时，便从凝然的双眼前过去。我觉察他去的匆匆了，伸出手遮挽时，他又从遮挽着的手边过去，天黑时，我躺在床上，他便伶伶俐俐地从我身上跨过，从我脚边飞去了。等我睁开眼和太阳再见，这算又溜走了一日。我掩着面叹息。但是新来的日子的影儿又开始在叹息里闪过了。

在逃去如飞的日子里，在千门万户的世界里的我能做些什么呢？只有徘徊罢了，只有匆匆罢了；在八千多日的匆匆里，除徘徊外，又剩些什么呢？过去的日子如轻烟，被微风吹散了，如薄雾，被初阳蒸融了；我留着些什么痕迹呢？我何曾留着像游丝样的痕迹呢？我赤裸裸来到这世界，转眼间也将赤裸裸的回去吧？但不能平的，为什么偏要白白走这一遭啊？

你聪明的，告诉我，我们的日子为什么一去不复返呢？

五、朗读《雷雨》中周朴园和鲁侍萍的对话，注意根据人物的心理变化来处理节奏和语速的变化。

周：梅家的一个年轻小姐，很贤惠，也很规矩。有一天夜里，忽然地投水死了。后来，后来——你知道吗？

鲁：这个梅姑娘倒是有一天晚上跳的河，可是不是一个，她手里抱着一个刚生下三天的男孩，听人说她生前是不规矩的。

鲁：我前几天还见着她！

周：什么？她就在这儿？此地？

鲁：老爷，您想见一见她么？

周：不，不，不用。

周：我看过去的事不必再提了吧。

鲁：我要提，我要提，我闷了三十年了！

附录 8 普通话水平测试朗读材料 40 篇

作品 1 号

那是力争上游的一种树，笔直的干，笔直的枝。它的干呢，通常是丈把高，像是加以人工似的，一丈以内，绝无旁枝；它所有的桠枝呢，一律向上，而且紧紧靠拢，也像是加以人工似的，成为一束，绝无横斜逸出；它的宽大的叶子也是片片向上，几乎没有斜生的，更不用说倒垂了；它的皮，光滑而有银色的晕圈，微微泛出淡青色。这是虽在北方的风雪的压迫下却保持着倔强挺立的一种树！哪怕只有碗来粗细罢，它却努力向上发展，高到丈许，两丈，参天耸立，不折不挠，对抗着西北风。

这就是白杨树，西北极普通的一种树，然而决不是平凡的树！

它没有婆娑的姿态，没有屈曲盘旋的虬枝，也许你要说它不美丽，——如果美是专指“婆娑”或“横斜逸出”之类而言，那么，白杨树算不得树中的好女子；但是它却是伟岸，正直，朴质，严肃，也不缺乏温和，更不用提它的坚强不屈与挺拔，它是树中的伟丈夫！当你在积雪初融的高原上走过，看见平坦的大地上傲然挺立这么一株或一排白杨树，难道你就只觉得树只是树，难道你就不想到它的朴质，严肃，坚强不屈，至少也象征了北方的农民；难道你竟一点儿也不联想到，在敌后的广大土//地上，到处有坚强不屈，就像这白杨树一样傲然挺立的守卫他们家乡的哨兵！难道你又不更远一点想到这样枝枝叶叶靠紧团结，力求上进的白杨树，宛然象征了今天在华北平原纵横决荡用血写出新中国历史的那种精神和意志？

节选自茅盾《白杨礼赞》

作品2号

我常常遗憾我家门前那块丑石：它黑黝黝地卧在那里，牛似的模样；谁也不知道是什么时候留在这里的，谁也不去理会它。只是麦收时节，门前摊了麦子，奶奶总是说：这块丑石，多占地面呀，抽空把它搬走吧。

它不像汉白玉那样的细腻，可以刻字雕花，也不像大青石那样的光滑，可以供来浣纱捶布。它静静地卧在那里，院边的槐荫没有庇覆它，花儿也不再在它身边生长。荒草便繁衍出来，枝蔓上下，慢慢地，它竟锈上了绿苔、黑斑。我们这些做孩子的，也讨厌起它来，曾合伙要搬走它，但力气又不足；虽时时咒骂它，嫌弃它，也无可奈何，只好任它留在那里了。

终有一日，村子里来了一个天文学家。他在我家门前路过，突然发现了这块石头，眼光立即就拉直了。他再没有离开，就住了下来；以后又来了好些人，都说这是一块陨石，从天上落下来已经有二三百年了，是一件了不起的东西。不久便来了车，小心翼翼地将它运走了。

这使我们都很惊奇，这又怪又丑的石头，原来是天上的啊！它补过天，在天上发过热、闪过光，我们的先祖或许仰望过它，它给了他们光明、向往、憧憬；而它落下来了，在污土里，荒草里，一躺就//是几百年了！

我感到自己的无知，也感到了丑石的伟大，我甚至怨恨它这么多年竟会默默地忍受着这一切！而我又立即深深地感到它那种不屈于误解、寂寞的生存的伟大。

节选自贾平凹《丑石》

作品3号

在达瑞八岁的时候，有一天他想去看电影。因为没有钱，他想是向爸妈要钱，还是自己挣钱。最后他选择了后者。他自己调制了一种汽水，向过路的行人出售。可那时正是寒冷的冬天，没有人买，只有两个人例外——他的爸爸和妈妈。

他偶然有一个和非常成功的商人谈话的机会。当他对商人讲述了自己的“破产史”后，商人给了他两个重要的建议：一是尝试为别人解决一个难题；二是把精力集中在你知道的、你会的和你拥有的东西上。

这两个建议很关键。因为对于一个八岁的孩子而言,他不会做的事情很多。于是他穿过大街小巷,不停地思考:人们会有什么难题,他又如何利用这个机会?

一天,吃早饭时父亲让达瑞去取报纸。美国的送报员总是把报纸从花园篱笆的一个特制的管子里塞进来。假如你想穿着睡衣舒舒服服地吃早饭和看报纸,就必须离开温暖的房间,冒着寒风,到花园去取。虽然路短,但十分麻烦。

当达瑞为父亲取报纸的时候,一个主意诞生了。当天他就按响邻居的门铃,对他们说,每个月只需付给他一美元,他就每天早上把报纸塞到他们的房门底下。大多数人都同意了,很快他有//了七十多个顾客。一个月后,当他拿到自己赚的钱时,觉得自己简直是飞上了天。

很快他又有了新的机会,他让他的顾客每天把垃圾袋放在门前,然后由他早上运到垃圾桶里,每个月加一美元。之后他还想出了许多孩子赚钱的办法,并把它集结成书,书名为《儿童挣钱的二百五十个主意》。为此,达瑞十二岁时就成了畅销书作家,十五岁有了自己的谈话节目,十七岁就拥有了几百万美元。

节选自[德]博多·舍费尔《达瑞的故事》,刘志明译

作品4号

这是入冬以来,胶东半岛上第一场雪。

雪纷纷扬扬,下得很大。开始还伴着一阵儿小雨,不久就只见大片大片的雪花,从彤云密布的天空中飘落下来。地面上一会儿就白了。冬天的山村,到了夜里就万籁俱寂,只听得雪花簌簌地不断往下落,树木的枯枝被雪压断了,偶尔咯吱一声响。

大雪整整下了一夜。今天早晨,天放晴了,太阳出来了。推开门一看,嗬!好大的雪啊!山川、河流、树木、房屋,全都罩上了一层厚厚的雪,万里江山,变成了粉妆玉砌的世界。落光了叶子的柳树上挂满了毛茸茸亮晶晶的银条儿;而那些冬夏常青的松树和柏树上,则挂满了蓬松松沉甸甸的雪球儿。一阵风吹来,树枝轻轻地摇晃,美丽的银条儿和雪球儿簌簌地落下来,玉屑似的雪末儿随风飘扬,映着清晨的阳光,显出一道道五光十色的彩虹。

大街上的积雪足有一尺多深,人踩上去,脚底下发出咯吱咯吱的响声。一群群孩子在雪地里堆雪人,掷雪球儿。那欢乐的叫喊声,把树枝上的雪都震落下来了。

俗话说,"瑞雪兆丰年"。这个话有充分的科学根据,并不是一句迷信的成语。寒冬大雪,可以冻死一部分越冬的害虫;融化了的水渗进土层深处,又能供应//庄稼生长的需要。我相信这一场十分及时的大雪,一定会促进明年春季作

物，尤其是小麦的丰收。有经验的老农把雪比做是“麦子的棉被”。冬天“棉被”盖得越厚，明春麦子就长得越好，所以又有这样一句谚语：“冬天麦盖三层被，来年枕着馒头睡。”

我想，这就是人们为什么把及时的大雪称为“瑞雪”的道理吧。

节选自峻青《第一场雪》

作品 5 号

我常想读书人是世间幸福人，因为他除了拥有现实的世界之外，还拥有另一个更为浩瀚也更为丰富的世界。现实的世界是人人都有的，而后一个世界却为读书人所独有。由此我想，那些失去或不能阅读的人是多么的不幸，他们的丧失是不可补偿的。世间有诸多的不平等，财富的不平等，权力的不平等，而阅读能力的拥有或丧失却体现为精神的不平等。

一个人的一生，只能经历自己拥有的那一份欣悦，那一份苦难，也许再加上他亲自闻知的那一些关于自身以外的经历和经验。然而，人们通过阅读，却能进入不同时空的诸多他人的世界。这样，具有阅读能力的人，无形间获得了超越有限生命的无限可能性。阅读不仅使他多识了草木虫鱼之名，而且可以上溯远古下及未来，饱览存在的与非存在的奇风异俗。

更为重要的是，读书加惠于人们的不仅是知识的增广，而且还在于精神的感化与陶冶。人们从读书学做人，从那些往哲先贤以及当代才俊的著述中学得他们的人格。人们从《论语》中学得智慧的思考，从《史记》中学得严肃的历史精神，从《正气歌》中学得人格的刚烈，从马克思学得人世//的激情，从鲁迅学得批判精神，从托尔斯泰学得道德的执著。歌德的诗句刻写着睿智的人生，拜伦的诗句呼唤着奋斗的热情。一个读书人，一个有机会拥有超乎个人生命体验的幸运人。

节选自谢冕《读书人是幸福人》

作品 6 号

一天，爸爸下班回到家已经很晚了，他很累也有点儿烦，他发现五岁的儿子靠在门旁正等着他。

“爸，我可以问您一个问题吗?”

“什么问题?”“爸，您一小时可以赚多少钱?”“这与你无关，你为什么问这个问题?”父亲生气地说。

“我只是想知道，请告诉我，您一小时赚多少钱?”小孩儿哀求道。“假如你一定要知道的话，我一小时赚二十美金。”

“哦，”小孩儿低下了头，接着又说，“爸，可以借我十美金吗？”父亲发怒了：“如果你只是要借钱去买毫无意义的玩具的话，给我回到你的房间睡觉去。好好想想为什么你会那么自私。我每天辛苦工作，没时间和你玩儿小孩子的游戏。”

小孩儿默默地回到自己的房间关上门。

父亲坐下来还在生气。后来，他平静下来了。心想他可能对孩子太凶了——或许孩子真的很想买什么东西，再说他平时很少要过钱。

父亲走进孩子的房间：“你睡了吗？”“爸，还没有，我还醒着。”孩子回答。“我刚才可能对你太凶了，”父亲说，“我不应该发那么大的火儿——这是你要的十美金。”“爸，谢谢您。”孩子高兴地从枕头下拿出一些被弄皱的钞票，慢慢地数着。

“为什么你已经有钱了还要？”父亲不解地问。

“因为原来不够，但现在凑够了。”孩子回答：“爸，我现在有∥二十美金了，我可以向您买一个小时的时间吗？明天请早一点儿回家——我想和您一起吃晚餐。”

节选自《二十美金的价值》，唐继柳编译

作品7号

我爱月夜，但我也爱星天。从前在家乡七八月的夜晚在庭院里纳凉的时候，我最爱看天上密密麻麻的繁星。望着星天，我就会忘记一切，仿佛回到了母亲的怀里似的。

三年前在南京我住的地方有一道后门，每晚我打开后门，便看见一个静寂的夜。下面是一片菜园，上面是星群密布的蓝天。星光在我们的肉眼里虽然微小，然而它使我们觉得光明无处不在。那时候我正在读一些天文学的书，也认得一些星星，好像它们就是我的朋友，它们常常在和我谈话一样。

如今在海上，每晚和繁星相对，我把它们认得很熟了。我躺在舱面上，仰望天空。深蓝色的天空里悬着无数半明半昧的星。船在动，星也在动，它们是这样低，真是摇摇欲坠呢！渐渐地我的眼睛模糊了，我好像看见无数萤火虫在我的周围飞舞。海上的夜是柔和的，是静寂的，是梦幻的。我望着许多认识的星，我仿佛看见它们在对我眨眼，我仿佛听见它们在小声说话。这时我忘记了一切。在星的怀抱中我微笑着，我沉睡着。我觉得自己是一个小孩子，现在睡在母亲的怀里了。

有一夜，那个在哥伦波上船的英国人指给我看天上的巨人。他用手指着：∥那四颗明亮的星是头，下面的几颗是身子，这几颗是手，那几颗是腿和脚，还有三颗星算是腰带。经他这一番指点，我果然看清楚了那个天上的巨人。看，那个巨人还在跑呢！

节选自巴金《繁星》

作品8号

爸不懂得怎样表达爱，使我们一家人融洽相处的是我妈。他只是每天上班下班，而妈则把我们做过的错事开列清单，然后由他来责骂我们。

有一次我偷了一块糖果，他要我把它送回去，告诉卖糖的说是我偷来的，说我愿意替他拆箱卸货作为赔偿。但妈妈却明白我只是个孩子。

我在运动场打秋千跌断了腿，在前往医院途中一直抱着我的，是我妈。爸把汽车停在急诊室门口，他们叫他驶开，说那空位是留给紧急车辆停放的。爸听了便叫嚷道："你以为这是什么车？旅游车？"

在我生日会上，爸总是显得有些不大相称。他只是忙于吹气球，布置餐桌，做杂务。把插着蜡烛的蛋糕推过来让我吹的，是我妈。

我翻阅照相册时，人们总是问："你爸爸是什么样子的？"天晓得！他老是忙着替别人拍照。妈和我笑容可掬地一起拍的照片，多得不可胜数。

我记得妈有一次叫他教我骑自行车。我叫他别放手，但他却说是应该放手的时候了。我摔倒之后，妈跑过来扶我，爸却挥手要她走开。我当时生气极了，决心要给他点儿颜色看。于是我马上爬上自行车，而且自己骑给他看。他只是微笑。

我念大学时，所有的家信都是妈写的。他//除了寄支票外，还寄过一封短柬给我，说因为我不在草坪上踢足球了，所以他的草坪长得很美。

每次我打电话回家，他似乎都想跟我说话，但结果总是说："我叫你妈来接。"我结婚时，掉眼泪的是我妈。他只是大声擤了一下鼻子，便走出房间。我从小到大都听他说："你到哪里去？什么时候回家？汽车有没有汽油？不，不准去。"爸完全不知道怎样表达爱。除非……

会不会是他已经表达了，而我却未能察觉？

节选自[美]艾尔玛·邦贝克《父亲的爱》

作品9号

一个大问题一直盘踞在我脑袋里：

世界杯怎么会有如此巨大的吸引力？除去足球本身的魅力之外，还有什么超乎其上而更伟大的东西？

近来观看世界杯，忽然从中得到了答案：是由于一种无上崇高的精神情感——国家荣誉感！

地球上的人都会有国家的概念，但未必时时都有国家的感情。往往人到异国，思念家乡，心怀故国，这国家概念就变得有血有肉，爱国之情来得非常具体。而现代社会，科技昌达，信息快捷，事事上网，世界真是太小太小，国家的界限似乎也不那么清晰了。再说足球正在快速世界化，平日里各国球员频繁转会，往来随意，致使越来越多的国家联赛都具有国际的因素。球员们不论国籍，只效力于自己的俱乐部，他们比赛时的激情中完全没有爱国主义的因子。

然而，到了世界杯大赛，天下大变。各国球员都回国效力，穿上与光荣的国旗同样色彩的服装。在每一场比赛前，还高唱国歌以宣誓对自己祖国的挚爱与忠诚。一种血缘情感开始在全身的血管里燃烧起来，而且立刻热血沸腾。

在历史时代，国家间经常发生对抗，好男儿戎装卫国。国家的荣誉往往需要以自己的生命去//换取。但在和平时代。唯有这种国家之间大规模对抗性的大赛，才可以唤起那种遥远而神圣的情感，那就是：为祖国而战！

节选自冯骥才《国家荣誉感》

作品 10 号

夕阳落山不久，西方的天空，还燃烧着一片橘红色的晚霞。大海，也被这霞光染成了红色，而且比天空的景色更要壮观。因为它是活动的，每当一排排波浪涌起的时候，那映照在浪峰上的霞光，又红又亮，简直就像一片片霍霍燃烧着的火焰，闪烁着，消失了。而后面的一排，又闪烁着，滚动着，涌了过来。

天空的霞光渐渐地淡下去了，深红的颜色变成了绯红，绯红又变为浅红。最后，当这一切红光都消失了的时候，那突然显得高而远了的天空，则呈现出一片肃穆的神色。最早出现的启明星，在这蓝色的天幕上闪烁起来了。它是那么大，那么亮，整个广漠的天幕上只有它在那里放射着令人注目的光辉，活像一盏悬挂在高空的明灯。

夜色加浓，苍空中的“明灯”越来越多了。而城市各处的真的灯火也次第亮了起来，尤其是围绕在海港周围山坡上的那一片灯光，从半空倒映在乌蓝的海面上，随着波浪，晃动着，闪烁着，像一串流动着的珍珠，和那一片片密布在苍穹里的星斗互相辉映，煞是好看。

在这幽美的夜色中，我踏着软绵绵的沙滩，沿着海边，慢慢地向前走去。海水，轻轻地抚摸着细软的沙滩，发出温柔的//刷刷声。晚来的海风，清新而又凉爽。我的心里，有着说不出的兴奋和愉快。

夜风轻飘飘地吹拂着，空气中飘荡着一种大海和田禾相混合的香味儿，柔软的沙滩上还残留着白天太阳炙晒的余温。那些在各个工作岗位上劳动了一天的人们，三三两两地来到这软绵绵的沙滩上，他们浴着凉爽的海风，望着那缀满了星星的夜空，尽情地说笑，尽情地休憩。

节选自峻青《海滨仲夏夜》

作品 11 号

生命在海洋里诞生绝不是偶然的，海洋的物理和化学性质，使它成为孕育原始生命的摇篮。

我们知道，水是生物的重要组成部分，许多动物组织的含水量在百分之八十以上，而一些海洋生物的含水量高达百分之九十五。水是新陈代谢的重要媒介，没有它，体内的一系列生理和生物化学反应就无法进行，生命也就停止。因此，在短时期内动物缺水要比缺少食物更加危险。水对今天的生命是如此重要，它对脆弱的原始生命，更是举足轻重了。生命在海洋里诞生，就不会有缺水之忧。

水是一种良好的溶剂。海洋中含有许多生命所必需的无机盐，如氯化钠、氯化钾、碳酸盐、磷酸盐，还有溶解氧，原始生命可以毫不费力地从中吸取它所需要的元素。

水具有很高的热容量，加之海洋浩大，任凭夏季烈日曝晒，冬季寒风扫荡，它的温度变化却比较小。因此，巨大的海洋就像是天然的“温箱”，是孕育原始生命的温床。

阳光虽然为生命所必需，但是阳光中的紫外线却有扼杀原始生命的危险。水能有效地吸收紫外线，因而又为原始生命提供了天然的“屏障”。

这一切都是原始生命得以产生和发展的必要条件。//

节选自童裳亮《海洋与生命》

作品 12 号

读小学的时候，我的外祖母去世了。外祖母生前最疼爱我，我无法排除自己的忧伤，每天在学校的操场上一圈儿又一圈儿地跑着，跑得累倒在地上，扑在草坪上痛哭。

那哀痛的日子，断断续续地持续了很久，爸爸妈妈也不知道如何安慰我。他们知道与其骗我说外祖母睡着了，还不如对我说实话：外祖母永远不会回来了。“什么是永远不会回来呢？”我问着。

“所有时间里的事物，都永远不会回来，你的昨天过去，它就永远变成昨天，你不能再回到昨天。爸爸以前也和你一样小，现在也不能回到你这么小的童年了；有一天你会长大，你会像外祖母一样老；有一天你度过了你的时间，就永远不会回来了。”爸爸说。

爸爸等于给我一个谜语，这谜语比课本上的“日历挂在墙壁，一天撕去一页，使我心里着急”和“一寸光阴一寸金，寸金难买寸光阴”还让我感到可怕；也比作文本上的“光阴似箭，日月如梭”更让我觉得有一种说不出的滋味。

时间过得那么飞快，使我的小心眼儿里不只是着急，还有悲伤。有一天我放学回家，看到太阳快落山了，就下决心说：“我要比太阳更快地回家。”我狂奔回去，站在庭院前喘气的时候，看到太阳//还露着半边脸，我高兴地跳跃起来，那一天我跑赢了太阳。以后我就时常做那样的游戏，有时和太阳赛跑，有时和西北风比快，有时一个暑假才能做完的作业，我十天就做完了；那时我三年级，常常把哥哥五年级的作业拿来做。每一次比赛胜过时间，我就快乐得不知道怎么形容。

如果将来我有什么要教给我的孩子，我会告诉他：假若你一直和时间比赛，你就可以成功！

节选自（台湾）林清玄《和时间赛跑》

作品 13 号

三十年代初，胡适在北京大学任教授。讲课时他常常对白话文大加称赞，引起一些只喜欢文言文而不喜欢白话文的学生的不满。

一次，胡适正讲得得意的时候，一位姓魏的学生突然站了起来，生气地问：“胡先生，难道说白话文就毫无缺点吗？”胡适微笑着回答说：“没有。”那位学生更加激动了：“肯定有！白话文废话太多，打电报用字多，花钱多。”胡适的目光顿时变亮了。轻声地解释说：“不一定吧！前几天有位朋友给我打来电报，请我去政府部门工作，我决定不去，就回电拒绝了。复电是用白话写的，看来也很省字。请同学们根据我这个意思，用文言文写一个回电，看看究竟是白话文省字，还是文言文省字？”胡教授刚说完，同学们立刻认真地写了起来。

十五分钟过去，胡适让同学举手，报告用字的数目，然后挑了一份用字最少的文言电报稿，电文是这样写的：“才疏学浅，恐难胜任，不堪从命。”白话文的意思是：学问不深，恐怕很难担任这个工作，不能服从安排。

胡适说，这份写得确实不错，仅用了十二个字。但我的白话电报却只用了五个字：

“干不了，谢谢！”

胡适又解释说：“干不了”就有才疏学浅、恐难胜任的意思；“谢谢”既//对朋友的介绍表示感谢，又有拒绝的意思。所以，废话多不多，并不看它是文言文还是白话文，只要注意选用字词，白话文是可以比文言文更省字的。

节选自《胡适的白话电报》，陈灼主编《实用汉语中级教程》(上)

作品 14 号

对于一个在北平住惯的人，像我，冬天要是不刮风，便觉得是奇迹；济南的冬天是没有风声的。对于一个刚由伦敦回来的人，像我，冬天要能看得见日光，便觉得是怪事；济南的冬天是响晴的。自然，在热带的地方，日光永远是那么毒，响亮的天气，反有点儿叫人害怕。可是，在北方的冬天，而能有温晴的天气，济南真得算个宝地。

设若单单是有阳光，那也算不了出奇。请闭上眼睛想：一个老城，有山有水，全在天底下晒着阳光，暖和安适地睡着，只等春风来把它们唤醒，这是不是理想的境界？小山把济南围了个圈儿，只有北边缺着点口儿。这一圈小山在冬天特别可爱，好像是把济南放在一个小摇篮里，它们安静不动地低声地说："你们放心吧，这儿准保暖和。"真的，济南的人们在冬天是面上含笑的。他们一看那些小山，心中便觉得有了着落，有了依靠。他们由天上看到山上，便不知不觉地想起：明天也许就是春天了吧？这样的温暖，今天夜里山草也许就绿起来了吧？就是这点儿幻想不能一时实现，他们也并不着急，因为这样慈善的冬天，干什么还希望别的呢！

最妙的是下点儿小雪呀。看吧，山上的矮松越发的青黑，树尖儿上顶//着一髻儿白花，好像日本看护妇。山尖儿全白了，给蓝天镶上一道银边。山坡上，有的地方雪厚点儿，有的地方草色还露着；这样，一道儿白，一道儿暗黄，给山们穿上一件带水纹儿的花衣；看着看着，这件花衣好像被风儿吹动，叫你希望看见一点儿更美的山的肌肤。等到快日落的时候，微黄的阳光斜射在山腰上，那点儿薄雪好像忽然害羞，微微露出点儿粉色。就是下小雪吧，济南是受不住大雪的，那些小山太秀气。

节选自老舍《济南的冬天》

作品 15 号

纯朴的家乡村边有一条河，曲曲弯弯，河中架一弯石桥，弓样的小桥横跨两岸。

每天，不管是鸡鸣晓月，日丽中天，还是月华泻地，小桥都印下串串足迹，洒落串串汗珠。那是乡亲为了追求多棱的希望，兑现美好的遐想。弯弯小桥，不时荡过轻吟低唱，不时露出舒心的笑容。

因而，我稚小的心灵，曾将心声献给小桥：你是一弯银色的新月，给人间普照光辉；你是一把闪亮的镰刀，割刈着欢笑的花果；你是一根晃悠悠的扁担，挑起了彩色的明天！哦，小桥走进我的梦中。

我在漂泊他乡的岁月，心中总涌动着故乡的河水，梦中总看到弓样的小桥。当我访南疆探北国，眼帘闯进座座雄伟的长桥时，我的梦变得丰满了，增添了赤橙黄绿青蓝紫。

三十多年过去，我戴着满头霜花回到故乡，第一紧要的便是去看望小桥。

啊！小桥呢？它躲起来了？河中一道长虹，浴着朝霞熠熠闪光。哦，雄浑的大桥敞开胸怀，汽车的呼啸、摩托的笛音、自行车的叮铃，合奏着进行交响乐；南来的钢筋、花布，北往的柑橙、家禽，绘出交流欢悦图……

啊！蜕变的桥，传递了家乡进步的消息，透露了家乡富裕的声音。时代的春风，美好的追求，我蓦地记起儿时唱//给小桥的歌，哦，明艳艳的太阳照耀了，芳香甜蜜的花果捧来了，五彩斑斓的岁月拉开了！

我心中涌动的河水，激荡起甜美的浪花。我仰望一碧蓝天，心底轻声呼喊：家乡的桥啊，我梦中的桥！

节选自郑莹《家乡的桥》

作品 16 号

三百多年前，建筑设计师莱伊恩受命设计了英国温泽市政府大厅。他运用工程力学的知识，依据自己多年的实践，巧妙地设计了只用一根柱子支撑的大厅天花板。一年以后，市政府权威人士进行工程验收时，却说只用一根柱子支撑天花板太危险，要求莱伊恩再多加几根柱子。

莱伊恩自信只要一根坚固的柱子足以保证大厅安全，他的“固执”惹恼了市政官员，险些被送上法庭。他非常苦恼，坚持自己原先的主张吧，市政官员肯定会另找人修改设计；不坚持吧，又有悖自己为人的准则。矛盾了很长一段时间，莱伊恩终于想出了一条妙计，他在大厅里增加了四根柱子，不过这些柱子并未与天花板接触，只不过是装装样子。

三百多年过去了，这个秘密始终没有被人发现。直到前两年，市政府准备修缮大厅的天花板，才发现莱伊恩当年的“弄虚作假”。消息传出后，世界各国的建筑专家和游客云集，当地政府对此也不加掩饰，在新世纪到来之际，特意将大厅作为一个旅游景点对外开放，旨在引导人们崇尚和相信科学。

作为一名建筑师，莱伊恩并不是最出色的。但作为一个人，他无疑非常伟大，这种//伟大表现在他始终恪守着自己的原则，给高贵的心灵一个美丽的住所：哪怕是遭遇到再大的阻力，也要想办法抵达胜利。

节选自游宇明《坚守你的高贵》

作品 17 号

自从传言有人在萨文河畔散步时无意发现了金子后，这里便常有来自四面八方的淘金者。他们都想成为富翁，于是寻遍了整个河床，还在河床上挖出很多大坑，希望借助它们找到更多的金子。的确，有一些人找到了，但另外一些人因为一无所得而只好扫兴归去。

也有不甘心落空的，便驻扎在这里，继续寻找。彼得・弗雷特就是其中一员。他在河床附近买了一块没人要的土地，一个人默默地工作。他为了找金子，已把所有的钱都押在这块土地上。他埋头苦干了几个月，直到土地全变成了坑坑洼洼，他失望了——他翻遍了整块土地，但连一丁点儿金子都没看见。

六个月后，他连买面包的钱都没有了。于是他准备离开这儿到别处去谋生。

就在他即将离去的前一个晚上，天下起了倾盆大雨，并且一下就是三天三夜。雨终于停了，彼得走出小木屋，发现眼前的土地看上去好像和以前不一样：坑坑洼洼已被大水冲刷平整，松软的土地上长出一层绿茸茸的小草。

“这里没找到金子，”彼得忽有所悟地说，“但这土地很肥沃，我可以用来种花，并且拿到镇上去卖给那些富人，他们一定会买些花装扮他们华丽的//客厅。如果真是这样的话，那么我一定会赚许多钱，有朝一日我也会成为富人……”

于是他留了下来。彼得花了不少精力培育花苗，不久田地里长满了美丽娇艳的各色鲜花。

五年以后，彼得终于实现了他的梦想——成了一个富翁。“我是唯一的一个找到真金的人！”他时常不无骄傲地告诉别人，“别人在这儿找不到金子后便远远地离开，而我的‘金子’是在这块土地里，只有诚实的人用勤劳才能采集到。”

节选自《金子》，陶猛译

作品 18 号

我在加拿大学习期间遇到过两次募捐，那情景至今使我难以忘怀。

一天，我在渥太华的街上被两个男孩子拦住去路。他们十来岁，穿得整整齐齐，每人头上戴着个做工精巧、色彩鲜艳的纸帽，上面写着“为帮助患小儿麻痹的伙伴募捐”。其中的一个，不由分说就坐在小凳上给我擦起皮鞋来，另一个则彬彬有礼地发问：“小姐，您是哪国人？喜欢渥太华吗？”“小姐，在你们国家有没有小孩儿患小儿麻痹？谁给他们医疗费？”一连串的问题，使我这个有生以来头一次在众目睽睽之下让别人擦鞋的异乡人，从近乎狼狈的窘态中解脱出来。

我们像朋友一样聊起天儿来……

几个月之后，也是在街上。一些十字路口处或车站坐着几位老人。他们满头银发，身穿各种老式军装，上面布满了大大小小形形色色的徽章、奖章，每人手捧一大束鲜花，有水仙、石竹、玫瑰及叫不出名字的，一色雪白。匆匆过往的行人纷纷止步，把钱投进这些老人身旁的白色木箱内，然后向他们微微鞠躬，从他们手中接过一朵花。我看了一会儿，有人投一两元，有人投几百元，还有人掏出支票填好后投进木箱。那些老军人毫不注意人们捐多少钱，一直不//停地向人们低声道谢。同行的朋友告诉我，这是为纪念二次大战中参战的勇士，募捐救济残废军人和烈士遗孀，每年一次；认捐的人可谓踊跃，而且秩序井然，气氛庄严。有些地方，人们还耐心地排着队。我想，这是因为他们都知道：正是这些老人们的流血牺牲换来了包括他们信仰自由在内的许许多多。

我两次把那些微不足道的一点儿钱捧给他们，只想对他们说声“谢谢”。

节选自青白《捐诚》

作品19号

没有一片绿叶，没有一缕炊烟，没有一粒泥土，没有一丝花香，只有水的世界，云的海洋。

一阵台风袭过，一只孤单的小鸟无家可归，落到被卷到洋里的木板上，乘流而下，姗姗而来，近了，近了！……

忽然，小鸟张开翅膀，在人们头顶盘旋了几圈儿，“噗啦”一声落到了船上。许是累了？还是发现了“新大陆”？水手撵它，它不走；抓它，它乖乖地落在掌心。可爱的小鸟和善良的水手结成了朋友。

瞧，它多美丽，娇巧的小嘴，啄理着绿色的羽毛，鸭子样的扁脚，呈现出春草的鹅黄。水手们把它带到舱里，给它“搭铺”，让它在船上安家落户，每天，把分到的一塑料筒淡水匀给它喝，把从祖国带来的鲜美的鱼肉分给它吃，天长日久，小鸟和水手的感情日趋笃厚。清晨，当第一束阳光射进舷窗时，它便敞开美丽的歌喉，唱啊唱，嘤嘤有韵，宛如春水淙淙。人类给它以生命，它毫不悭吝地把自己的艺术青春奉献给了哺育它的人。可能都是这样？艺术家们的青春只会献给尊敬他们的人。

小鸟给远航生活蒙上了一层浪漫色调。返航时，人们爱不释手，恋恋不舍地想把它带到异乡。可小鸟憔悴了，给水，不喝！喂肉，不吃！油亮的羽毛失去了光泽。是啊，我//们有自己的祖国，小鸟也有它的归宿，人和动物都是一样啊，哪儿也不如故乡好！

慈爱的水手们决定放开它，让它回到大海的摇篮去，回到蓝色的故乡去。

离别前，这个大自然的朋友与水手们留影纪念。它站在许多人的头上，肩上，掌上，胳膊上，与喂养过它的人们，一起融进那蓝色的画面……

节选自王文杰《可爱的小鸟》

作品 20 号

纽约的冬天常有大风雪，扑面的雪花不但令人难以睁开眼睛，甚至呼吸都会吸入冰冷的雪花。有时前一天晚上还是一片晴朗，第二天拉开窗帘，却已经积雪盈尺，连门都推不开了。

遇到这样的情况，公司、商店常会停止上班，学校也通过广播，宣布停课。但令人不解的是，唯有公立小学，仍然开放。只见黄色的校车，艰难地在路边接孩子，老师则一大早就口中喷着热气，铲去车子前后的积雪，小心翼翼地开车去学校。

据统计，十年来纽约的公立小学只因为超级暴风雪停过七次课。这是多么令人惊讶的事。犯得着在大人都无须上班的时候让孩子去学校吗？小学的老师也太倒霉了吧？

于是，每逢大雪而小学不停课时，都有家长打电话去骂。妙的是，每个打电话的人，反应全一样——先是怒气冲冲地责问，然后满口道歉，最后笑容满面地挂上电话。原因是，学校告诉家长：

在纽约有许多百万富翁，但也有不少贫困的家庭。后者白天开不起暖气，供不起午餐，孩子的营养全靠学校里免费的中饭，甚至可以多拿些回家当晚餐。学校停课一天，穷孩子就受一天冻，挨一天饿，所以老师们宁愿自己苦一点儿，也不能停课。//

或许有家长会说：何不让富裕的孩子在家里，让贫穷的孩子去学校享受暖气和营养午餐呢？学校的答复是：我们不愿让那些穷苦的孩子感到他们是在接受救济，因为施舍的最高原则是保持受施者的尊严。

节选自（台湾）刘墉《课不能停》

作品 21 号

我打猎归来，沿着花园的林荫路走着。狗跑在我前边。

突然，狗放慢脚步，蹑足潜行，好像嗅到了前边有什么野物。

我顺着林荫路望去，看见了一只嘴边还带黄色、头上生着柔毛的小麻雀。风猛烈地吹打着林荫路上的白桦树，麻雀从巢里跌落下来，呆呆地伏在地上，孤立无援地张开两只羽毛还未丰满的小翅膀。

我的狗慢慢向它靠近。忽然，从附近一棵树上飞下一只黑胸脯的老麻雀，像一颗石子似的落到狗的跟前。老麻雀全身倒竖着羽毛，惊恐万状，发出绝望、凄惨的叫声，接着向露出牙齿、大张着的狗嘴扑去。

老麻雀是猛扑下来救护幼雀的。它用身体掩护着自己的幼儿……但它整个小小的身体因恐怖而战栗着，它小小的声音也变得粗暴嘶哑，它在牺牲自己！

在它看来，狗该是多么庞大的怪物啊！然而，它还是不能站在自己高高的、安全的树枝上……一种比它的理智更强烈的力量，使它从那儿扑下身来。

我的狗站住了，向后退了退……看来，它也感到了这种力量。

我赶紧唤住惊慌失措的狗，然后我怀着崇敬的心情，走开了。

是啊，请不要见笑。我崇敬那只小小的、英勇的鸟儿，我崇敬它那种爱的冲动和力量。

爱，我想，比∥死和死的恐惧更强大。只有依靠它，依靠这种爱，生命才能维持下去，发展下去。

节选自[俄]屠格涅夫《麻雀》，巴金译

作品 22 号

那年我六岁。离我家仅一箭之遥的小山坡旁，有一个早已被废弃的采石场，双亲从来不准我去那儿，其实那儿风景十分迷人。

一个夏季的下午，我随着一群小伙伴偷偷上那儿去了。就在我们穿越了一条孤寂的小路后，他们却把我一个人留在原地，然后奔向“更危险的地带”了。

等他们走后，我惊慌失措地发现，再也找不到要回家的那条孤寂的小道了。像只无头的苍蝇，我到处乱钻，衣裤上挂满了芒刺。太阳已经落山，而此时此刻，家里一定开始吃晚餐了，双亲正盼着我回家……想着想着，我不由得背靠着一棵树，伤心地呜呜大哭起来……

突然，不远处传来了声声柳笛。我像找到了救星，急忙循声走去。一条小道边的树桩上坐着一位吹笛人，手里还正削着什么。走近细看，他不就是被大家称为“乡巴佬”的卡廷吗？

“你好，小家伙儿，”卡廷说，“看天气多美，你是出来散步的吧？”

我怯生生地点点头，答道：“我要回家了。”

“请耐心等上几分钟，”卡廷说，“瞧，我正在削一支柳笛，差不多就要做好了，完工后就送给你吧！”

卡廷边削边不时把尚未成形的柳笛放在嘴里试吹一下。没过多久，一支柳笛便递到我手中。我俩在一阵阵清脆悦耳的笛音∥中，踏上了归途……

当时，我心中只充满感激，而今天，当我自己也成了祖父时，却突然领悟到他用心之良苦！那天当他听到我的哭声时，便判定我一定迷了路，但他并不想在孩子面前扮演“救星”的角色，于是吹响柳笛以便让我能发现他，并跟着他走出困境！就这样，卡廷先生以乡下人的纯朴，保护了一个小男孩儿强烈的自尊。

节选自《迷途笛音》，唐若水译

作品23号

森林涵养水源，保持水土，防止水旱灾害的作用非常大。据专家测算，一片十万亩面积的森林，相当于一个两百万立方米的水库，这正如农谚所说的：“山上多栽树，等于修水库。雨多它能吞，雨少它能吐。”

说起森林的功劳，那还多得很。它除了为人类提供木材及许多种生产、生活的原料之外，在维护生态环境方面也是功劳卓著，它用另一种“能吞能吐”的特殊功能孕育了人类。因为地球在形成之初，大气中的二氧化碳含量很高，氧气很少，气温也高，生物是难以生存的。大约在四亿年之前，陆地才产生了森林。森林慢慢将大气中的二氧化碳吸收，同时吐出新鲜氧气，调节气温：这才具备了人类生存的条件，地球上才最终有了人类。

森林，是地球生态系统的主体，是大自然的总调度室，是地球的绿色之肺。森林维护地球生态环境的这种“能吞能吐”的特殊功能是其他任何物体都不能取代的。然而，由于地球上的燃烧物增多，二氧化碳的排放量急剧增加，使得地球生态环境急剧恶化，主要表现为全球气候变暖，水分蒸发加快，改变了气流的循环，使气候变化加剧，从而引发热浪、飓风、暴雨、洪涝及干旱。

为了//使地球的这个“能吞能吐”的绿色之肺恢复健壮，以改善生态环境，抑制全球变暖，减少水旱等自然灾害，我们应该大力造林、护林，使每一座荒山都绿起来。

节选自《“能吞能吐”的森林》，《中考语文课外阅读试题精选》

作品24号

朋友即将远行。

暮春时节，又邀了几位朋友在家小聚。虽然都是极熟的朋友，却是终年难得一见，偶尔电话里相遇，也无非是几句寻常话。一锅小米稀饭，一碟大头菜，一盘自家酿制的泡菜，一只巷口买回的烤鸭，简简单单，不像请客，倒像家人团聚。其实，友情也好，爱情也好，久而久之都会转化为亲情。

说也奇怪，和新朋友会谈文学、谈哲学、谈人生道理等等，和老朋友却只话家常，柴米油盐，细细碎碎，种种琐事。很多时候，心灵的契合已经不需要太多的言语来表达。

朋友新烫了个头，不敢回家见母亲，恐怕惊骇了老人家，却欢天喜地来见我们，老朋友颇能以一种趣味性的眼光欣赏这个改变。

年少的时候，我们差不多都在为别人而活，为苦口婆心的父母活，为循循善诱的师长活，为许多观念、许多传统的约束力而活。年岁逐增，渐渐挣脱外在的限制与束缚，开始懂得为自己活，照自己的方式做一些自己喜欢的事，不在乎别人的批评意见，不在乎别人的诋毁流言，只在乎那一份随心所欲的舒坦自然。偶尔，也能够纵容自己放浪一下，并且有一种恶作剧的窃喜。

就让生命顺其自然，水到渠成吧，犹如窗前的//乌桕，自生自落之间，自有一份圆融丰满的喜悦。春雨轻轻落着，没有诗，没有酒，有的只是一份相知相属的自在自得。

夜色在笑语中渐渐沉落，朋友起身告辞，没有挽留，没有送别，甚至也没有问归期。

已经过了大喜大悲的岁月，已经过了伤感流泪的年华，知道了聚散原来是这样的自然和顺理成章，懂得这点，便懂得珍惜每一次相聚的温馨，离别便也欢喜。

节选自(台湾)杏林子《朋友和其他》

作品 25 号

我们在田野散步：我，我的母亲，我的妻子和儿子。

母亲本不愿出来的。她老了，身体不好，走远一点儿就觉得很累。我说，正因为如此，才应该多走走。母亲信服地点点头，便去拿外套。她现在很听我的话，就像我小时候很听她的话一样。

这南方初春的田野，大块小块的新绿随意地铺着，有的浓，有的淡，树上的嫩芽也密了，田里的冬水也咕咕地起着水泡。这一切都使人想着一样东西——生命。

我和母亲走在前面，我的妻子和儿子走在后面。小家伙突然叫起来："前面是妈妈和儿子，后面也是妈妈和儿子。"我们都笑了。

后来发生了分歧：母亲要走大路，大路平顺；我的儿子要走小路，小路有意思。不过，一切都取决于我。我的母亲老了，她早已习惯听从她强壮的儿子；我的儿子还小，他还习惯听从他高大的父亲；妻子呢，在外面，她总是听我的。一霎时我感到了责任的重大。我想找一个两全的办法，找不出；我想拆散一家人，分成两路，各得其所，终不愿意。我决定委屈儿子，因为我伴同他的时日还长。我说："走大路。"

但是母亲摸摸孙儿的小脑瓜，变了主意："还是走小路吧。"她的眼随小路望去：那里有金色的菜花，两行整齐的桑树，//尽头一口水波粼粼的鱼塘。"我走不过去的地方，你就背着我。”母亲对我说。

这样，我们在阳光下，向着那菜花、桑树和鱼塘走去。到了一处，我蹲下来，背起了母亲；妻子也蹲下来，背起了儿子。我和妻子都是慢慢地，稳稳地，走得很仔细，好像我背上的同她背上的加起来，就是整个世界。

节选自莫怀戚《散步》

作品 26 号

地球上是否真的存在“无底洞”？按说地球是圆的，由地壳、地幔和地核三层组成，真正的“无底洞”是不应存在的，我们所看到的各种山洞、裂口、裂缝，甚至火山口也都只是地壳浅部的一种现象。然而中国一些古籍却多次提到海外有个深奥莫测的无底洞。事实上地球上确实有这样一个“无底洞”。

它位于希腊亚各斯古城的海滨。由于濒临大海，大涨潮时，汹涌的海水便会排山倒海般地涌入洞中，形成一股湍湍的急流。据测，每天流入洞内的海水量达三万多吨。奇怪的是，如此大量的海水灌入洞中，却从来没有把洞灌满。曾有人怀疑，这个“无底洞”，会不会就像石灰岩地区的漏斗、竖井、落水洞一类的地形。然而从二十世纪三十年代以来，人们就做了多种努力企图寻找它的出口，却都是枉费心机。

为了揭开这个秘密，一九五八年美国地理学会派出一支考察队，他们把一种经久不变的带色染料溶解在海水中，观察染料是如何随着海水一起沉下去。接着又察看了附近海面以及岛上的各条河、湖，满怀希望地寻找这种带颜色的水，结果令人失望。难道是海水量太大把有色水稀释得太淡，以致无法发现？//

至今谁也不知道为什么这里的海水会没完没了地“漏”下去，这个“无底洞”的出口又在哪里，每天大量的海水究竟都流到哪里去了？

节选自罗伯特·罗威尔《神秘的“无底洞”》

作品 27 号

我国的建筑，从古代的宫殿到近代的一般住房，绝大部分是对称的，左边怎么样，右边怎么样。苏州园林可绝不讲究对称，好像故意避免似的。东边有了一个亭子或者一道回廊，西边决不会来一个同样的亭子或者一道同样的回廊。这是为什么？我想，用图画来比方，对称的建筑是图案画，不是美术画，而园林是美术画，美术画要求自然之趣，是不讲究对称的。

苏州园林里都有假山和池沼。

假山的堆叠，可以说是一项艺术而不仅是技术。或者是重峦叠嶂，或者是几座小山配合着竹子花木，全在乎设计者和匠师们生平多阅历，胸中有丘壑，才能使游览者攀登的时候忘却苏州城市，只觉得身在山间。

至于池沼，大多引用活水。有些园林池沼宽敞，就把池沼作为全园的中心，其他景物配合着布置。水面假如成河道模样，往往安排桥梁。假如安排两座以上的桥梁，那就一座一个样，决不雷同。

池沼或河道的边沿很少砌齐整的石岸，总是高低屈曲任其自然。还在那儿布置几块玲珑的石头，或者种些花草。这也是为了取得从各个角度看都成一幅画的效果。池沼里养着金鱼或各色鲤鱼，夏秋季节荷花或睡莲开//放，游览者看“鱼戏莲叶间”，又是入画的一景。

节选自叶圣陶《苏州园林》

作品 28 号

一位访美中国女作家，在纽约遇到一位卖花的老太太。老太太穿着破旧，身体虚弱，但脸上的神情却是那样祥和兴奋。女作家挑了一朵花说：“看起来，你很高兴。”老太太面带微笑地说：“是的，一切都这么美好，我为什么不高兴呢？”“对烦恼，你倒真能看得开。”女作家又说了一句。没料到，老太太的回答更令女作家大吃一惊：“耶稣在星期五被钉上十字架时，是全世界最糟糕的一天，可三天后就是复活节。所以，当我遇到不幸时，就会等待三天，这样一切就恢复正常了。”

“等待三天”，多么富于哲理的话语，多么乐观的生活方式。它把烦恼和痛苦抛下，全力去收获快乐。

沈从文在“文革”期间，陷入了非人的境地。可他毫不在意，他在咸宁时给他的表侄、画家黄永玉写信说：“这里的荷花真好，你若来……”身陷苦难却仍为荷花的盛开欣喜赞叹不已，这是一种趋于澄明的境界，一种旷达洒脱的胸襟，一种面临磨难坦荡从容的气度，一种对生活童子般的热爱和对美好事物无限向往的生命情感。

由此可见，影响一个人快乐的，有时并不是困境及磨难，而是一个人的心态。如果把自己浸泡在积极、乐观、向上的心态中，快乐必然会//占据你的每一天。

节选自《态度创造快乐》

作品 29 号

泰山极顶看日出，历来被描绘成十分壮观的奇景。有人说：登泰山而看不到日出，就像一出大戏没有戏眼，味儿终究有点儿寡淡。

我去爬山那天，正赶上个难得的好天，万里长空，云彩丝儿都不见。素常，烟雾腾腾的山头，显得眉目分明。同伴们都欣喜地说："明天早晨准可以看见日出了。"我也是抱着这种想头，爬上山去。

一路从山脚往上爬，细看山景，我觉得挂在眼前的不是五岳独尊的泰山，却像一幅规模惊人的青绿山水画，从下面倒展开来。在画卷中最先露出的是山根底那座明朝建筑岱宗坊，慢慢地便现出王母池、斗母宫、经石峪。山是一层比一层深，一叠比一叠奇，层层叠叠，不知还会有多深多奇。万山丛中，时而点染着极其工细的人物。王母池旁的吕祖殿里有不少尊明塑，塑着吕洞宾等一些人，姿态神情是那样有生气，你看了，不禁会脱口赞叹说："活啦。"

画卷继续展开，绿阴森森的柏洞露面不太久，便来到对松山。两面奇峰对峙着，满山峰都是奇形怪状的老松，年纪怕都有上千岁了，颜色竟那么浓，浓得好像要流下来似的。来到这儿，你不妨权当一次画里的写意人物，坐在路旁的对松亭里，看看山色，听听流//水和松涛。

一时间，我又觉得自己不仅是在看画卷，却又像是在零零乱乱翻着一卷历史稿本。

节选自杨朔《泰山极顶》

作品 30 号

育才小学校长陶行知在校园看到学生王友用泥块砸自己班上的同学，陶行知当即喝止了他，并令他放学后到校长室去。无疑，陶行知是要好好教育这个"顽皮"的学生。那么他是如何教育的呢？

放学后，陶行知来到校长室，王友已经等在门口准备挨训了。可一见面，陶行知却掏出一块糖果送给王友，并说："这是奖给你的，因为你按时来到这里，而我却迟到了。"王友惊疑地接过糖果。

随后，陶行知又掏出一块糖果放到他手里，说："这第二块糖果也是奖给你的，因为当我不让你再打人时，你立即就住手了，这说明你很尊重我，我应该奖你。"王友更惊疑了，他眼睛睁得大大的。

陶行知又掏出第三块糖果塞到王友手里，说："我调查过了，你用泥块砸那些男生，是因为他们不守游戏规则，欺负女生；你砸他们，说明你很正直善良，且有批评不良行为的勇气，应该奖励你啊！"王友感动极了，他流着眼泪后悔地喊道："陶……陶校长你打我两下吧！我砸的不是坏人，而是自己的同学啊……"

陶行知满意地笑了，他随即掏出第四块糖果递给王友，说："为你正确地认识错误，我再奖给你一块糖果，只可惜我只有这一块糖果了。我的糖果//没有了，我看我们的谈话也该结束了吧！”说完，就走出了校长室。

节选自《教师博览·百期精华——陶行知的“四块糖果”》

作品 31 号

记得我十三岁时，和母亲住在法国东南部的耐斯城。母亲没有丈夫，也没有亲戚，够清苦的，但她经常能拿出令人吃惊的东西，摆在我面前。她从来不吃肉，一再说自己是素食者。然而有一天，我发现母亲正仔细地用一小块碎面包擦那给我煎牛排用的油锅。我明白了她称自己为素食者的真正原因。

我十六岁时，母亲成了耐斯市美蒙旅馆的女经理。这时，她更忙碌了。一天，她瘫在椅子上，脸色苍白，嘴唇发灰。马上找来医生，做出诊断：她摄取了过多的胰岛素。直到这时我才知道母亲多年一直对我隐瞒的疾痛——糖尿病。

她的头歪向枕头一边，痛苦地用手抓挠胸口。床架上方，则挂着一枚我一九三二年赢得耐斯市少年乒乓球冠军的银质奖章。

啊，是对我的美好前途的憧憬支撑着她活下去，为了给她那荒唐的梦至少加一点真实的色彩，我只能继续努力，与时间竞争，直至一九三八年我被征入空军。巴黎很快失陷，我辗转调到英国皇家空军。刚到英国就接到了母亲的来信。这些信是由在瑞士的一个朋友秘密地转到伦敦，送到我手中的。

现在我要回家了，胸前佩戴着醒目的绿黑两色的解放十字绶//带，上面挂着五六枚我终生难忘的勋章，肩上还佩戴着军官肩章。到达旅馆时，没有一个人跟我打招呼。原来，我母亲在三年半以前就已经离开人间了。

在她死前的几天中，她写了近二百五十封信，把这些信交给她在瑞士的朋友，请这个朋友定时寄给我。就这样，在母亲死后的三年半的时间里，我一直从她身上吸取着力量和勇气——这使我能够继续战斗到胜利那一天。

节选自[法]罗曼·加里《我的母亲独一无二》

作品 32 号

生活对于任何人都非易事，我们必须有坚忍不拔的精神。最要紧的，还是我们自己要有信心。我们必须相信，我们对每一件事情都具有天赋的才能，并且，无论付出任何代价，都要把这件事完成。当事情结束的时候，你要能问心无愧地说：“我已经尽我所能了。”

有一年的春天，我因病被迫在家里休息数周。我注视着我的女儿们所养的蚕正在结茧，这使我很感兴趣。望着这些蚕执著地、勤奋地工作，我感到我和它们非常相似。像它们一样，我总是耐心地把自己的努力集中在一个目标上。我之所以如此，或许是因为有某种力量在鞭策着我——正如蚕被鞭策着去结茧一般。

近五十年来，我致力于科学研究，而研究，就是对真理的探讨。我有许多美好快乐的记忆。少女时期我在巴黎大学，孤独地过着求学的岁月；在后来献身科学的整个时期，我丈夫和我专心致志，像在梦幻中一般，坐在简陋的书房里艰辛地研究，后来我们就在那里发现了镭。

我永远追求安静的工作和简单的家庭生活。为了实现这个理想，我竭力保持宁静的环境，以免受人事的干扰和盛名的拖累。

我深信，在科学方面我们有对事业而不是//对财富的兴趣。我的唯一奢望是在一个自由国家中，以一个自由学者的身份从事研究工作。

我一直沉醉于世界的优美之中，我所热爱的科学也不断增加它崭新的远景。我认定科学本身就具有伟大的美。

节选自[波兰]玛丽・居里《我的信念》，剑捷译

作品 33 号

高兴，这是一种具体的被看得到摸得着的事物所唤起的情绪。它是心理的，更是生理的。它容易来也容易去，谁也不应该对它视而不见失之交臂，谁也不应该总是做那些使自己不高兴也使旁人不高兴的事。让我们说一件最容易做也最令人高兴的事吧，尊重自己，也尊重别人，这是每一个人的权利，我还要说这是每一个人的义务。

快乐，它是一种富有概括性的生存状态、工作状态。它几乎是先验的，它来自生命本身的活力，来自宇宙、地球和人间的吸引，它是世界的丰富、绚丽、阔大、悠久的体现。快乐还是一种力量，是埋在地下的根脉。消灭一个人的快乐比挖掘掉一棵大树的根要难得多。

欢欣，这是一种青春的、诗意的情感。它来自面向着未来伸开双臂奔跑的冲力，它来自一种轻松而又神秘、朦胧而又隐秘的激动，它是激情即将到来的预兆，它又是大雨过后的比下雨还要美妙得多也久远得多的回味……

喜悦，它是一种带有形而上色彩的修养和境界。与其说它是一种情绪，不如说它是一种智慧、一种超拔、一种悲天悯人的宽容和理解，一种饱经沧桑的充实和自信，一种光明的理性，一种坚定//的成熟，一种战胜了烦恼和庸俗的清明澄澈。它是一潭清水，它是一抹朝霞，它是无边的平原，它是沉默的地平线。多一点儿、再多一点儿喜悦吧，它是翅膀，也是归巢。它是一杯美酒，也是一朵永远开不败的莲花。

节选自王蒙《喜悦》

作品 34 号

在湾仔，香港最热闹的地方，有一棵榕树，它是最贵的一棵树，不光在香港，

在全世界，都是最贵的。

树，活的树，又不卖何言其贵？只因它老，它粗，是香港百年沧桑的活见证，香港人不忍看着它被砍伐，或者被移走，便跟要占用这片山坡的建筑者谈条件：可以在这儿建大楼盖商厦，但一不准砍树，二不准挪树，必须把它原地精心养起来，成为香港闹市中的一景。太古大厦的建设者最后签了合同，占用这个大山坡建豪华商厦的先决条件是同意保护这棵老树。

树长在半山坡上，计划将树下面的成千上万吨山石全部掏空取走，腾出地方来盖楼，把树架在大楼上面，仿佛它原本是长在楼顶上似的。

建设者就地造了一个直径十八米、深十米的大花盆，先固定好这棵老树，再在大花盆底下盖楼。光这一项就花了两千三百八十九万港币，堪称是最昂贵的保护措施了。

太古大厦落成之后，人们可以乘滚动扶梯一次到位，来到太古大厦的顶层，出后门，那儿是一片自然景色。一棵大树出现在人们面前，树干有一米半粗，树冠直径足有二十多米，独木成林，非常壮观，形成一座以它为中心的小公园，取名叫“榕圃”。树前面//插着铜牌，说明原由。此情此景，如不看铜牌的说明，绝对想不到巨树根底下还有一座宏伟的现代大楼。

节选自舒乙《香港：最贵的一棵树》

作品 35 号

我们的船渐渐地逼近榕树了。我有机会看清它的真面目：是一棵大树，有数不清的丫枝，枝上又生根，有许多根一直垂到地上，伸进泥土里。一部分树枝垂到水面，从远处看，就像一棵大树斜躺在水面上一样。

现在正是枝繁叶茂的时节。这棵榕树好像在把它的全部生命力展示给我们看。那么多的绿叶，一簇堆在另一簇的上面，不留一点儿缝隙。翠绿的颜色明亮地在我们的眼前闪耀，似乎每一片树叶上都有一个新的生命在颤动，这美丽的南国的树！

船在树下泊了片刻，岸上很湿，我们没有上去。朋友说这里是“鸟的天堂”，有许多鸟在这棵树上做窝，农民不许人去捉它们。我仿佛听见几只鸟扑翅的声音，但是等到我的眼睛注意地看那里时，我却看不见一只鸟的影子。只有无数的树根立在地上，像许多根木桩。地是湿的，大概涨潮时河水常常冲上岸去。“鸟的天堂”里没有一只鸟，我这样想到。船开了，一个朋友拨着船，缓缓地流到河中间去。

第二天，我们划着船到一个朋友的家乡去，就是那个有山有塔的地方。从学校出发，我们又经过那“鸟的天堂”。这一次是在早晨，阳光照在水面上，也照在树梢上。一切都//显得非常光明。我们的船也在树下泊了片刻。

起初四周围非常清静。后来忽然起了一声鸟叫。我们把手一拍,便看见一只大鸟飞了起来,接着又看见第二只,第三只。我们继续拍掌,很快地这个树林就变得很热闹了。到处都是鸟声,到处都是鸟影。大的,小的,花的,黑的,有的站在枝上叫,有的飞起来,在扑翅膀。

节选自巴金《小鸟的天堂》

作品 36 号

有个塌鼻子的小男孩儿,因为两岁时得过脑炎,智力受损,学习起来很吃力。打个比方,别人写作文能写两三百字,他却只能写三五行。但即便这样的作文,他同样能写得很动人。

那是一次作文课,题目是《愿望》。他极其认真地想了半天,然后极认真地写,那作文极短。只有三句话:我有两个愿望,第一个是,妈妈天天笑眯眯地看着我说:“你真聪明。”第二个是,老师天天笑眯眯地看着我说:“你一点儿也不笨。”

于是,就是这篇作文,深深地打动了他的老师,那位妈妈式的老师不仅给了他最高分,在班上带感情地朗读了这篇作文,还一笔一画地批道:你很聪明,你的作文写得非常感人,请放心,妈妈肯定会格外喜欢你的,老师肯定会格外喜欢你的,大家肯定会格外喜欢你的。

捧着作文本,他笑了,蹦蹦跳跳地回家了,像只喜鹊。但他并没有把作文本拿给妈妈看,他是在等待,等待着一个美好的时刻。

那个时刻终于到了,是妈妈的生日——一个阳光灿烂的星期天:那天,他起得特别早,把作文本装在一个亲手做的美丽的大信封里,等着妈妈醒来。妈妈刚刚睁眼醒来,他就笑眯眯地走到妈妈跟前说:“妈妈,今天是您的生日,我要//送给您一件礼物。”

果然,看着这篇作文,妈妈甜甜地涌出了两行热泪,一把搂住小男孩儿,搂得很紧很紧。

是的,智力可以受损,但爱永远不会。

节选自张玉庭《一个美丽的故事》

作品 37 号

小学的时候,有一次我们去海边远足,妈妈没有做便饭,给了我十块钱买午餐。好像走了很久,很久,终于到海边了,大家坐下来便吃饭。荒凉的海边没有商店,我一个人跑到防风林外面去,级任老师要大家把吃剩的饭菜分给我一点儿。有两三个男生留下一点儿给我，还有一个女生，她的米饭拌了酱油，很香。我吃完的时候，她笑眯眯地看着我，短头发，脸圆圆的。

她的名字叫翁香玉。

每天放学的时候，她走的是经过我们家的一条小路，带着一位比她小的男孩儿，可能是弟弟。小路边是一条清澈见底的小溪，两旁竹荫覆盖，我总是远远地跟在她后面，夏日的午后特别炎热，走到半路她会停下来，拿手帕在溪水里浸湿，为小男孩儿擦脸。我也在后面停下来，把肮脏的手帕弄湿了擦脸，再一路远远跟着她回家。

后来我们家搬到镇上去了，过几年我也上了中学。有一天放学回家，在火车上，看见斜对面一位短头发、圆圆脸的女孩儿，一身素净的白衣黑裙。我想她一定不认识我了。火车很快到站了，我随着人群挤向门口，她也走近了，叫我的名字。这是她第一次和我说话。

她笑眯眯的，和我一起走过月台。以后就没有再见过//她了。

这篇文章收在我出版的《少年心事》这本书里。

书出版后半年，有一天我忽然收到出版社转来的一封信，信封上是陌生的字迹，但清楚地写着我的本名。

信里面说她看到了这篇文章心里非常激动，没想到在离开家乡，漂泊异地这么久之后，会看见自己仍然在一个人的记忆里，她自己也深深记得这其中的每一幕，只是没想到越过遥远的时空，竟然另一个人也深深记得。

节选自苦伶《永远的记忆》

作品 38 号

在繁华的巴黎大街的路旁，站着一个衣衫褴褛、头发斑白、双目失明的老人。他不像其他乞丐那样伸手向过路行人乞讨，而是在身旁立一块木牌，上面写着："我什么也看不见！"街上过往的行人很多，看了木牌上的字都无动于衷，有的还淡淡一笑，便姗姗而去了。

这天中午，法国著名诗人让·彼浩勒也经过这里。他看看木牌上的字，问盲老人："老人家，今天上午有人给你钱吗？"盲老人叹息着回答："我，我什么也没有得到。"说着，脸上的神情非常悲伤。

让·彼浩勒听了，拿起笔悄悄地在那行字的前面添上了"春天到了，可是"几个字，就匆匆地离开了。

晚上，让·彼浩勒又经过这里，问那个盲老人下午的情况。盲老人笑着回答说："先生，不知为什么，下午给我钱的人多极了！"让·彼浩勒听了，摸着胡子满意地笑了。

“春天到了，可是我什么也看不见！”这富有诗意的语言，产生这么大的作用，就在于它有非常浓厚的感情色彩。是的，春天是美好的，那蓝天白云，那绿树红花，那莺歌燕舞，那流水人家，怎么不叫人陶醉呢？但这良辰美景，对于一个双目失明的人来说，只是一片漆黑。当人们想到这个盲老人，一生中竟连万紫千红的春天//都不曾看到，怎能不对他产生同情之心呢？

节选自《语言的魅力》，小学《语文》第六册

作品 39

人活着，最要紧的是寻觅到那片代表着生命绿色和人类希望的丛林，然后选一高高的枝头站在那里观览人生，消化痛苦，孕育歌声，愉悦世界！

这可真是一种潇洒的人生态度，这可真是一种心境爽朗的情感风貌。

站在历史的枝头微笑，可以减免许多烦恼。在那里，你可以从众生相所包含的甜酸苦辣、百味人生中寻找你自己；你境遇中的那点儿苦痛，也许相比之下，再也难以占据一席之地；你会较容易地获得从不悦中解脱灵魂的力量，使之不致变得灰色。

人站得高些，不但能有幸早些领略到希望的曙光，还能有幸发现生命的立体的诗篇。每一个人的人生，都是这诗篇中的一个词、一个句子或者一个标点。你可能没有成为一个美丽的词，一个引人注目的句子，一个惊叹号，但你依然是这生命的立体诗篇中的一个音节、一个停顿、一个必不可少的组成部分。这足以使你放弃前嫌，萌生为人类孕育新的歌声的兴致，为世界带来更多的诗意。

最可怕的人生见解，是把多维的生存图景看成平面。因为那平面上刻下的大多是凝固了的历史——过去的遗迹；但活着的人们，活得却是充满着新生智慧的，由//不断逝去的“现在”组成的未来。人生不能像某些鱼类躺着游，人生也不能像某些兽类爬着走，而应该站着向前行，这才是人类应有的生存姿态。

节选自[美]本杰明·拉什《站在历史的枝头微笑》

作品 40 号

在一次名人访问中，被问及上个世纪最重要的发明是什么时，有人说是电脑，有人说是汽车，等等。但新加坡的一位知名人士却说是冷气机。他解释，如果没有冷气，热带地区如东南亚国家，就不可能有很高的生产力，就不可能达到今天的生活水准。他的回答实事求是，有理有据。

看了上述报道，我突发奇想：为什么没有记者问：“20 世纪最糟糕的发明是什么？”其实 2002 年 10 月中旬，英国的一家报纸就评出了“人类最糟糕的发明”。获此“殊荣”的，就是人们每天大量使用的塑料袋。

诞生于上个世纪30年代的塑料袋，其家族包括用塑料制成的快餐饭盒、包装纸、餐用杯盘、饮料瓶、酸奶杯、雪糕杯等等。这些废弃物形成的垃圾，数量多、体积大、重量轻、不降解，给治理工作带来很多技术难题和社会问题。

比如，散落在田间、路边及草丛中的塑料餐盒，一旦被牲畜吞食，就会危及健康甚至导致死亡。填埋废弃塑料袋、塑料餐盒的土地，不能生长庄稼和树木，造成土地板结，而焚烧处理这些塑料垃圾，则会释放出多种化学有毒气体，其中一种称为二噁英的化合物，毒性极大。

此外，在生产塑料袋、塑料餐盒的//过程中使用的氟利昂，对人体免疫系统和生态环境造成的破坏也极为严重。

节选自林光如《最糟糕的发明》

第三章　单向说话技能训练

学习提示

说话能力是一个社会人非常重要的能力。拥有良好的说话能力，能使我们准确地传达信息、表达情感，提高工作效率，和谐人际关系。

生活中的说话主要是以双向沟通为主的言语表达活动，普通话水平测试中的说话却是一种比较特殊的形式——单向说话，它重点考查应试人说话时语音、词汇、语法的规范程度以及自然流畅程度。但是，即便是单向说话，也是要求有明确的主题、丰富的内容、井然的条理等。

第一节　单向说话概说

训练目标

了解口语的语体特点，了解单向说话考试的要求和评分标准。

说话是人类运用语言进行交际的重要方式，学习普通话的最终目的是使说话的水平得到提升。在说话的过程中，一般都要经历这样三个阶段，一是构思阶段，即说话者根据自己的目的在头脑中产生所要表达的思想，确定说话的内容。二是转换阶段，即说话者运用句法规则将所要表达的思想转换成语言信息。三是表达阶段，即说话者将头脑中的语言信息变成口头语言。在这个过程中，包含了人的语言、思维、心理，生理、物理等一系列的活动，因此一个人说话能力的强弱是一种综合能力的体现。

在口语表达时，想和说几乎是同步进行的。说话能力的强弱与我们的思维能力和表达能力密切相关。人的思维过程是运用语言进行分析、判断、推理的过程，而口语表达则是要善于把自己的思维过程和思维结果诉诸别人的听觉。一个会说话的人，必须拥有较强的思维能力，因为语言是思维的载体和外壳，思维能力是口语表达的重要基础和前提。

日常生活中的说话其主要目的是为了实现人际交流和沟通，这种说话是听说双方信息传递的过程，也是一个双向交流的过程。在这个过程中，说话者要充分运用言语表达的技巧、态势语言表达的技巧以及应变的技巧表达自己的思想，努力获得对方的理解和接受。普通话水平测试中的说话有别于此。普通话水平测试中的说话考试的目的是为了考查应试者在没有文字材料依托的情况下语音、词汇、语法的规范程度以及自然流畅的水平。这种说话是"单向说话"，应试人根据抽签所得的话题完成三分钟的说话，在整个说话过程由应试人独立完成，测试员仅在对方无法完成话题时辅以简单的对话和提示。

一、说话的特点

说话运用的是口语，与书面语相比，有以下特点：

1. 口语用词通俗易懂，并经常使用短句、省略句、变式句等，使说话的句式比较自然灵活。同时还经常使用谚语、歇后语、象声词、儿化词等，使口语表达生动活泼。

2. 口语可以直接传达说话人的思想感情，并带有一定的语气语调，容易激发听话人的情绪。

3. 口语表达可以借助于面部表情、眼神、手势、体态动作等态势语辅助表情达意。

4. 说话是面对面进行的，说话的对象具体，表达的针对性很强，还可以根据听话人的反馈情况，随机应变，及时调整说话的内容和方式。

5. 说话出口便定型，无法改口的，它不像书面表达那样可以有充分的时间思考、推敲、斟酌。因此，在某种程度上说，说话比书面表达难度更高。

二、说话的要求

1. 语音标准，音变规范，语流顺畅

普通话水平说话测试不是测试口才，也不是测试文才，更不是测试演讲水平，而是测试应试者使用普通话的准确程度、流利程度和规范程度。说话时的语音标准要求与前几项的语音规范标准相同，要尽量减少语音错误。所谓的音变规范，包括上声、"一"、"不"、轻声、儿化、语气词"啊"的变读等。我们在表达

时，要注意口齿清楚、吐字有力、声音圆润。语速适中，语流顺畅。克服方言语音和语调，避免说话不连贯、说话背稿子和时间不足等问题。

2. 词汇语法正确无误

普通话是语音、词汇、语法三要素的统一体。因此，普通话水平测试重点检测应试者的语音情况，但也通过“说话”项检测其词汇、语法是否规范。应试者应注意掌握普通话和方言的词汇、语法对应规律，避免用方言词语或方言句式说普通话，如“他蛮英俊的”，“你有收到我的邮件吗”这两例中，“蛮”是方言词，“有”字用法带有浓厚的方言特征，在测试中都会被扣分。要避免使用生造词、网络新词等不规范的语词，要避免欧化句法、避免句子成分残缺和搭配不当等等语法问题。

3. 围绕中心展开话题

尽管说话项测试重点考察应试人的语音标准程度，但是不等于说可以抛开话题随意发挥，离题要扣3－5分。说话话题给应试人限定了一个说话的范围，只要在话题限定的范围内，如何进行表达是非常自由的。比如“我的学习生活”，可以采用粗线条叙述和描绘的方法，说说从小学开始到中学、大学的学习生活；也可以具体说说进入大学以后的学习生活。但是一旦选定了说话的中心，就要求围绕中心组织材料，比如“童年趣事”这个题目，可以选择童年时曾经发生的一件事情来说，也可以选择几件事情来说，但是重点要围绕着“趣”字来组织材料。只有这样，才能做到中心明确，重点突出。

4. 叙述自然，口语化强

说话要多用简单句，少用长句，这样可以保持思维的连贯性，减少语句错误；尤其要少用很长的修饰语，使话语平实简朴。多用口语词，避免使用方言语词，比如杭州方言的语气词“闹”，金华方言的“歪”等，避免啰唆、重复，不说口头禅，比如有的应试人一开口说话便有“这个”或“那么”，这是应该避免的。避免使用冷僻深奥的词，要尽量说得通俗易懂。不要用读书腔、背书腔来说话。

第二节　单向说话的应试策略与训练

训练目标

本节要求学生掌握对话题进行组合、选择素材以及编写提纲的技巧；要求学生能在有准备的情况下，就话题说满 3 分钟，做到中心明确，语音标准，语流顺畅，词汇语法无误。

我们知道，说话水平是人的综合能力的体现，说话考核可以全面考察应试人在自然状态下运用语音、词汇和语法的能力，最能体现应试人的说话水平。这一项内容占 40 分。对于应试人来说，说话项是普通话水平测试中最难的一项。其原因如下：一是谋篇布局和快速构思的能力比较缺乏，拿到话题后不能迅速理清说话的思路并发掘相应的材料来表现主题；二是平时缺少说话的训练，遣词造句的能力比较缺乏，造成说话时辞不达义、语流不顺的现象；三是由于说话考试没有文字凭借，应试人心理上比较紧张，影响了语意的表达和语音的自然流畅程度。有的时候因为太紧张，应试人无法完成三分钟的表达。

通过一定的训练，有效提升普通话说话水平是每一个应试人所期待的。下面的方法供大家参考。

一、分类组合，选择素材

在考前的准备阶段，可以将普通话水平测试的 30 个话题进行分类组合，如《我的学习生活》、《我的假日生活》、《我的业余生活》等和《我尊敬的人》、《我的愿望(或理想)》、《我的朋友》、《我的成长之路》、《我喜爱的职业》等可以分别合并为一组，用相同或相近的素材来组织内容。在分类的过程中，要注意到同一组话题的共性，用相同或相近的素材去完成它们。要注意的是，话题的内容要紧扣话题，不能牵强附会。如有的应试人抽到《我的童年》，他这样说："我的童年很快乐，爸爸经常给我讲故事。我听得最多的是《小猫钓鱼》的故事。故事是这样的……"抽到话题《我最尊敬的人》，他还是说《小猫钓鱼》的故事："我最尊敬的人是我的爸爸，他经常用讲故事的办法让我明白人生的道理。他曾经给我讲过一个《小猫钓鱼》的故事，故事是这样的……"更有甚者，有的应试人就准备了一篇文章来对付 30 个话题。这是典型的"离题"，在考试中要扣 3—5 分。

准备话题的关键是选择素材，使自己有话可说。应试人的生活经历、个人体验是不一样的，因此，他们可以选择自己生活中有意义的、比较典型的事例作为说话的素材。比如，对杭州同学来说，《我的家乡(熟悉的地方)》可以以杭州的山水名胜为素材，对绍兴的同学来说，这个话题就可以以绍兴鲁迅纪念馆、沈园、大禹陵、东湖等名胜古迹为素材。准备的素材必须是自己熟悉的，紧扣话题和中心且内容比较集中的，忌东拉西扯，漫无边际。这样，说话的观点才能正确，主题才能鲜明，讲述才能得心应手，听者才能迅速把握你所表达的意思。

二、组织话题，编写提纲

结构话题是一项十分重要的工作。说话必须按照一定的顺序安排段落和句子，使前后的句子顺畅连贯，层次分明，条理清楚。在说话以前，我们必须考虑好先说什么，后说什么，选取哪些事例来说，哪些详，哪些略，哪些地方需要交代，哪些地方需要呼应等等，都需要在事先考虑清楚。对于平时说话水平不太好的同学来说，仅仅打个腹稿还是不够的，还需要编写提纲把说话的思路写下来，以使自己的说话思路明确起来。如果前后内容脱节，层次紊乱不清，将会使内容的表达杂乱无章，从而影响测试的成绩。

三、反复训练，持之以恒

要提高普通话水平，必须反复练习。对于方言区的应试人来说，平时往往习惯用方言思路进行思维，遣词造句也往往带有方言色彩。因此，必须通过有意识的训练，才能提高普通话说话的水平。应试人可以根据前面拟定的说话提纲，一遍遍地练习，大声地说，连贯地说，在说完一遍以后，根据自己的体会改进，进行第二遍练习。练习时可以借助录音设备把说话的全过程录下来，以便于自己分析提高。

事实上，提高普通话说话水平，贵在于平时的坚持。在日常生活中，我们要坚持讲普通话，要根据普通话水平测试的要求，重视声韵调的发音和语流音变等规范，在遣词造句等方面规范自己的口语表达。只有这样，才能真正巩固并提高自己的普通话说话水平。

四、稳定情绪，充满信心

在说话项考试时，由于没有文字凭借，有些应试人会因为紧张而出现心跳加剧、呼吸急促、双手发抖、不知从何说起等现象。这种怯场的心理随着考试的进行会越发严重。由于心理紧张加剧，思维会变得越发僵化，忘词、语无伦次、辞不达义等现象更加严重，这将严重影响测试的成绩。因此，在考试过程中，应试人必须及时进行自我心理调节，学会控制和排除怯场的心理。在考试中一旦出现怯场现象，应迅速调节呼吸，稳定自己的情绪，并暗自鼓励自己一定能行。一般来说，怯场与考前的准备有一定的关系。考前做好充分的准备，测试时才能排除一切杂念，才能充满自信地投入自己的全部热情参与考试。因此，广大应试人必须在考前认真复习，充分准备，这样才能使自己怀着必胜的信念，取得满意的成绩。

练习

根据普通话水平测试 30 个话题进行说话训练。建议先列提纲，再进行说话练习，在说话练习时可以请同学记录说话中出现的问题，待练习后反思、改正。

附录9 说话稿样例①

我的愿望(或理想)

每个人都有自己的愿望,有的人希望将来当工程师,有的人希望当科学家,而我很小时候就有一个愿望,就是长大后考上师范学校,做一名优秀的教师。

我喜欢做教师有几个原因,首先是觉得教师这个职业很神圣,我觉得做教师的最大价值在于把自己的知识传授给学生,能实现自己的社会价值。其次,做教师有许多业余时间,可以做自己想做的事情,比如:每年有寒假与暑假两个假期,每周有两天休息,我可以利用这些时间来学习、回顾或总结。此外父母都希望我将来能有一份稳定的工作,生活不用那样奔波,所以,做老师也是父母对我的期望。

我喜欢当教师是受了父亲的影响。父亲大学毕业后,就分配在离家乡三百里外当了一名中学教师。在我还没有出世的时候,父亲在一次整风运动中被错划成右派,被迫回到农村,他一次次的上诉,期望能够早日平反,尽早回到他心爱的讲台。这在我童年的记忆中留下了深刻的印象。我在很小的时候就立下了志愿,长大后要当一名教师,实现父亲未遂的心愿。

初中毕业后,为了早点出来工作,我报考了中等师范学校,我的分数是425分,远远地超出录取线一百多分,但因为各种缘故,我没有被录取,我的愿望落空了。我心里很难过,感觉上天是那样不公平。但在父母的鼓励下,我又恢复了自信心。

之后,我上了高中,但我仍然不放弃自己的理想。为了实现当教师的心愿,我在学习上更加努力,在高考中我再次报考师范院校,终于我以优异成绩考上了华南师范大学,并读了自己喜欢的汉语言系,这是我一生中最高兴的事。因为我多年的努力没有白费,我当教师的愿望终于实现了。

记得第一次走上讲台的时候,我心里很激动,面对学生热切的目光,我的心里有一种自豪感。我想,这一辈子一定要做一个好教师。我要给学生一碗水,自己必须要有一桶水。我尽管已经走出了校门,但是我的学习还将继续,我要在教学之余全方位提升自己,无论在思想上还是在业务上努力进步,真正做好一名“人师”。

我的业余生活

我是做办公室工作的,每天上班紧张而又繁忙。我性格开朗,兴趣广泛,在

① http://wenku.baidu.com/view/a8f76823aaea998fcc220e29.html,有改动

八小时之外也闲不住，读书、上网、养花是我业余生活中最重要的三件事。

有人说，读书是和高尚的朋友谈话，我也是这样认为的。一个人在书房里静悄悄地读书，是我最大的快乐。在自己的这方天地里，我阅读了大量的中外文学、哲学、历史名著，系统地学习了大学中文专业的全部课程，已经取得了自学考试专科毕业证，年底就要参加本科毕业论文答辩了。书读多了，就有所感触；生活积累丰富了，就会来灵感。每到这时，我就会拿起笔来，有时写小说、散文，有时写通讯、报道，一字一句推敲，翻来覆去修改。“梅花香自苦寒来”，在自己的不懈努力下，有近百篇作品在《中国教育报》、《中国文化报》、《中国文物报》等报刊发表。

有时我还上网冲浪，在因特网这个动感世界里浏览时事新闻、下载资料信息、收发电子邮件，偶尔也轻松一下，看看动画片、听听音乐、玩玩游戏，也和网友聊聊天儿，体验一下“海内存知己，天涯若比邻”的神奇魅力。

读书、上网之余，我会给家里养的花浇水、施肥、剪枝，在欣赏自己劳动成果的喜悦中消除疲劳。一到春天，密密层层的爬山虎就像碧绿的瀑布挂在高高的院墙上。绿茸茸的草坪中间，一棵大槐树亭亭如盖，撒下满地绿荫。阳台上、墙角边，一盆盆鲜花姹紫嫣红，更为这春意盎然的小院锦上添花。

我知道的风俗

农历五月初五，是我国民间古老的传统节日“端午节”。在我们这一带的农村，在端午节的前几天就要去采摘芦叶了。

在农村里，端午节吃粽子的风俗最为普遍。记得我很小的时候，家境比较清寒，每年端午节只能包米少豆多的豆粽，母亲叫它“豆粽”，一个粽子里除糯米外，就是那些红褐色的赤豆、白豆等豆子，这些都是母亲在房前屋后一些闲地上种的。

包豆粽这个活儿，还要有一定的技术的，不然的话，下锅煮的时候，粽子会散开来。粽子的形状最常见的一种是宝塔形，尖尖的顶，三角形的底座，竖起来放在桌子上，不会倒下来。这种粽子大的约有半市尺长短，小的也有三四寸。一些心灵手巧的小媳妇还会包十分有趣的“连环粽”，两个小粽子中间有一根红线牵着。另外还有一些别出心裁的包法：“月牙粽”、“枕头粽”、“拳形粽”、“方粽”等等，五花八门。

端午节这天，家家户户不管有钱没钱都要包粽子，左邻右舍串门的，按村里的规矩，也一定要尝一下主人家包的粽子。吃的时候，把青青的芦叶从下面一张张地剥开，再用两根筷子戳进底部，从粽子的宝塔尖上开始咬起，直到吃完为止。有些大的粽子一次吃不完，要把吃剩的带回家去，不能留给主人家。

每当这个时节，满屋、满村都散发着芦叶的清香。家家户户除了吃粽子，还要挑上几只包得最好、最大的粽子，用红线串着扔到村旁的河里去。在我们偏僻的乡村，朴实的农民用这样一种传统的方式纪念忧国忧民重气节的诗人屈原。

小时候，我曾好奇地问过母亲："屈原是跳到家门前的小河里淹死的吗？"一字不识的母亲当然不能回答我的问题，她只是喃喃地说："天下的水是相通的！"

现在想来，母亲的回答真的是非常智慧。

附录 10　普通话水平测试用 30 个话题

1. 我的学习生活
2. 我的业余生活
3. 我的假日生活
4. 我的朋友
5. 我尊敬的人
6. 我的成长之路
7. 我的愿望（或理想）
8. 我的家乡（或熟悉的地方）
9. 我喜爱的动物（或植物）
10. 我喜爱的职业
11. 我喜爱的文学（或其他）艺术形式
12. 我喜欢的季节（或天气）
13. 我喜欢的节日
14. 我喜欢的明星（或其他知名人士）
15. 我喜爱的书刊
16. 我知道的风俗
17. 我所在的集体（学校、机关、公司等）
18. 我向往的地方
19. 我和体育
20. 谈谈服饰
21. 谈谈科技发展与社会生活
22. 谈谈美食
23. 谈谈社会公德（或职业道德）
24. 谈谈个人修养
25. 谈谈对环境保护的认识
26. 谈谈卫生与健康
27. 童年的记忆
28. 难忘的旅行
29. 学习普通话的体会
30. 购物（消费）的感受

第二编　一般交际口语训练

第四章　口语表达的基本要求

学习提示

口语交际是每一个人日常生活、工作的重要组成部分，口语表达的好坏和我们每一个人都有密切的关系。人们运用语言的目的不仅在于生存的需要，更在于思想的交流与沟通。能真正运用好嘴巴，是一种智慧。掌握口语表达的基本原则和态势语言的运用技巧，可以提高我们的口语表达效果。

口语交际是每一个人日常生活、工作的重要组成部分，和我们每一个人都有密不可分的关系。我们日常所说的“好口才”就是指具有良好的口语交际能力。俗话说：“好人出在嘴上，好马出在腿上。”良好的口语交际能力不仅决定着我们的工作、学习，甚至还决定着我们的人生。口才是语言表达能力的最大验证，善于表达的人往往可以争取到更多的机会，从而走向成功。那种满腹经纶却说不出来的人，往往会与机会擦肩而过。随着社会的进步与发展，人们越来越重视有好口才的人，也越来越重视自身交际口语的训练。

卡耐基曾经说过：“如果你的口才好，可以使人家喜欢你，可以结交好的朋友，可以开辟前程，使你获得满意。有许多人，因为他善于辞令，因此而擢升了职位，也有许多人因为好口才而获得了荣誉，获得了厚利。你不要以为这是小事，你的一生有一大半的影响来自于你的说话艺术。”可见，口才的重要性。

第一节　口语表达的基本原则

训练目标

本节要求学生能了解口语表达的基本原则，在实际口语交际中能够指导自身的口语表达，以期达到更好的交际效果。

一、规范原则

进行口语表达时，首先要做到规范。

1. 一般情况下，要用准确、清晰的普通话表达内容，使对方可以清楚地接受。碰到需要强调的信息，可以适当地重复或者重音处理，使对方能够很快捕捉到有用信息。

2. 要适当控制语速。交谈时要有条不紊，语速太快容易出现吃字、漏字现象，使表达内容不完整，不利于对方接受信息；语速太慢会让对方处于等待状态，不利沟通；同时也会给人不自信的感觉。

3. 说话条理要清楚，言简意赅，重点分明。可以借用一些序数，或者使用“首先、其次、然后”等词语来区分层次，增强说话的条理性。

二、得体原则

“得体”主要表现在说话人谦虚有礼的言谈上。言语的文明礼貌是道德高尚的一种反映，能给人留下良好的印象。文雅得体的谈吐可以融洽交际双方的关系，增进彼此的信任和了解，为进一步交谈创造良好的氛围。

“得体”可以概括为四个“适”，即：适人、适时、适量、适度。

1. 适人

所谓适人，就是根据不同的社交谈话对象，要有不同的谈话内容和谈话方式。同小孩谈论国家大事，同失恋的人谈论爱情的甜蜜……如此“对牛弹琴”，交际自然无法进行。

2. 适时

所谓适时，是指该说的时候说，该停的时候停。有的人在社交场合上该说的时候不说，比如见面的时候不问候，分手的时候不告别，犯错的时候不道歉，接受他人帮助的时候不道谢……反之，有的人该停的时候又不停，比如在热闹喜庆的气氛中唠唠叨叨诉说自己的不幸，在别人悲伤忧愁时嘻嘻哈哈开玩笑，在主人心绪不安时仍滔滔不绝发表宏论……可以想象，如果我们在社交场合中碰到了上述这些人、这些现象，我们会有怎样的反应，会对他们产生什么样的印象呢？

3.适量

所谓适量，是指说话要适可而止。

捷克讽刺作家哈谢克的名著《好兵帅克》里有一个克劳斯上校，此人以说话啰唆闻名。他有一段对军官的“精彩”讲话：“诸位，我刚才提到那里有一个窗户。你们知道窗户是个什么东西，对吗？一条夹在两道沟之间的路叫公路。对了，诸位，那么你们知道什么叫沟吗？沟就是一批工人所挖的一种凹而长的坑，对，那就叫沟。沟就是用铁锹挖成的。你知道铁锹是什么吗？铁做的工具，诸位，不错吧，你们都知道吗？”克劳斯上校的这番话，虽然是作家加工过的，但生活中、社交场上说话啰唆也不乏其人，容易让听众产生厌烦情绪，而忽略了有用信息。

在这儿要说明的是，适量并不等于少说为佳，更不是指那种语量没有变化的老和尚念经，适量与否应以是否达到了说话目的为衡量的标准。比如：“我不同意这个意见！我明确表示不同意。不管你们怎么看，我就是不同意。”这段话，初听起来似乎有些“废话”，但这是为了增强表达效果，是不得不说的“废话”。这样的反复强调是为了表示说话人态度坚决和不容置疑。这种语言现象在社交场合经常出现，所以，适量并不排除为达到说话目的的必要重复，而是指根据对象、环境、时间的不同，该多说时不少说，该少说时不多说。

最后，适量还包括说话的音量适宜。面向大众说话，音量要大一点，私人交谈音量要适中，如果是密友、情人间交谈，小声则可以表现亲密无间、情意绵绵的特殊关系，给人一种亲切感。适当地控制音量同样可以增强表达效果。

4.适度

所谓适度，是指根据不同对象把握言谈的深浅度，根据不同场合把握言谈的得体度，根据自己的身份把握言谈的分寸度。其次，态势语言也要恰到好处。

【示例】

三国时期，曹操准备进攻刘备，正想要起兵，又被马超拒守，欲收兵回朝，又恐被蜀兵耻笑，所以心中一直犹豫不决，很是烦恼，正看到碗中有鸡肋并有些感慨，这时夏侯楷进来了，特请夜间的口号。曹操随口答道：“鸡肋！鸡肋！”夏侯楷随后传令众官，都称“鸡肋”。

当大家都对这个口号感到困惑的时候，行军主簿杨修便叫随行军士收拾行装，准备归程。夏侯楷大惊，前往杨修处问其何故，杨修说："从今夜的号令来看，便可以知道魏王不久便要退兵回国，鸡肋，吃起来没有肉，丢了又可惜。现在，进兵不能胜利，退兵恐人耻笑，在这里没有益处，不如早日回去，明日魏王必然班师还朝。所以先行收拾行装，免得临到走时慌乱。"夏侯楷见杨修说得非常有道理，也回去收拾东西，就这样一传十，十传百，大家都知道这个消息了，曹操得知这一事件的原委后，大怒，以"造谣生事，动乱军心"的罪名把杨修推出去斩了，以正军心。

杨修的悲剧在于乱讲话。首先说话时机不对。当时战事紧张，一点风吹草动，都会带来不一样的结果。其次，没有搞清楚自己的身份。杨修只是行军主簿，仅仅根据自己的猜测就命令军士收拾行装，自认为聪明，却犯下了致命的错误。

三、合作原则

这是美国语用学家格赖斯提出的一个学说——会话合作原则。一次成功的交谈是参加交谈的人共同努力的结果。要使交际成功，参加的人必须有一个共同的交际目的，或者至少有一个被交际双方或多方都接受的大方向。在语言交际中为了达到特定的目标，说话人和听话人之间必须存在着一种默契、一种双方都应该遵守的原则，即每一个参与交际的人在整个交际过程中所说的话都应符合这一次交际的目标或方向，任意地东拉西扯、插科打诨都会使交际中断。

四、角色原则

我们每一个人都是社会的人，都有自己的社会地位，在不同的场合扮演着不同的社会角色。面对父母，我们是孝顺的儿女；面对老师，我们是品行兼优的学生；面对同学，我们是志趣相投的同伴……在日常的交际中，我们要遵守角色原则，才能使交际和谐、有效地进行。

但是，人们并非在任何时候、任何地方、对任何人交际都要恪守角色原则。例如在紧急或意外事件中、在激烈的争辩或紧张工作的场合、在十分亲热友好的朋友间不拘礼节的谈话中，有时可以忽略角色原则。比如：亚里士多德有一句广为传颂的名言"吾爱吾师，吾尤爱真理。"亚里士多德是一位非常博学的人，他 17 岁时被父亲送到大哲学家柏拉图门下学习。亚里士多德很善于独立思考，他虽然很尊敬老师，但对老师的一些观点，并不十分赞同，因此常常会有一些冲突。面对真理，师生角色就居次要地位了。

练习

1. 请找个机会同校园内一位不太熟悉的人(比如后勤工作人员或其他院系的同学)进行一次主动谈话,然后交流心得。

2. 根据口语表达的四个原则,就自己平时的口语交际情况作一次评价。

第二节 态势语言表达技巧

训练目标

本节要求学生了解态势语言的定义、特点、作用和种类,初步掌握态势语言训练的一般原则,可以在实际言语交际中恰当运用态势语言来辅助口语交际。

态势语言又叫形体语言,是指在人际交往中辅助口语进行表情达意的姿势、神情和形体动作。可以说,态势语言是一种无声的语言,是有声语言的有力补充,在生活中被广泛地运用。许多研究表明,非言语交流在交际过程中起着巨大的辅助作用。爱德华·霍尔在其《无声的语言》一书中说:"无声语言所显示的意义要比有声语言多得多,而且深刻得多,因为有声语言往往把所要表达的意思部分,甚至绝大部分隐藏起来。"人们的思想、态度等在言语中可以加以掩饰,但或多或少都会在自己的举止神态上有所表露。可以说,态势语言具有极强的表达能力,有时即使面对面,有些内容也无法通过言语来表达,此时借助于态势语言,会有此时无声胜有声的意想不到的效果。

在一般口语交际和教师职业口语的运用中,态势语言具有不可忽视的作用。要想成为一名合格的教师,在日常的口语交际和教育、教学活动中,不仅需要优秀的有声语言,还需有和谐、得体的态势语言,以增强言语的表达效果。

一、态势语言的特点

1. 辅助性

美国的文化人类学家 L. H. 摩尔根在《古代社会》中认为:"必然先有用姿态或手势表达语意,尔后才有音节分明的言语。"

尽管先有态势语言,再有有声语言,但在具体的交际过程中,态势语言是伴随有声语言的,更多的时候是以辅助作用补充、修饰、强化言语行为,共同完成表情达意的任务。态势语言只能表达一些简单的意思而不能表达复杂的内容，不能代替有声语言。

态势语言的辅助作用，依赖于它的伴随性，也就是态势语言的运用要符合语言表达的特定情境。离开特定的语境，态势语言也会“不知所云”。

在交际过程中，不能为了用而用，态势语言必须在有声语言提供的背景下恰当地使用。太多的态势语言会使人眼花缭乱，分散注意力，反而影响表达效果。

2. 情感性

态势语言是人的主观思想、内心情感的一种外在反应。人的思想或情感上的变化，都会在神情、体态上有所表现，这比较能够真实地反映人的内心世界。态势语言源于人的内心，在运用态势语言时要用心，和有声语言成为和谐的统一体，而不是刻意地夸张表情或举手抬脚。

【示例】

1945 年 10 月 17 日，毛泽东同志在延安干部会上作报告时，说道：“总之，前途是光明的，道路是曲折的。我们面前困难还很多，不可忽视。我们和全体人民团结起来，共同努力，一定能够排除万难，达到胜利的目的。”这时，毛泽东同志目光深沉地望着远方，并举起他的右手掌，慢慢地向前方推进……这个动作仿佛是在推动历史的前进，造成了极为强烈的表现力和感染力，永远地留在人们的记忆里。

3. 情境性

态势语言也是一种信息符号，其意义是约定俗成的，具有共通性，人们才能借助态势语言进行传递和交流。有时态势语言甚至可以独立完成交际任务，但这必须有“语境”作支撑。没有特定的语境，没有充足的信息背景，态势语言的表意是不确定的，具有多义性，比如：微微笑一笑，有时是同意地赞许，有时是委婉地拒绝，有时是满意地欣赏。再比如：点头在很多国家表示“同意”，但在保加利亚、南斯拉夫和希腊，却表示“不同意”。只有在特定的言语环境中，态势语言传递的才是特定的语意和特定的情感信息，是唯一的。

二、态势语言的种类

（一）面部表情

罗曼·罗兰说：“面部表情是多少世纪培养成功的语言，是比嘴讲的复杂了千百倍的语言。”表情是人的内心情感在面部、声音或身体姿态上的表现，可以表示多种情感和信息。

国外有心理学家通过大量实验指出，人们在交际中通过有声语言所表达的情感只占45%，而通过面部表情所表达的情感要占55%。一般情况下，在日常的口语交际中，说话人的各种复杂的心理活动都会通过面部表情表露出来，补充、强化有声语言的信息传递，尤其是眼神，能够显露最精妙的内心变化。在人的各种感觉器官所获得的信息总量中，眼睛要独占80%以上，人们常用“会说话的眼睛”来形容一双眼睛的灵动。眼睛是人体传递信息最有效的器官，最能反映说话人的内心世界，是交际双方思想情感交流的重要手段。可以说，眼睛所传达的感情有时比有声语言更丰富、更深刻，甚至可以传达有声语言不能有效传达的感情。

孟子曾说过：“存之人者，莫良于眸子，眸不能掩其恶。胸中正，则眸子降，胸中不正，则眸子炫。”尽管语言、动作、表情都能作假，掩盖人们的真实想法，但是眼神无法假装。

眼神散乱，便可明白他精神紧张，不知所措。

眼神如剑，仿佛有刺，便可明白他态度冷淡、立场坚定。

眼神阴沉，则说明他图谋不轨，心有邪念。

眼神游离，便可明白他注意力不集中，魂不守舍。

眼神呆滞，便可明白他无心做事。极度惶恐的时候也会流露出这种眼神。

眼神泛火，便可明白他此刻是怒火中烧。

眼神恬静，面有笑意，你可明白他对于某事非常满意。

眼神下垂，连头都下倾了，便可明白他心事重重、万分痛苦。

眼神上扬，便可明白他是不屑听你说。①

在与人交谈的过程中，应注视对方，不躲闪或者游移不定，眼神坦然、亲切、自信，给对方一种受尊重、受重视的感觉。而盯视、眯视、斜视、瞥视、左顾右盼、东张西望等都是不礼貌的表现，是不允许的。

除了眼神，微笑在面部表情中也占有相当重要的地位。微笑是社交场合中最富吸引力、最令人愉悦、也最有价值的面部表情。与人交谈时面带微笑，有着不可估量的作用。面带微笑，给人以亲切、和蔼的感觉，可以让自己更自信，也可以让对方愿意和你接近，在交流时更易于沟通，更易于赢得信赖！

但无论是眼神，还是微笑，运用都要适度，要根据交际的对象、内容、场合、气氛恰当地运用。滥用面部表情不但不能收到好的效果，还会给人虚假之感，从而破坏交际的进行！

---

① 丁夫：20几岁，学点好口才. 化学工业出版社，2010年7月，第62页。

（二）手势

手势是态势语言的一个重要组成部分，用来示意的手与臂的各种动作姿势，是最有表现力的体态语言，是言语的最好辅助。而且手势运用灵活方便，在日常交际中具有很高的使用频率。在交际中，能够恰当地运用手势表情达意，会为交际形象增辉。

手势表现的含义非常丰富，表达的感情也非常微妙复杂。手势不宜过多，动作不宜过大，否则，会给人“指手画脚”，甚至“张牙舞爪”的感觉。某些不雅的行为举止会令人极为反感，如说话时手指直接指向对方的面部、毫无掩饰地挖鼻孔、擤鼻涕等等，给人轻佻、浮躁、不尊重对方的感觉，影响交际效果。

（三）体姿

体姿包括站姿和坐姿。

站立是口语交际常见的方式，有利于说话人的言语表达，也有利于使用多种态势语言。交际中的站姿以自然稳重为原则，可采用一字形、稍息式或前进式站姿。而且不要自始至终采取一种站姿，不仅自己很累，还给人僵硬、呆板的感觉，可以根据实际情况随时调整变换。

坐姿包括入座与坐定的姿势。入座轻缓，走到座位面前转身，轻稳地坐下。如果需要移动椅子，应用双手轻轻搬动，避免发出过响的声音。入座后，身体要保持一种相对自然的状态，既不要背挺得过直、双脚并拢、双手放在大腿上，给人僵硬、紧张的感觉；也不能全身瘫软在椅子上，“坐没坐相”，是很不礼貌的。

在交际过程中，往往不会保持站或坐一种姿态，适当地移动身姿，有助于交际内容的表达，还可以改善交际氛围。当然，改变或移动身姿，应该根据表达的需要来确定，不应为了动而动，给人忙乱的感觉。

三、态势语言的作用

1. 补充、强化作用

一动不动地站着或坐着一样可以表达交际内容，但恰当地运用态势语言，可以补充、强化言语信息，可以提高说话的整体表达效果。

2. 调控、沟通作用

交际过程中，说话人可以用态势语言向对方传递思想和感情信息，尤其是不方便说的时候、言不由衷的时候、言语的力量达不到的时候，需要用态势语言进行调控、补充。说话人还可以通过恰当的态势语言了解对方的心理、情感等，从而洞悉对方的意图。

四、运用态势语言的基本要求

1. 真实自然

自然是对态势语言的第一要求。态势语言是人的内心意识或情感的外在反映，应该源于说话人真实的情感，是发自内心的，是真挚情感的自然流露，切忌动作生硬，或者刻意表演，让人觉得别扭、不真实。态势语言的运用不是表演，不是简单地抬抬头、举举手，而是要用心的。态势语言不是空洞的，是有内容、有情感的，即“情有所依，物有所指”，也只有这样的态势语言才是真实的，才能给人自然的感觉。

2. 简单准确

交际中运用态势语言要符合一般的习惯，要运用能被对方接受和理解的动作和表情，不要太复杂，以至于影响言语的正常表达。

态势语言具有多义性，相同的表情、动作，意义可迥然不同。要准确地使用态势语言，使之与表达的言语内容、思想感情相一致，才不会让对方费解，甚至产生误会。总之，运用态势语言要做到“言行一致”。

3. 得体适度

态势语言尽管重要，却不能决定一切，它只是辅助手段，主要起辅助作用，是补充强化有声语言的。在交际过程中，态势语言不能喧宾夺主，如果句句都有手势、表情，不仅无助于表现语言，反而会分散听话人的注意力。表情要适度，不可过于丰富，那样会有表演之嫌。只有有助于表现所要表达的内容和情感的态势语言才是必需的，才能使态势语言最大限度地发挥其独有的表达效果。

4. 协调配合

手势、眼神、表情、体姿，各有不同的作用及表达效果。但运用局部动作表情达意的时候，离不开整体的配合。比如打手势，除了手以外，臂也很重要，还有眼神的配合、表情的呈现、身体的姿态等等，缺一不可。整体动作协调了，那个手势才有效果，否则，一个光光的手势会显得很突兀！

最后，最重要的是无论什么动作都要与语言协调一致。态势语言运用得是否合适、有效，关键是看是否有助于交际内容的表达。

练习

1. 设想特定的教育、教学情境（比如一周的晨会讲话、家访等），分别扮演教师、学生、家长、同事等角色，进行场景对话，同时注意交际中态势语言的综合运用。

2. 观看优秀演讲家的演讲录像，赏析其中态势语言的运用。

第五章　口语表达分类训练

学习提示

复述、演讲、论辩和交谈是我们日常生活中经常使用的口语表达形式，通过本章节的学习，掌握这四种口语表达形式的特点、运用技巧等。

第一节　复　述

训练目标

本节要求学生在了解复述的概念和基本要求的基础上，掌握详细复述、概要复述和扩展复述的基本方法。

一、复述的概念和基本要求

复述，就是把别人说过或自己说过的重说一遍。复述的基本要求是：完整、准确地体现原话的中心和要点；条理清楚，反映各部分内容的内在的结构关系。

二、复述的形式

详细复述，就是把原话的内容原原本本地重新叙述一遍，要做到条理清楚、层次分明。进行详细复述的训练，可以锻炼记忆力，增强话语表述的条理性。还有助于推动富有表现力的书面语向口头语的迁移。

详细复述要求基本遵循原话，而概要复述和扩展复述则是对原话进行较大幅度地加工或再创造。

概要复述，也就是对原话进行“缩写”，把握住原话的中心和要点，理清线索，去掉细枝末节，反映原貌。

扩展复述，也就是对原话进行“扩写”。首先，在原有材料的基础上作合理想象，但绝对不能背离原意和基本框架。其次，扩展不要面面俱到，不用照顾到每一个细节，可以根据原材料的中心思想确定扩展的重点。再次，根据表达的需要，可以运用描述、解说、论证以及比拟、排比、夸张等多种表达方式。最后，对不同性质的材料作扩展复述，侧重点各不相同。对议论性材料作扩展复述，可以补充论据材料，作更深入的剖析，从而更有力地证明论点；对说明性材料作扩展复述，主要是对说明对象增加更具体、更鲜明的细节说明；对记叙性材料作扩展复述，则要通过合理想象补充细节，使讲述的内容更生动、更充实、更完整。①

【示例】

鞋的故事

梗概：在一次战斗的间歇，一位战士到附近的小镇上修了一双鞋。不久他的一双脚因踩到地雷被炸掉了，住进了医院。后来他想起修鞋的事，请战友去找到那个鞋摊，付了修鞋钱，但那双鞋他不要了。

扩展：

每到傍晚，小镇上那位鞋匠收摊前总要向路口张望，望了很久总要纳闷地叹气。他希望那个修鞋的军人能把修好的鞋取走。可是10天、20天过去了，那位军人魁梧的身影一直没有出现。

又是一天傍晚，一位瘦高个军人来到修鞋摊前，问：“一个多月前，是不是有个大个子军人来您这儿修过一双鞋？”鞋匠点点头，觉得很奇怪，心想怎么换了人拿鞋子？军人问：“要付多少钱？”鞋匠估摸了一下，说：“修鞋2块钱，搁到今天才拿，外加1块钱保管费，给3块钱。”接着又埋怨道：“都像那个大个子军人，我这儿要堆成鞋山了！”

军人丢下修鞋钱，走了。

“鞋！”鞋匠提起那双鞋，边喊边追了上去，“鞋不要啦？”

军人止住脚步，沉重地说：“不用了，他用不着鞋了，他的一双脚被地雷……他在医院，要我把修鞋钱送来。”

---

① 国家教育委员会师范教育司：《教师口语》，北京师范大学出版社，1996年4月第2版，第119页。

说着，大步走了。

鞋匠呆呆地站在路口，好半天才转过身来……[①]

这是一个扩展复述，体现“人民军队爱人民”的主题。在原故事框架的基础上展开了合理的想象，线索明确，重点突出，塑造了那位没有出场的战士的高大形象。但在有些细节方面处理欠妥，比如：“鞋！”鞋匠提起那双鞋，边喊边追了上去，“鞋不要啦？”这个细节，鞋匠日夜盼望那个战士来拿鞋，当后来的军人付了钱却不拿鞋就走，鞋匠应该马上作出反应，“边喊边追”的细节告诉我们，鞋匠的反应很慢，这似乎不合情理。

三、进行复述训练的要求

(1)复述之前，要对原材料进行认真阅读和理解，抓住原材料的中心和脉络，不要偏离中心。也要注意一些重要的细节，做到取舍合适，详略得当。

(2)三种复述形式都是建立在记忆的基础上，因此，复述要注意记忆的方法，要有整体结构的框架记忆，也要有体现中心的细节记忆，尤其要注意重点语句和细节。

1. 请在两分钟内读完下面的文字材料，然后做详细复述。

餐饮外卖半径从5公里缩到3公里

“由于雪天路滑，导致多处服务范围无法送达，敬请谅解。”这是外卖服务网站“饭易得”昨天出的公告。一边是比平时增长了两三倍的订单，一边是紧缺的人手和恶劣的天气情况，网站只好有选择性地接单。

“只能接就近范围的订单，比如送达的地方离餐厅只隔三四条街的，再远就没法送了。”饭易得市场部张薇说，外送员在周二、周三雪势相对小一点时还坚持正常接单，不过很多订单因为路况差被延误了。昨天，实在是雪大天冷，很多外送员电动车的电瓶都冻裂了。此前，网站还给每个外送员统一装备了帽子、手套和羽绒服。

外卖网站“点我吧”也贴出通知临时调整服务范围，可选择的送达范围从半径5公里缩短到3公里范围，调整将持续到1月27日，网站同时表示，如果恶劣天气持续，可能作进一步调整。

因为临近春节，外送员提前回家过年本来就造成了人手紧张，像饭易得、点我吧目前公布的春节放假时间都在1月27日、28日左右，即使天气恢复晴好，

---

① 国家教育委员会师范教育司：《教师口语》，北京师范大学出版社，1996年4月第2版，第119页。

春节期间外卖服务停摆已经不可避免。①

2. 请运用下列报刊资料做扩展复述练习。

杭州市公安局全体民警、武警、消防官兵和协辅警通宵达旦坚守一线，抗雪防冻。截至昨晚，杭州没有发生影响社会稳定的恶性刑事、治安事件和火灾、交通事故。

1 月 18 日 20 时，浙江省公安厅副厅长、杭州市委常委、公安局长柯良栋部署全市公安机关抗雪防冻工作。全市各级公安机关 24 小时全勤工作。

昨天，杭城全体民警还在各社区、道路清扫积雪、树枝打雪，及时消除了安全隐患。

参加扫雪的市公安局党委副书记、常务副局长郑贤胜说："我们要用实际行动告诉杭城百姓，抗雪防冻，杭州警察和你在一起！"②

第二节　演　　讲

训练目标

本节要求学生在了解演讲的特征、分类的基础上，进行命题演讲和即兴演讲的训练，掌握演讲稿撰写的基本步骤以及具备演讲的基本技能。

所谓演讲，是指演讲者在特定的时空环境中，面对特定的听众，以有声语言和相应的体态语言作为手段，针对某一问题，或围绕某一中心，表述见解，阐发事理，抒发感情，从而影响听众态度和行为的一种带有艺术性的社会实践活动。③

一、演讲的特征

1. 真实性

演讲是演讲者对某一社会现实或现象进行判断和评价，直接向听众公开陈述自己的主张和看法。无论什么演讲，都要结合实际，针对具体问题提出具体性的建议和解决方法，具有很强的针对性。演讲往往是在一个特定的语言环境

---

① 林晗. 都市快报. 2011 年 1 月 21 日.

② 赵洁. 都市快报. 2011 年 1 月 21 日

③ 林华东、王勇卫：《普通话口语教程》，厦门大学出版社，2004 年 8 月修订版，第 136 页。

中公开向听众传递信息、抒发情感,时间都是有限制的,演讲的主题必须集中,抓住一点深入展开,给听众留下鲜明的印象。所以,演讲必须是真实的,只有讲真事、说真理、抒真情,才能使听众产生共鸣。

其中,最为重要的是,演讲时感情要真诚,语言和表情都要给人以真实感。演讲者要表里如一,口里说的和心里想的应该是一样的。演讲不是简单的说教,不是宣读文件,演讲者不能无动于衷,不能以自己的冷冰冰、或虚假的热情去骗取听众的热情与共鸣。演讲是和听众的一种互动,一起探讨问题、交流思想,演讲者只能以自己的真实感受去感染和鼓动听众。

2. 抒情性

演讲是以感召、鼓动听众为目的的,是事实、道理、情感的有机结合。演讲者在演讲中,传播自己的观点和主张,要使自己的演讲成功,感染听众,就要具备抒情性,要用自身的魅力,用自己炽热的情感、激昂的言辞晓之以理,动之以情。在讲述事迹、严密论证的基础上要恰如其分的表达情感,从而引起听众共鸣,达到感染、征服听众的目的。抒情性是演讲的主要特征,也是演讲的力量所在。

【示例】

这个普天同庆的日子里,澳门,你一定不会忘记,是谁,用拳拳母爱,擦去了四百多年前那滴浊泪?又是谁,描绘了"一国两制"的蓝图,让我们今朝相聚?这绝不是苍天的恩赐,更不是殖民者的施舍,在这漫漫归途上,遍布着一个古老民族的血性和顽强!四百多年的屈辱辛酸,四百多年的渴望追求,四百多年的坎坷曲折,四百多年的奋斗牺牲。China,不再是不堪一击的瓷器,中国,已岿然屹立于世界的东方!如果,如果不是这样,澳门啊,你回家的路还有几多远,几多长?

这是庆祝澳门回归的演讲稿《隔海相望》中的一段话,饱含着深沉的民族情感,从荣与辱的动情点上激发了听众的情绪,从而在新的历史时期,树立起民族自尊心和自豪感。

3. 综合性

演讲是通过有声语言和态势语言的手段显示出来的艺术,是一个综合的传达系统。演讲是由"演"和"讲"两部分组合在一起的,两者必须和谐地统一。演讲如果只有"讲"没有"演",就会缺少动人的主体形象和表演活动,使演讲不伦不类,干巴枯燥,因而削弱了演讲的效果;如果只有"演"而没有"讲",就会显得华而不实,冲淡了演讲的现实性、实用性和严肃性,起不到演讲应有的作用。所以,两者缺一不可,相辅相成。但是演讲应以"讲"为主,以"演"为辅,互相交织、互相渗透、互相促进。

二、演讲的分类

演讲有很多类别，比如从内容角度分，可以分为社会政治演讲、法庭演讲、学术演讲、生活演讲等等。本文从是否准备文稿的角度，把演讲分为命题演讲和即兴演讲。

(一)命题演讲

命题演讲，是指根据事先规定的命题或者范围，在有准备的基础上进行的演讲。

命题演讲最重要的是演讲稿的准备。准备演讲稿要注意以下几点：

1. 确定主题

命题演讲的题目必须醒目生动，引人入胜，充分吸引听众的注意力。所以拟定题目，一方面要联系现实中存在的人们比较关注和感兴趣的话题、现象，这样才能抓住听众；另一方面要选择自己熟悉、确有思考的问题，这样才能有内容可讲。

接着确定主题。主题是演讲所要分析论证的主要问题，是演讲要表达的中心思想。演讲的主题要单一明确，切入的角度要小，不要面面俱到，也不要空泛无物。所选的主题要使听众产生亲切感、参与感，要能对听众产生冲击力。主题的确定要注意：

(1)真实性。演讲的观点要实事求是，持论公允。比如针对演讲题目《大学生恋爱之我见》，有的演讲者给予充分肯定，有的却持完全否定的态度，这都有些偏颇。而有的认为有利有弊，关键是把握好那个“度”，并举中外名人的事例和周围同学的例子予以证明分析，并劝诫同学珍惜大学时光，以学业为重。这样的观点就较符合客观事实，可以让人心悦诚服地接受。

(2)针对性。主题的针对性体现在三点。首先，要结合实际，针对具体问题进行演讲。其次，演讲的主题必须针对具体听众来决定。演讲者不能单凭自己的爱好进行演讲，必须了解听众的基本情况，针对他们的兴趣和关注点，这样的演讲才能激发听众的兴趣。再次，演讲的主题还要考虑演讲者自身的能力与条件。演讲者感觉陌生、驾驭困难的主题应不予考虑。

(3)新颖性。主题还要做到新颖奇特，有新意和时代感，给人耳目一新的印象和感觉。对于众所周知的问题，要善于脱出常规，另辟蹊径。即使针对了具体的听众，但老生常谈的话题，也不能激发听众的兴趣。

(4)深刻性。演讲要有点理论色彩才能体现深刻性，主题要含有深邃的思想及哲理，给听众以理性的感悟。如果说，生动的事例、感人的事迹是成功的基础，那么深刻的思想性则是成功的关键。只讲道理而没有生动的事例，演讲显得空洞；只讲事例不分析道理，演讲也失去了深度。只有两者紧密结合，才能使演讲既有深刻的思想性，又生动感人，有血有肉，使听众受到教育。

总之，在选择演讲的主题时，一定要把听众的需要和自己的优势结合起来，在追求主题鲜明、深刻，内容推陈出新的同时，要考虑时间和环境的因素，这样才能讲出真知灼见和个性风采。

2. 了解听众

演讲是“一人讲，众人听”，是以听众为中心的交际活动，因此，演讲者在命题演讲前一定要了解听众，了解听众都是些什么人，他们的年龄、性别、职业状况等；了解他们所关心和迫切需要解决的问题是什么，等等。根据他们关注的内容以及根据他们受教育程度和他们的文化背景等来确定演讲的风格、形式、语言和内容。否则，不看对象，演讲得再天花乱坠，听众也会感到索然无味，无动于衷，也就达不到宣传、教育和欣赏的目的。

3. 写好演讲稿

演讲稿是命题演讲的重要组成部分。演讲稿是进行演讲的依据，是对演讲内容和形式的规范和提示，它体现着演讲的目的和手段、演讲的内容和形式。

首先，筛选材料。

主题是演讲的灵魂，材料是演讲的“血肉”，它直接影响演讲是否具有说服力，是否让听众信服。所以，题目确定后，要围绕主题筛选材料。筛选材料时要注意：

(1)切题。演讲中所用的所有材料要有利于演讲主题的开展，材料的引用是为了说明观点，阐述理论，深化主题。主题审准了，材料选不好，不仅不能证明主题，而且还会起到淡化主题、破坏主题表达的负作用。

【示例】

请看这则特定的材料：“游客来到一条乡村马路，见到一个路牌，上面写着‘马路封闭，不能前进’。他见前面没什么障碍，自信旅游经验丰富，便继续前进。不久，他发现一座桥断了，不得不回头。当他来到刚才放置路牌的地方时，见到路牌背面写着：‘欢迎你回来，傻瓜。’”请就此发表演讲。

某演讲者在演讲时分析出游客由于不听信路牌上的说明，盲目自信，才做出可笑的事来的，他拟定的演讲主题是：要善于接受他人的忠告。应该说，主题的确定没有错。然而他演讲所引用的事例却不够贴切。他说:“……实际上像游客那样的人,在我国古代就有了。大家一定听说过拔苗助长这个故事吧,其中那个农民自作聪明,违反植物生长规律,过分热心地帮助禾苗生长,结果事与愿违,遭到了自然规律的惩罚……”很明显,这个事例不够贴切,材料中的游客在行为之前有他人的奉告——路牌,而拔苗助长的故事里却没有,这一点与演讲主题要善于接受他人的忠告不符。假如这个演讲者用亡羊补牢的故事就切题了。这也是一则寓言故事,从前有个放羊人,羊圈破了没有修补,结果半夜羊被狼拖走了,第二天邻居劝他赶紧补洞,他却不听,当晚狼又来了,他损失了更多的羊。第三天一早他就把羊圈补好了,再也没丢羊了。

(2)典型。演讲中所用的材料要有代表性、有特征,能有力地说明问题,反映事物的本质,从而加强演讲的表现力和说服力。要从众多的材料中选择那些最有表现力和感染力的典型材料。

(3)真实。演讲所用的材料必须是真实准确的,必须来源于客观生活,只有真实的材料才具有说服力,才能震撼人心。所以,材料的选取,以自己的亲见亲历、亲身所感为首选,更显真实,更易表现演讲者的情感。

【示例】

我那么清楚地记得,我 7 岁的孩子上小学的第一天,牵着他的手走到学校,然后看着他,背着花花绿绿布满恐龙的书包,消失在教室门口。他不停地回头看我,我也万分不舍地痴痴看着他。我也记得 16 岁那年他到美国做交换学生,我送他到机场,看他背着年轻人的背包,消失在入关口,我站在后面,一直在等他回头看我一眼,但是他头也不回,一次都没有。

于是我逐渐认识到,原来父母子女一场的缘分,就是注定了你此生要不断地看着他的背影,渐行渐远。今天,是你们的孩子、孙子的“独立日”,其实,你们自己新的一课也从今天开始:学习放手,让他跌倒而不去伸手扶他,我从自己的经验知道,那是多么、多么难受的一堂课。

这是台湾作家龙应台在台湾成功大学医学院毕业典礼上讲的一番话。演讲者在阐述了制度性教育该教而没有教的两件事之后,具体地讲述了自己在不同的时间和地点,两次送别儿子的动人情景。这两件事情留给她的印象和感受太深了,因为她逐渐认识到,父母和子女之间的缘分,就是“注定了你此生要不断地看着他的背影,渐行渐远”。她结合特定的时境,告诉现场所有的家长,要

“学习放手”。显而易见,演讲者运用亲身经历的事情,不仅倾诉了内心的感受,真切地感动了听众,而且表达了人生的体悟,强烈地感召了听众,产生感动人心的现场效应。

(4)新颖。演讲所用的材料要新,在真实、典型的基础上,要以新求胜。新颖,即材料的内容要新,角度要新。听众对新出现的鲜为人知的材料,或是很少用过甚至没人用过的材料,总是带有浓厚的兴趣的。

其次,演讲稿的结构要严谨、完整。

(1)开头。演讲者要想求得不同凡响的演讲效果,开头一定要吸引听众,力求一开头就应该用最简洁的语言、最经济的时间,把听众的注意力和兴奋点吸引过来。演讲者要精心设计好开头的第一段话,切忌用空话、套话,力求一鸣惊人的效果。

美国演讲专家理查德说:“不要平铺直叙地开始演讲:今天,我要讲的内容是保障行人生命安全……’你最好这样开头:‘在上星期四,特购的450具晶莹闪亮的棺材已运到了我们的城市……’”理查德设计的这一开头语虽然不符合我们中国人的忌讳心理,但它无疑具有一种先声夺人的气势,它能激听众之疑,使他们很想弄清事情的究竟,自然就竖起耳朵听演讲者的下文了。

演讲的开篇方式可以多样,如开篇入题,借题发挥,提问设问,引用比兴等。

【示例】

演讲稿《“人啊,认识你自己!”》的名言式开头:

恩格斯曾经说过:“大自然——司芬克斯向每个人和每个时代提出了问题,谁能正确回答这个问题,谁就幸福;谁不能回答或不能正确回答这个问题,谁就落入司芬克斯的魔爪,他所找到的,不是美貌的未婚妻,而是一只凶暴的牝狮。”那么,人类呢? 人和人类社会有什么难题呢?

这篇演讲稿的开头就是借用恩格斯的名言从哲学的高度切入,同时又讲述了古希腊神话中故事的深层意义,提出了“人啊,认识你自己”这一具有历史和时代意义的深刻主题,收到“一语惊人”的效果。其中,演讲者采用了设问句,请听众和自己一起思考,很容易引起听众的注意。

(2)主体。主体部分要条理清晰、重点突出,切忌层次过多,分散零碎。尤其要注意的是,演讲也贵有悬念,以保持听众的心理兴奋。但这种兴奋要一波三折,在未达到结束的最高潮以前,一定要在各段中造成一个接一个的小高潮,以起伏不定的情感曲线,使听众的心理节奏处于有张有弛之中,从而有效地保持心理的兴奋。

【示例】

吉鸿昌高挂写有“我是中国人”标语的木牌,走在一片蓝眼睛、黄头发的洋人群中。

正是这千百万个赤子,才撑起了我们民族的脊梁,祖国的希望!正是他们,在自己的今天,用满腔的热血,冒着敌人的炮火,谱写了无愧于时代的《义勇军进行曲》,才使得我们今天的共和国国歌响彻神州,那么气势磅礴,那么雄壮嘹亮! 正是他们,才使得我们今天的炎黄子孙一次又一次地登上世界最高领奖台,并使那音量越来越大,那旋律越来越强!

这是演讲稿《铭记国耻,把握今天》中的一段。演讲稿以吉鸿昌的爱国行为做基点,然后高屋建瓴,联想到千千万万个爱国者的精神,用“正是这千百万个赤子”、“正是他们”的提示语,通过三层铺排推进,概括出一代代爱国者的崇高情怀,使单一事例体现出来的思想意义得到扩展、升华,燃起听众的爱国情感,产生感召力,使演讲达到了一个高潮。

(3)结尾。结尾要简洁有力,留有余味,切忌重复啰嗦。

结束语是演讲内容的自然收束。言简意赅、余音绕梁的结尾能够使听众精神振奋,并促使听众不断地思考和回味。怎样才能给听众留下深刻的印象呢?美国作家约翰·沃尔夫说:“演讲最好在听众兴趣到高潮时果断收束,未尽时戛然而止。”演讲的结尾没有固定的格式,或对演讲全文要点进行简明扼要的小结,或以号召性、鼓动性的话收束,或以诗文名言以及幽默俏皮的话结尾。但主要是要给听众留下深刻的印象。

【示例】

中国的发展离不开亚洲,亚洲的繁荣也需要中国。中国将坚持和平发展的道路,高举和平、发展、合作的旗帜,同亚洲各国共创亚洲振兴的新局面,努力为人类和平与发展的崇高事业作出更大的贡献。

这是胡锦涛主席在博鳌亚洲论坛 2004 年年会开幕式上的演讲的结束语,对前面所讲的内容进行了提纲挈领地归纳和总结,并发出了有力的号召。

【示例】

1966 年瑞典的奈丽·萨克斯获诺贝尔文学奖。在十分简短的演说中,萨克斯以自己几年前写出并收入诗集《逃亡与蜕变》(1959)的一首诗结束她的演说。“逃亡/何其盛大的接待/即将来临……我掌握着全世界/而不仅是故国的蜕变。”

《逃亡和蜕变》的开头和结尾就是她自己苦难一生的写照,用自己的作品结束演讲，在众多的诺贝尔文学奖演说中别具一格。这种引用作品式结尾可赋予演讲独特的魅力。

再次，演讲稿的语言要通俗、简洁、形象。

通俗是指演讲的语言要使用明白晓畅的口语，反对艰深晦涩。演讲的重点在于“讲”，而不是朗读或者背诵。简洁是要求演讲语言尽量做到简短精炼，多用短句式，少用长句式，以最少的言语表达最多的内容。但演讲稿的“口语”，不是日常的口头语言的复制，而是经过加工提炼的口头语言，要逻辑严密，语句通顺。形象是使演讲语言生动起来的手段，要想使自己的演讲具有美的魅力，别人爱听，应该运用形象生动的语言，多选用有动感和色彩感的词语，恰当地使用诸如比喻、借代、夸张等修辞手段增强语言的形象色彩，把抽象化为具体，深奥讲得浅显，枯燥变成有趣。语言大师老舍在《人物、语言及其他》中说道：“我们的最好的思想，最深厚的感情，只能被最美妙的语言表达出来。若是表达不出，谁能知道那思想与感情怎样好呢？”

【示例】

> 最近有些小道消息，说我们美国人对这次战争想置身事外，缺乏斗志。那全是一堆臭狗屎！美国人从来就喜欢打仗。真正的美国人喜欢战场上的刀光剑影。你们今天在这里，有三个原因。一，你们来这，是为了保卫家乡和亲人。二，你们来这，是为了荣誉，因为你此时不想在其他任何地方。三，你们来这，是因为你们是真正的男子汉，真正的男子汉都喜欢打仗。①

这是巴顿将军的一段演讲。简单明了，通俗贴切，使听话的对象——士兵一听就懂。在内容上，演讲者用最简洁的语言讲了最简单的道理，很容易激发听话对象积极投入战争的热情；在形式上，演讲者选用短句，还采用了排比句，让演讲条理清楚，并且具有相当的气势，很能鼓动人。

（二）即兴演讲

即兴演讲，是指演讲者在事先毫无准备的情况下，在特定场景和主题的诱发下，依据现场的感受临时因兴而起所发表的演讲。是一种不凭借文字材料进行表情达意的口语交际活动。

即兴演讲要求既是有感而发，又要适应特定的场合，往往都是一事一议，演讲的时间不宜过长，因此要紧扣主题，迅速组合材料，言简意赅。要使演讲获得理想的效果，就要进一步做到求真、求新、求深。

---

① 曹希波：《当众讲话训练手册》，企业管理出版社，2006 年 8 月，第 98－99 页。

1. 即兴演讲的特点

(1)临时性。即兴演讲大多只有两三分钟时间准备。与命题演讲相比,无法事先拟就讲稿,也不允许反复修改、反复试讲、反复排练。

(2)篇幅短小。因为是临时准备的,即兴发挥,所以篇幅往往比较短小。而且即兴演讲一般要求一事一议,短小精悍。这就要求结构精要,主干突出,不枝不蔓。

(3)具有时境性。在即兴演讲中,主题、场合、听众多是随机的,无法预先准备,演讲者必须根据当时的具体情况进行灵活地应对,就地取材,即兴发挥,往往能创造出意想不到的效果。

【示例】

1999 年青年节,有个著名的"演讲与口才杯"演讲比赛,主题是"做文与做人"。中央电视台的白岩松也参加了这场高水平的比赛。在白岩松之前演讲的是《西藏日报》的记者白娟。她极富感染力地向大家讲述了自己作为一个驻藏记者的自豪,同时也表达了作为一个母亲的心酸。她常年战斗在雪域高原,与儿子在一起的时间每年只有三个月,每次都是和儿子刚混熟又不得不分手。演讲情真意切,令人动容。白岩松紧接着上场,说道:"我是一个两岁孩子的父亲,我知道,在一个孩子一岁半到两岁之间,没有母亲在身边,对于母亲来说是怎样的一种疼痛,我愿意把我心中所有的掌声,都献给前面的选手。"话音刚落,全场报以热烈的掌声。

白岩松的成功就在于就地取前位选手之材,表达自己真诚美好的敬意,顺应了现场观众的心理需求,激起感情的又一高潮,同时也不露痕迹地表现了自己——把掌声献给别人的同时,也为自己赢得了掌声。

2. 即兴演讲的技巧

即兴演讲是生活、工作、学习中使用非常普遍的口语交际手段,是对眼前的人、事、物、情、理等有所感触而临时所做的演讲。即兴演讲的准备时间短、对象不明确、材料需临时搜集、思考。这些不确定的因素给演讲者带来难度,因此即兴演讲需要演讲者有敏捷的才思,丰富的学识,快速的语言表达能力和应变能力。

第一,准备方面的技巧。

(1)知识的准备。演讲者的知识积累、兴趣爱好、阅历修养与演讲的成功有着紧密的关系。许多演讲者感到演讲的最大困难是没有材料可讲,因此平时我们应该做个有心人,"家事、国事、天下事、事事关心",广泛地阅读、收集、积累一些历史资料和国内外重大的政治、经济、文化、科技等领域的事件，还要多记忆一些名人名言、经典诗词等等。这些可以分类准备，如发奋类的、勉励类的、警醒类的等，以加强自我的思想、道德、情感等方面的修养。这是一个琐碎而复杂的工作，不是一朝一夕可以完成的，需要长期的准备。

(2)临场的准备。进行即兴演讲，演讲者要尽快观察、熟悉演讲现场，包括演讲时间、地点、环境布置、听众以及其他演讲者的演讲等，以确定自己的话题，增加演讲的即兴材料。

在临场准备中，主要准备演讲的思路和语言。

①准备思路。一般情况下，即兴演讲大多属于议论式，即围绕一个观点组织几则材料进行论证和分析。有的可分成几个方面横向说，有的可从现象到实质纵向说，有的可正反、古今等对比说。比如《青春啊，青春》，这个题目看上去抒情味较浓，实际上是要演讲者阐述“如何珍惜青春”的话题。它的思路可以是这样的：开头用几个排比句道出年轻的种种美妙，随后托出珍惜青春的主旨，然后列举当今种种浪费青春的现象并分析原因，最后回到主旨，照应题目，进一步强调主题。这样思路清晰了，语言材料可以在获得题目后的有限的几分钟内准备，甚至可以边说边组织。

②准备语言。这个准备是建立在前面提到的知识准备的基础上的。如果即兴演讲中可以不失时机地穿插几句俗语谚语、名人名言、古典诗词，往往有凝炼、适用性强的特点。这些语句可作观点、可作点缀，可作开头、可作转折、或作结尾，恰当地使用将会使演讲文采大增。

(3)心理的准备。即兴演讲往往是在没有充分准备的情况下进行的，演讲者在陌生的环境，面对陌生的听众，容易产生紧张的情绪，会感觉心脏跳得很快，甚至在那一瞬间浑身冷汗直冒，手脚发软，牙齿打颤，脑子里一片空白……演讲的结果就可想而知了。因此，“从容”是极为关键的第一步，这两个字代表着镇定迎接任何挑战的素养，我们可以这样告诉自己：“不要怕，没什么可怕的，只是说几句话而已啊！”然后就面带微笑，气定神闲地抬头挺胸，以健康优雅、充满自信的步伐走上讲台，这样才能保证思路通畅，言之有物，成功地进行演讲。

第二，快速思维方面的技巧。

即兴演讲的临场性决定了即兴演讲者必须具有较强的快速思维能力。快速思维实际上就是一个快速构思、打腹稿的过程。我们往往以为即兴演讲是连一点准备时间都没有的，实际上，从获得题目开始，到走上讲台或从座位上起立站妥为止，通常都能“偷到”一点宝贵时间的，有经验的即兴演讲者通常都能好好利用这难得的一丁点时间，镇静而又迅速地展开“构思”的任务。

首先，要确定自己演讲的话题、观点和框架。话题的要求和命题演讲是一致的，要根据当时的场景、对象、自身的条件来确定，注意真实性、深刻性和新颖性。观点的表达应该明晰、正确、深刻，能给听众留下鲜明印象。至于即兴演讲的框架，可以采取两种方式：

①开门见山式。具体的做法是：先阐述自己的观点，然后展开详细的论证和分析。

【示例】

如果有人问你：什么是精彩？你会怎样回答？战争年代的踊跃参军，80 年代的文学热，还是 90 年代的出国热？对，它们都是精彩.每个时代有每个时代的精彩，每个时代也造就了不同的精彩，但无论怎样，精彩总是与青春紧紧相连。

这是演讲《精彩，与青春有约》的开头，演讲者通过几个设问，亮出了自己的观点，简单明确。

②曲径通幽式。具体的做法是：从阐述事例开始，再叙述自己的主题、观点，最后进行论证分析。

【示例】

大家都知道，由于人类向自然界过度的索取，已经导致了大自然无情的报复：飓风、暴雨、暴风雪、洪涝、干旱、虫害、酷暑、森林大火、地震等灾情不期而至，全世界因干旱等原因而造成的迁移性难民预计到 2025 年达到 1 亿人。惨痛的生态教训，已经引起世界各国和全人类的重视，国际奥委会评估团视察申奥城市，就把生态环境改善列为其中重要的内容。我国高度重视环保工作，先后出台了许多保护环境的政策和法规，开展了许多保护环境的工作和活动。

这是即兴演讲《保护地球母亲，净化校园环境》的开头，演讲者从恶劣的生态环境着手，提出环境保护的重要性。“勿以善小而不为，勿以恶小而为之”，倡导从我做起，从小做起，从身边做起，从现在做起，保护地球母亲，净化绿色校园！

第三，表达方面的技巧。

(1)散点连缀。当演讲者拿到题目后，在短暂的临场准备时间里，会进行紧张地选材构思，此时头脑中会出现很多和主题有关的“点”，这个“点”可以是一个很有感情色彩的故事，一句幽默风趣的话，一位伟人或者哲人的警句，也可以是所要阐述观点的核心词语等等。演讲时要捕捉住这些“点”，考虑这些“点”之间的联系，围绕主题，将其分布在恰当的位置上，最后连贯成文。

(2)模式构思。用前面提到的两种模式作框架，使自己的表达有条有理。

(3)扩句成篇。

【示例】

句子“当前的形势需要徐洪刚那样的英雄人物”

可以这样扩展:

当前的形势需要徐洪刚那样的英雄人物,需要大力提倡革命英雄主义。改革开放是前无古人的事业,有困难,有曲折,也有风险,没有超人的勇气是进行不下去的!同大自然的斗争也不会一帆风顺,在自然中有许多我们未知的东西,凶恶难料,有险阻、有困难,因而也就有流血、有牺牲。例如,外空探险,可能有去无回;海底探秘,可能葬身鱼腹;开山放炮、地下采煤、高空作业、科学实验、机械操作等,无不带有一定的危险,没有革命英雄主义,没有勇于献身的精神,是根本做不好的。更何况改革开放,难免会泥沙俱下,造成某些腐朽的东西有所抬头,国内外邪恶势力和敌对势力正在虎视眈眈伺机而动,这样就更需要我们像徐洪刚那样敢于在关键时刻挺身而出,随时准备为保卫改革开放的成果而英勇献身。所以在改革开放形势下,在向四化进军的征程中,不是不需要革命英雄主义,不是不需要徐洪刚那样的英雄人物,而是更加急需;不是没有表现的机会,而是提供了更广阔的天地。

(4)借用发挥。因为是即兴演讲,事先准备不多,所以,需要临时“借用”。演讲者要注意借题发挥、借人发挥、借物发挥、借事发挥、借景发挥……可以借的东西很多,演讲者要善于仔细观察现场,及时获取信息。“借”了之后要扩充成句成篇。

【示例】

今天夜晚,是个令人难忘的夜晚。在亲人即将离别的时刻,一家老小,欢聚一堂,共享天伦之乐,喜悦之情难以言表。此时此刻,我们更加思念没有见过面的远在台湾的四位叔叔姑姑们,他们没能和七爷爷七奶奶一同归来,我只能在照片上看到他们,假如他们也能同路归来,也能参加今天的盛会,假如他们也能回来让我们看上一眼,也能端起家乡的酒杯,那该多好啊!我盼望他们早日归来,抚一抚家乡的土地,喝一口家乡的米酒,诉一诉离别的衷肠。回来吧,我亲爱的叔叔姑姑们!

在这个“难忘的夜晚”和“亲人即将离别的时刻”,“欢聚一堂”,把酒话别,“天伦之乐”与“喜悦之情”的背后涌动着深深的离情别意。演讲者自然而熨帖地借用了“此时此刻”的情景,给这样一种氛围平添了浓浓的感情色彩。继而又从亲人团聚的此地联想到遥远的叔叔姑姑们，悬想着盼望着他们“也能参加今天的盛会”，抚摸着“家乡的土地”，痛饮“家乡的米酒”，点染出悲喜交集的气氛，形成了激动人心、催人泪下的情感高潮。可见，自然而巧妙地引入环境因素，更能切合演讲的主题。

【经典演讲欣赏】

鲁迅上海演讲：流氓与文学

（1931 年 4 月 17 日在上海东亚同文书院演讲）

流氓是什么呢？流氓等于无赖子，加上壮士加三百代言。流氓的造成大约有两种东西，一种是孔子之徒，就是儒；一种是墨子之徒，就是侠。这两种东西本来也很好，可是后来他们的思想堕落，就慢慢的演成了所谓流氓。

司马迁说过，“儒以文乱法”，而“侠以武犯禁”，由此可见儒和侠的流毒了。太史公为什么要说这样的话呢？因为他是道家，道家是主张“无为而治”的，这种思想可以说是“癞蛤蟆想吃天鹅肉”，简直是空想，实际上做不到的。

儒墨的思想恰好搅乱道家“无为而治”的主义，司马迁站在道家的立场上，所以要反对他们。可是也不可太轻视流氓，因为流氓要是得了时机，也是很厉害的。凡是一个时代，政治要是衰弱，流氓就乘机而起，闹得乱七八糟，一塌糊涂，甚至于将政府推翻，取而代之的时候也不少。像刘备从前就是一个流氓，后来也居然称为先主；刘邦出身也是一个流氓，后来伐秦灭楚，就当了汉高祖；还有朱洪武（明太祖）等等的都是如此。

以上说的全是流氓，可是和文学又有什么关系呢？就是说流氓一得势力，文学就要破产。我们看一看，国民党北伐成功以后，新的文学还能存在么？嗐！早就灭亡了。为什么呢？就是因为他们没有新的计划，恐怕也“无暇及此”，既然不新便要复旧，所谓“不进则退”就是这个意思。

本来他的目的，就是要取得本身的地位，及至本身有了地位，就要用旧的方法，来控制一切。如同现在提倡拳术、进行考试制度什么的，这都是旧有的。现在又要进行广大，这岂不是复旧么？为什么在革命未成功的时候，说人家“吃大菜，抽大烟，娶小老婆”是不对的，一旦自己有了钱也是这样，这就是因为他的目的本来如此。他所有用的方法也不过是“儒的诡辩”和“侠的威胁”。

从前有《奔流》、《拓荒者》、《萌芽月刊》三种刊物，比较都有点左倾赤色，现在全被禁止了。听说在禁止之前，就暗地里逮捕作者，秘密枪毙，并且还活埋了一位。嗐！你瞧！这比秦始皇还厉害若干倍哪！

兄弟从前作了一本《呐喊》，书皮用的是红颜色，以表示白话俗语的意思。后来有一个学生，带着这本书到南方来，半路上被官家给检查出来了，硬说他有赤色的嫌疑就给毙了。这就和刘备禁酒一样。刘备说，凡查着有酿酒器具的就把他杀了，有一个臣跟他说，凡是男人都该杀，因为他们都有犯淫器具。可是他为什么行这种野蛮的手段呢？就是因为他出身微贱，怕人家看不起，所以用这种手段以禁止人家的讥讪诽谤。这种情形在从前还有，像明太祖出身也很微贱，后来当了皇帝怕人家轻视，所以常看人家文章。有一个人，他的文章里头有一句，是“光天之下”，太祖认为这句的意思是“秃天子之下”，因为明太祖本来当过和尚，所以说有意侮辱他，就把这个人给杀了。像这样儿，还能长久么？所以说“马上得天下，不能以马上治之”。

马云演讲：阿里巴巴的发展战略（节选）

很高兴再来到宁波，今天（2002 年 6 月 11 日）不是礼拜天，大家来这儿我非常高兴，而且想代表阿里巴巴全球 120 万的会员，和 500 名员工向大家致以夏日的问候。这一趟是阿里巴巴在全国各地的以商会友的第六场，我们第一场是在绍兴，然后去了无锡、顺德、深圳、厦门，这个礼拜是在宁波，我们在全国开会员见面大会，每一次都会让我们感到非常的激动。我记得在无锡这一场，我们请了 250 名会员，那一天是下午 2 点钟开始，1 点半下了很大的雨，我们想下午可能不会有那么多人，结果来了 550 多名会员。

搞一次电子商务“干帮”大会

商人需要不断的交流，电子商务要不断地沟通和交流才能发挥作用。我们正在筹划，以往我们在杭州搞西湖论剑。也许我们在未来的一年，或者今年或者明年搞一次电子商务“干帮”大会，“干”是实干的干，“帮”是互相帮助的帮。大家都是商人谈电子商务，而不是让 IT 界人谈电子商务，也不是投资者，也不是互联网人士，而是实实在在的商人来谈电子商务。在我看来，电子商务，商人觉得有用的，就是有用。如果商人觉得没有用，再好也没有用。

我看了今天的名片，都是一些企业家，厂长、经理，都是年轻人，我今天演讲分三块，第一块跟大家交流一下阿里巴巴的昨天和今天，给阿里巴巴做一个分析。我们公司很小，只有三年。这三年来我们经历了各种痛苦、折磨，我想做成一个案例跟大家分析。第二块是我在全世界跑了很多的国家，跟世界一流的企业家进行探讨，我想把这些探讨的经验跟大家分享一下。第三块是我想和大家分享一下，什么是电子商务，今天的电子商务能给我们带来什么。

宁波的企业家一直以非常聪明、大度、具有良好的战略眼光而闻名。我前几天参加浙江省对外贸易招商洽谈会，在招商会上有人说宁波企业家特精明，香港十大企业家里面，有三个人祖籍在宁波。今天，我在这儿跟大家交流自己做企业的经验，一定会有收获。

……

阿里巴巴到底是什么？它怎么过来的？

我觉得技术，就应该是傻瓜式服务，技术应该为人服务，人不能为技术服务。阿里巴巴能够发展这么好，主要是他们 CEO 不懂技术。大批技术的人跟不懂技术的人工作，蛮开心，我也觉得很骄傲，因为有85%的商人跟我一样的不懂技术。我要求阿里巴巴技术非常简单，使用时不需要看说明书，一点就能找到想要的东西，这个就是好东西。

大家知道我们在创办阿里巴巴网站是在北京的外经贸部工作，1999 年我们决定回杭州创业，在离开北京的前一个礼拜，我带着 6、7 个人上长城一趟。去长城那一天特别悲壮，感觉像是壮士一去不复返。我们一定要做成功一个事业，让作为中国人而感到骄傲的公司。我们在长城上找到了灵感，在长城上看了每一个砖头上都有“张三到此一游，李四到此留念”。我觉得很有意思。如果说我要建公司的话，我第一步就是从 BBS 开始。

回到杭州我收到一个邀请，新加坡政府请我去新加坡做一个亚洲电子商务大会的发言。我很奇怪，我也没什么名，中国大陆就请了我一个人，是不是请错了？他说往返的机票都给报销。

中国是中国，美国是美国

新加坡电子商务大会档次很高，200 多人，电子商务大会发言的人80%是美国人。85%的听众是欧美，所有的题目都是雅虎等等，100%是美国的例子。但名字是亚洲电子商务大会。我临时换了一个主题，中国有自己的特点，亚洲是亚洲，中国是中国，美国是美国，美国的模式在中国未必就行。那次研讨会在亚洲影响很大。

后来经济学家杂志登了一篇文章，讲我和亚马逊的老板，美国有个人叫贝索斯，中国有个人叫马云。我们同时从 1995 年开始，他在西雅图开始，但是在美国亚马逊发展的那么好，在中国我们变成这么小，这是一个很大的区别。亚洲以什么为主？亚洲以中小型企业为主，全世界85%以上的企业都是中小型企业。比尔盖茨只有一个，只有帮助中小企业才是最大的希望。

……

克林顿说："是使命感"

两个月之前，我到纽约参加世界经济论坛，我听世界500强CEO谈得最多的是使命和价值观。中国企业很少谈使命和价值观，如果你谈，他们认为你太虚了，不要跟你谈。今天我们企业缺乏这些，所以我们企业会老不会大。那天早上克林顿夫妇请我们吃早餐，克林顿讲到一点，说美国在很多方面是领导者，有时领导者不知道该往哪儿走，没有什么引导他们，他们没有榜样可以效仿。这个时候，是什么让你作出决定，克林顿说："是使命感。"

阿里巴巴认为天下没有难做的生意是我们的使命感。现在名气最大的企业是GE，是通用电气。他们100年前最早是做电灯泡，他们的使命是让全天下亮起来，这使GE成为全球最大的电器公司。另外一家公司是迪斯尼乐园，他们的使命是让全天下的人开心起来。这样的使命使得迪斯尼拍的电影，都是喜剧片。

阿里巴巴做这个决定的时候，使命是让天下没有难做的生意，所有的制造出来的软件都是要帮助我们客户生意做得简单。

阿里巴巴最值钱的东西

还有就是价值观，公司要用一个统一的价值观。我们的员工来自11个国家和地区，有着不同的文化，是价值观让我们可以团结在一起，奋斗到明天。我们请来的CEO总裁，他是53岁了，老传统企业的经理人，非常出色，他在GE工作了16年，我们总结了9条精神，是它让我们一起奋斗了4年。我们告诉所有的员工，要坚持这9条，第一条就是团队精神，第二条，教学相长，然后是质量、简易、激情、开放、创新、专注、服务与尊重，这九个价值观是阿里巴巴最值钱的东西。

我们在2000年制定了共同的使命，共同的目标，共同的价值观。新员工只有经过学习才能加入阿里巴巴。天天想跟大家讲，使命、价值观、目标是任何一个企业、任何一个组织机构一定要有的东西。如果没有这三样东西，你走不长，走不远，长不大。

NBA篮球打得好，是因为板凳上还坐着12个人

我训练干部管理团队，在问题发生之前就要处理掉，如果你做的

工作，我今天做的工作，为今天而做。你做的任何决定是公司 3—6 个月之后发生的事情。如果没有人能取代你，你永远不会升职。只有下面人超过你，你才是一个领导。我不用你去打，要下面人去打。出去你六个月你来找不到替代的人，说明你招人有问题。六个月你找不到人说明你不会用人。领导是把人身上最好的东西发现出来。你要找这个人的优点，找到的优点这个人自己都不知道，这是你厉害之处。如果有一只老虎在后面追你，你的奔跑速度自己都不可想象，为什么我跑这么快？有老虎追你。每个人都有潜力，关键是领导找出这个潜力。我们是怎么想到这一招的，我看美国 NBA 打篮球，为什么越打越好，是因为板凳上坐了 12 个人，下面的人很想上去，都认为自己打也不差。场上面的人压力很大。这样你会有一套制度，要用制度保证你的公司，不要用人。所以我们在培养干部队伍方面，我们成立了学习制度.

1999 年阿里巴巴希望有 8 万会员，当时我们提出这个口号的时候，还只有 3000 会员，但是那一年我们做到 8.9 万会员。2000 年阿里巴巴提出要做 25 万会员，我们做到了 50 万会员。2001 年我们希望 100 万会员，但 2001 年互联网不景气，好像是不可能实现的。但在 2001 年 12 月 27 号，真的实现了。我们当月实现了收支平衡，现在阿里巴巴的营业额都在增长，越做越好。

很多人认为，现在互联网讨论最多的是投资者和管理者有矛盾，我们不这么认为。只有管理者去欺骗投资者，投资者不太可能欺骗管理者。投资者给你钱的时候，你记住有一天你一定要还他，这是做人的品质。有一点我们感到骄傲，刚刚创业的时候，我们几乎不打出租车。有一次我们必须打车，一辆桑塔纳过来，所有人头都转过去了，一看夏利过来，马上把手招过去。因为桑塔纳比夏利贵一块多钱。我们今天所花的钱都是投资者的钱，如果有一天花自己钱的时候，可以大胆地花，所以这两年，我们以小气感到骄傲。

……

练习

1. 请分别以“珍惜时间”、“奉献青春”、“珍爱生命”、“和平万岁”为主题，收集名人名言、故事、古今中外的人物、典型事例。

2. 给出一些图片，仔细观察后做即兴演讲，认真体会快速思维的过程。

3. 请以“人生处处是考场”为题撰写演讲稿，进行演讲，相互间进行评价、交流。

第三节　论　　辩

训练目标

了解论辩的特征和形式,掌握论辩的技巧。

论辩,又称“辩论”,是“确证某一思想是否正确”的思维过程,指站在不同立场或持不同见解的人之间就同一问题,运用辩论形式所进行的论证和反驳的过程。论辩是一种复合型的口语活动,要论也要辩,不可论而不辩或辩而不论。[①]论辩是口语交际的重要形式,也是最能表现口才水平的口语形式之一。

论辩具有重大的意义:论辩有利于认识真理,明辨是非。正如马克思所说:“真理是由争论确立的。”论辩有利于培养竞争意识。一个人要想在论辩中取胜,就必须有不屈不挠、坚定不移的毅力和决心,这是一个人面对社会竞争时所必备的精神意志。当然,论辩还有利于提高口才,增长知识。就教师而言,掌握论辩的技巧,有利于在教学、教育工作中,阐发原理、讲清道理、分析错误、批驳谬误,使所讲的道理更有逻辑性和说服力。

一、论辩的特点

1.突出的对立性

论辩,是甲乙双方对同一问题展开的是非之争,双方的观点是对立的、冲突的,各自都以驳倒对方、证明自己的正确性为唯一目的,在语言、情感上都会产生强烈的对抗。

2.严密的逻辑性

论辩与逻辑有着密切的关系。在论辩中,为达到说服或驳倒对方的目的,就要运用逻辑这一工具。论辩必须注意论点和论据的内在联系,遵守逻辑思维的一般规律,使论辩具有强烈的逻辑性和说服力。

3.灵活的应变性

在论辩中,话题、对象、场合多是随机的,无法预先准备,论辩必须根据当时的具体情境的变化而变化。

---

① 林华东、王勇卫:《普通话口语教程》,厦门大学出版社,2004年8月修订版,第156页。

论辩双方唇枪舌剑，针锋相对，这就要求参与论辩的人思维敏捷，迅速作出判断、推理，抓住对方的漏洞，以言简意赅的语言给予有力的回击。

论辩可以用口头语言或书面语言进行，论辩的目的在于批驳谬误、探求真理，参加论辩的可以是对立的两方，也可以是意见不同的许多方面。

4.语言的哲理性

语言富有哲理，能给人以震撼，留下强烈的印象。富有哲理性的语言来自于论辩者丰富的知识积累和对事物的独特、深入的观察。

二、论辩的形式

1.生活论辩

生活论辩是以日常生活中发生的各种问题为中心展开的论辩。最大的特点是随时随地都会发生，比如同学之间对某一问题的理解不同而引起的论辩等。论辩的语言要求言简意赅、一语中的，论辩的结果是要对那些模棱两可的问题做出“是”、“非”的判断。

生活论辩要注意区分于无谓的争吵，论辩中要尊重对方，同时显示自己的大度。

2.专题论辩

专题论辩是指一些特定的人就某一特定的论题，在特定的时间和场合进行的论辩。比如法庭论辩、毕业论文答辩等。

专题论辩是专业人士之间进行的论辩，“专业性”是其最大特点。所以在进行专题论辩时，应针对不同的专题把握不同的特点，运用不同的方法。

3.赛场论辩

赛场论辩是指论辩双方就某一论题所进行的论辩演练活动，实质上是对前两种论辩的模拟。这种论辩源于1922年的“国际雄辩运动”，当时是由英美有识之士发起组织的。①

赛场论辩的目的是通过竞赛来训练论辩的能力和技巧，有一套严密的组织形式和竞赛规则，论辩的结果是“只求胜，而不求真”，因此论辩技巧的运用显得尤为重要。

---

① 林华东、王勇卫:《普通话口语教程》，厦门大学出版社，2004年8月修订版，第156页。

三、论辩的基本策略

1. 围绕话题

复述、演讲之类的口语交际所面对的是一种相对稳定的交际环境，交际主体在开口之前，可以根据交际目的、情境和对象设计好自己的话语，一般不存在中途转换交际话题的问题，即使转换话题也是有准备的。而论辩所处的是一个活动的情境，交际主体的讲话是在对方话语的基础上进行的，在这个过程中很可能迷失了自己的交际目的，不知不觉地转换话题。因此作为论辩中的主体，发话内容应服从于统一话题，不能有意岔开或偏离话题，要富有针对性。

2. 简要陈说

在论辩中，交际主体都要陈述自己的观点和看法。因为论辩是多边多回合的交流活动，要求陈说时必须概括简明，语言要有极强的概括力，要尽可能用最少的语言表达问题的实质。同时，还要有针对性。如果能够抓住对方言语中的"漏洞"给予有力地回击，那就更好了。

【示例】

有这样一个特殊的案例，一个没上过学的老板和一个大学生之间论辩，题目是"人是否应该上大学"。对于这个话题，双方各抒己见。老板以自己的亲身经历为证，认为："上大学是没有必要的，因为学习只会浪费时间，我认为只要有恒心、有毅力，同样可以创出一片天地来，同样可以过上幸福的生活。反而那些上大学的人生活得不如意，还不是给我们这些没文化的人打工！"大学生认为："高等教育应该向更多的人敞开大门，让更多的学子学习知识，因为知识才能改变命运，俗话说'打江山容易守江山难'。怎么守，就要运用智慧。智慧又是从哪里来呢？从知识上来，所以说没有知识的人注定会与时代脱节。那么试想，如果您以后有了孩子，难道就不让他上学吗？"此番话一出，大众都拍手叫好，老板无言以对。[①]

大学生的陈述很简单，却字字在理，论证性很强，他把很多的道理融入了简单的话语当中。他抓住"打江山容易守江山难"这一点，用强有力的逻辑思维把一个深刻的道理阐发清楚，言简意赅，让对方无从反驳。

3. 注意倾听

论辩不同于演讲，它是双向或多向的；论辩也不同于交谈，它具有对立性。

---

① 丁夫：《20几岁，学点好口才》，化学工业出版社，2010年7月，第191－192页。

论辩的“说”是建立在对方“说”的基础上，参与论辩的人不仅要陈说自己的观点，更重要的是，要根据对方的言论，甚至心情变化来确定自己表达的内容和方式，所以，“听”也显得尤为重要。只有认真听、注意听，及时捕捉对方言语或非言语因素（比如交际的时间、场合、其他交际人的言行等等）中为我所用的信息，才能灵活应变，在论辩中占得先机。

【示例】

著名文人辜鸿铭从来不忘“老祖宗的规矩”，即使他在苏格兰爱丁堡大学读书时，每到中国重大节日，也总是按照东方的习俗来拜祭祖先。

有一次他在房间里朝东方摆了个祭台，虔诚地祭奠祖先。看到他祭拜活动的西方学生不禁嘲笑地问他：“你的祖先什么时候会来享受你这些大鱼大肉啊？”他知道来者不善，所以用响亮的声音回敬道：“应该就在贵先人闻到你们孝敬的鲜花花香之前！”这一回答令对方瞠目结舌。

还有一次外国友人邀请辜鸿铭宴饮，推其坐首席。席间，有人问他：“孔子之教究竟好在哪里，你们中国人为什么那么崇拜他。”辜鸿铭马上答道：“刚才诸君互相推让，不肯居上坐，这就是行孔子之教。”外国友人恍然大悟，通晓缘由之余，不免对辜老产生了敬佩之情。

有人又接着问道：“为什么中国妇女缠足呢？”说完之后，大家禁不住笑了起来，辜鸿铭反问道：“那西洋女子为何要束腰呢？”这句有力的反问让大家都禁不住对他竖起了大拇指。

在这则示例中，辜老针对外国人的提问分别做出了不同的回答。第一次西方学生的嘲讽态度是很明显的，辜老以其人之道，还治其人之身，给予有力回击，令对方哑口无言。第二次外国友人的提问是友善的，辜老以现场的例子巧妙地给外国人解释了孔子之教。第三个问题同样不怀好意，辜老的处理让人拍手称快。辜老不仅听清了对方的问题，还“听”清了对方提问的情感和画外之音。

4. 和谐气氛

论辩要有礼貌，不可意气用事。论辩一定有争论，但不是争吵。论辩时双方语气要和缓，努力使论辩在融洽、愉快的气氛中进行。既要在坚持原则的前提下，借助责难反驳来表达自己的观点；又要运用商讨的语气来表现友好的态度，使对方心平气和地接受自己的观点和见解。论辩紧张的时候，可能由于本能的冲动而出言不逊、讽刺挖苦，甚至恶意中伤，做出一些不得体的行为，这样不仅攻击了对方的人格，同时也贬低了自己的人格，使论辩失去意义。

【示例】

一家广告公司，他们帮一位顾客做广告宣传，宣传页上的边框是红色的。

顾客：怎么是红色的呢？红色不好看，我喜欢蓝色。

业务员：做宣传页的目的是想宣传你们公司的产品，让顾客记住你们，不是吗？

顾客：是的。

业务员：那么人在看东西的时候，是兴奋时更容易记住还是平静时更容易记住？

顾客：当然是兴奋时容易记住啦！

业务员：请问红色是不是让人兴奋，蓝色让人安静？

顾客：是的。

业务员：所以用红色更能达到宣传的效果。

顾客：这么说是挺有道理的。

顾客提出了异议，业务员要想办法找到反驳顾客、维护自己的想法的有力依据，但说给顾客听的时候，态度要温和，要以理服人，才能解决对方的异议。

论辩往往是以“争”为主，所以常常会有“火药味”。在论辩中掺些“幽默”的调料，可以改善这一局面，在比较和谐的氛围中达到自己论辩的目的。

【示例】

有一次，一名日本记者突然来到中国某一大学，随意抓住一名大学生，犀利地问道：“你支持抵制日货的这种观点或行动吗？”

学生从容地说：“每一个人都是一个个体，每个个体都是自由的。我无法左右别人的思想，也无权控制别人的行动。”

记者又问：“那你个人使用日货吗？”

学生说道：“有，马桶。”在场的学生一听纷纷大笑。

记者穷追不舍，问道：“那你告诉我，为什么日本的马桶要比中国好？”

学生崭露锋芒：“在中国，这个话题是不登大雅之堂的，在公共场合提这种话题很不雅。当然，我不知道是你有这种嗜好，还是贵国有这种习惯。”在场的学生又是一阵欢呼。

记者再接再厉：“我经常看新闻，最近一段时间，中国生产事故频发，死亡率想必不低吧？”

学生机智地回答说："同你们国家一样，每人死一次。"在场的学生掌声雷动。

记者转移话题："在中国大学校园里，学生自杀频繁发生、屡禁不止，这是为什么？"

学生从容回答："事实上，学生自杀最多的国家是你们国家。许多稀奇古怪的自杀方式就是你们国家的自杀一族发明的。在联合国公布的相关资料中，日本的自杀率排名世界第一。"话音刚落，掌声四起。

记者越挫越勇："在日本留学的中国学生非法窃取日本的机密情报，你知道吗？"

学生嘲弄道："我无法核实你的消息的准确性和真实性。这种荒唐说法就跟布什打伊拉克是因为萨达姆偷了布什家的高压锅一样可笑。"现场炸开了锅，笑翻了天。

这位大学生面对日本记者的刻意刁难、恶意攻击，采用幽默的语言机智地予以反击，具有幽默的效果，也维护了自己的立场和尊严，让对方哑口无言。

【示例】

战国时期，赵国的太后刚刚执政，国情还不稳定，秦国趁机攻打赵国，形势十分危急。就在这个时候，赵国向盟友齐国求救，齐国很快就答应出兵支援，但有个条件，就是要求长安君到齐国作人质来确保本国的安全。然而这个提议被赵太后立即拒绝了，因为长安君是赵太后疼爱的小儿子，赵太后怎么舍得让自己的儿子受罪呢？无论大臣们怎么劝说赵太后，她就是不答应。在大家一筹莫展的时候，触龙决定去说服赵太后。

触龙走到赵太后面前说："老臣的脚有毛病，现在又病痛，不能快走，非常失礼，请太后恕罪，很久没来拜见太后您了，担心您的身体，今天特来问候。"太后也感慨道："我现在进出也要靠车子才行了，我们都老喽！"这时触龙用恳求的语调说："太后，老臣有个儿子叫舒祺，排行最小，不成气，但老臣很喜欢他。老臣想请求您让他当一名侍卫，也算为国家出些力。"赵太后一听，便痛快地答应了。这时，触龙趁机说："老臣认为太后疼爱女儿燕后比长安君要多。"太后不解，触龙很感慨地说："父母疼爱儿女，总是替他们做长远的打算。当年你送燕后远嫁外地，她也哭个不停，不愿意远离家乡；出嫁后，您非常想念她，但每次祭祀时总是祈祷她不要回国，好好当她的王后。这不是替她做长远打算，让她的子孙世代继承王位吗？"太后听了有道理，点了点头，触龙又说："那些封侯的子孙三代都会再封侯，但是那些封侯人的子孙没有功劳，时间长了就难服众。天下父母都喜欢自己的孩子，您现在的地位高，同时也可以给长安君更好的地位，但他的遭遇同封侯的那些人一样，最终还是难以服众。"经过触龙的一席话，赵太后终于明白了其中的道理，同意把自己的儿子作为人质，最后赵国得到盟友的援助，获得了平安。

触龙去说服赵太后，不入正题，而是先暖场，说一些柔软、温馨的话题，把严肃的话题留到了最后，取得了好的效果。最后的办法是让对方在一个相对和谐的状态下慢慢接受自己的观点。

四、论辩的技巧

论辩是一个非常灵活的过程，在这一过程中，还要注意一些技巧，就是人们常说的"辩术"，即反驳对方的论点、论据以及论证过程所采用的方法和技巧。经验告诉我们，只有使知识积累和论辩技巧珠联璧合，才可能在论辩中取得胜利。

就论辩的途径，可分为直接论辩和间接论辩。

(一)直接论辩

就是用事实或道理直接证明某个论题真假的论辩。常用的有选言法、归纳法、类比法、假言法、直接反驳等等。

1. 归纳法论辩

就是以归纳推理为主的论辩。归纳推理是以某类事物中一些对象或全部对象都具有某种属性作论据，论证该类对象都具有这种共同属性的推理。

【示例】

大凡成才的贤人哲士，哪个不是经历了艰辛呢？屈原流放赋《离骚》；左丘失明传《春秋》；司马迁受刑写《史记》；曹雪芹举家食粥，创作出不朽的《红楼梦》……古今中外，发愤而作者又何止百个？千个？

先提出观点，然后再举诸多有力论据证明观点，很有说服力。

2. 类比法论辩

就是以类比推理为主的论辩。类比推理是一种从个别推出个别的推理，即通过两个对象之间在某些属性上的相同或相异，推出这两个对象在其他属性上也相同或相异。[①]

---

① 李小克：《普通逻辑学教程(第二版)》，首都经济贸易大学出版社，2005年1月，第209页。

【示例】

毛泽东同志在《一个极其重要的政策》这篇文章中曾有一段精彩的文字：

若说：何以对付敌人的庞大机构呢？那就有孙行者对付铁扇公主为例。铁扇公主虽然是一个厉害的妖精，孙行者却化为一个小虫钻进铁扇公主的心脏里去把她战败了。柳宗元曾经描写过的“黔驴之技”，也是一个很好的教训。一个庞然大物的驴子跑进贵州去了，贵州的小老虎见了很有些害怕。但到后来，大驴子还是被小老虎吃掉了。我们八路军新四军是孙行者和小老虎，是很有办法对付这个日本妖精或日本驴子的。目前我们须得变一变，把我们的身体变得小些，但是变得更加扎实些，我们就会变成无敌的了。

这段文字包含了两个平行的类比推理：一个类比推理把八路军、新四军同孙行者作类比，得出“八路军、新四军若变得短小精悍便能战胜日本帝国主义”这一结论；另一个类比推理把八路军、新四军同贵州的小老虎作类比，得出“八路军、新四军若变得更强壮、更有战斗力，便能战胜日本帝国主义这一结论”。

3.选言法论辩

它是以选言推理为主的论辩。选言推理是以选言判断做前提，并且根据选言之间的关系推出结论的推理。

【示例】

毛泽东在《人的正确思想是从哪里来的?》一文中写道：“人的正确思想是从哪里来的？是从天上掉下来的？不是。是自己的头脑里固有的吗？不是。人的正确思想，只能从社会实践中来，只能从社会的阶级斗争、生产斗争和科学实验这三项实践中来。”

毛泽东首先提出三种可能，通过直接否定前两种可能，间接肯定了第三种可能性——人的正确思想来自三大实践。

4.假言法论辩

就是包含假言推理的论辩。假言推理根据假言判断的性质进行推导，所以可以分为充分条件假言推理、必要条件假言推理、充要条件假言推理这三种。

【示例】

歌德是18、19世纪德国伟大的诗人和作家，有一天歌德在韦玛公园的一条狭窄的小道上散步。迎面走来一个曾经对他的作品提出过尖锐批评的文艺批评家。这位文艺批评家傲慢地高声喊道：“我从来是不给傻子让路的！"歌德却答道："而我恰好相反！"歌德一边说。一边笑着让在一旁。

歌德与这位批评家虽各自只说了一句话，而结合当时特定语境分析，两人的论辩都运用了充分条件假言推理的省略式，并且都是用行动来代替语言，补充了省略的结论。两个人的推理都是正确的，但歌德却更为高明。当歌德听到这位批评家的话时，当即构造了一个与之相反的推理，从而给批评家以有力的反驳，可见歌德思维的高度灵活性和敏捷性。

5. 直接反驳

引用事实或理论观点作为反驳的证据，直接确定要反驳的论题的虚假性。

【示例】

1957 年，在西安市东郊的灞桥古墓中出土了"灞桥纸"；其后，1973 年在甘肃居延汉代金关遗址发现了"居延纸"；1978 年，在陕西扶风中颜村汉代窖藏中，出土了西汉时期的"扶风纸"；1979 年敦煌出土了"马圈湾纸"；再后来 1986 年，在甘肃天水市附近的放马滩古墓中，出土了西汉初年文、景二帝时期的放马滩"纸地图"；1990 年，在敦煌甜水井西汉邮驿遗址中国发掘出了多张麻纸，其中 3 张纸上还写有文字。

所以，有人认为早在西汉初期，我国已发明了造纸术，而且当时造出的纸已经用于书写文字，这比蔡伦早了两三百年。并由此推断：蔡伦只是造纸术的改造者，而不是发明者。①

这段话运用事实直接反驳了"蔡伦发明了造纸术"的错误观点，由于所列举的事实都是有时间、有地点、有根据的，具有和错误论点相矛盾的性质，自然就推翻了错误论点。

（二）间接论辩

指通过用事实或道理证明某一中间判断的真假来证明论题真假的论辩。常用的有归谬法、反证法等。

1. 归谬法论辩

就是先假定被反驳的论题是真的，然后据此推导出荒谬的结论来，从而证明反驳论题不能成立。

① 李小克：《普通逻辑学教程（第二版）》，首都经济贸易大学出版社，2005 年 1 月，第 233 页。

【示例】

从前有一个狡诈的财主,找来一个相马的人,对他说:“我给你100块钱,去给我买一匹我最喜欢的马来。”

“您喜欢什么颜色的马?”

“不要黑马,不要白马,也不要黄马。”

“那么我给您挑一匹灰马吧!”

“也不要。”

“那么,就挑红马、棕马或者几种颜色交错的杂色马,如何?”

“也不行!”

“啊,是这样!那我就去试试看!”相马的一边思忖,一边收下钱,转身就往外走去。这时,财主把他叫住,问道:“什么时候,你能把相好的马牵来呢?”

相马人回答:“我挑选的日子跟老爷挑选马的颜色差不多。不是星期一、星期二,也不是星期三、星期四,不是星期五、星期六,连星期天也不是。总之,就在那一天,我会把你要的马牵来。”

财主一听,“啊”地惊叫一声,就再也说不出话来,只好眼睁睁地看着相马人拿着他的100块钱扬长而去了。

就马的颜色来说,或是白的,或是黄的,或是红的……总是有颜色的,财主故意全部否定,想难难相马人,企图使相马人无所适从。不料,相马人用财主的思维方式,以其人之道,还治其人之身,使财主哑口无言。

再比如:十年动乱期间,“四人帮”大肆宣扬“知识越多越反动。”对此,有人反驳:照“四人帮”这样说,那么马克思第一反动,恩格斯第二反动,列宁第三反动……相反,还处于刀耕火种的愚昧状态的人则是最革命了。这段反驳采用的也是归谬法。

2.反证法论辩

即通过证明与论题相反的论题的虚假性,间接确定论题的真实性的一种证明。

【示例】

历史上苏秦游说韩宣王时说过这样一段话:

韩国四面皆有险峻的河山作为天然的屏障,领土方圆九百余里,精锐部队几十万,天下的强弓劲弩都出自韩国。……以韩之强大和大王之贤明,去屈尊于秦国,与其保持表面上的友好关系,这是国家的最大耻辱,会令天下人笑话。

> 大王如屈服了秦国，秦国必定要求你割让宜阳、盐皋这两个战略要地。你今天给它，它明天又来要求割让其他地方，要继续给它，你已经无地可给；不继续给它，则会前功尽弃而备受战祸。况且大王的领土有限而秦人的欲望无止境，以有限的领土去满足秦人无止境的欲望，这正所谓花钱去换来灾祸，韩国将会不经打仗而把地割让殆尽了。我曾听说过一句粗鄙的谚语，“宁为鸡口，不为牛后。”韩国现在向秦称臣而保持两国的亲善关系，这与“为牛后”有什么区别呢？今大王如此贤明，又掌握着韩国如此强大的军队，去蒙受“牛后”这个不光彩的名声，我都为大王感到羞耻！
>
> 听到这里，韩宣王勃然作色，振臂睁目，按剑仰天大声叹息说：“寡人虽然不肖，也不能再伺候秦国了……”

苏秦用反证法说服了韩宣王。他的论题是“必须与秦绝交”，但他不作正面论证，而是充分论证了“不与秦绝交”的危害性。

练习

1. 请用直接论辩知识，分析下列文字材料，属于何种直接论辩。

(1)秦末，陈胜、吴广等人因大雨连天，困在大泽乡，不能如期赶赴渔阳戍边。按秦律，如晚到，要处死；如不去，按抗命论处，也要死。反正是一死，不如揭竿而起。

(2)奥斯特洛夫斯基有句名言：“人的一生可能燃烧也可能腐朽，我不能腐朽，我愿意燃烧起来！”

(3)弗朗西斯是马戏团的大力士。一根粗粗的铁棒到他手里，一扳便断了。每次表演，他都有一个保留节目，即把自己挤过的柠檬再让台下的观众挤挤，并对他们说：“如果你们能再挤出点儿汁来，我便给你们100英镑！”

一天，弗朗西斯又在重复他的老调，突然一个小个子男人跳上台来，引起观众的一阵哄笑。但令人惊讶的是，这个小个子男人不仅把弗朗西斯挤过的柠檬挤出汁来了，而且足足有一汤匙。弗朗西斯惊奇万分，不禁问道：“先生，您是干哪行的？”小个子男人回答：“我是收税的！”

2. 观看大学生论辩赛的录像，分析论辩双方的论辩技巧。

3. 模拟一个场景，进行生活论辩，注意论辩的语言和论辩技巧的使用。

【优秀辩词实录】

以下为首届国际话语大专辩论赛自由论辩的部分辩词，辩题为“艾滋病是医学问题，不是社会问题”。

正方：艾滋病的病毒是在医院里被发现的，现在世界上有成百上千的医务工作者正在研究解决艾滋病的方法。

反方：我们从来没有否认过医学参与，请问，医学参与就一定等于医学问题吗？

正方：请问，成百上千的医务工作者在研究，这只是简单的医学参与吗？

反方：在医院里发现的就都是医学问题吗？在医院里捡到别人丢的一把钥匙，这把钥匙就成了医学问题喽？

正方：对方辩友认为，成百上千的医务工作者在研究艾滋病，只是在寻找钥匙啊！

反方：我们不能仅仅让医学来参与！在非洲很多地方，艾滋病已经导致了“千山鸟飞绝，万径人踪灭”，还要让医学这个“孤舟蓑笠翁”来“独钓寒江雪”吗？

正方：那么用什么方法来解决这个问题？我要请问对方，我们能改变他们一夫多妻制的制度吗？

反方：存在的就是合理的吗？

正方：不合理就不等于是社会问题了吗？

反方：染上艾滋病的约翰逊可谓是“两千宠爱于一身”，对方认为医药是万能的，请问，你们有什么解药把其他的一千九百九十九个去掉？

反方：社会的问题当然要由社会来解决！

正方：我们已经说过，艾滋病从医学来说可能是绝症，但以前很多绝症不是通过医学的角度解决了吗？

反方：一个老太婆被车撞倒了，请问，这是救人的问题呢？还是撞人的问题？

正方：那不是病啊！

反方：但是她不也要去医院吗？那就是医学问题了吗？不，它是个交通事故！

正方：可是有成百上千的医务工作人员在帮助老太太吗？艾滋病的研究是需要成百上千的工作人员，医务人员呀。

反方：一个人得了病是社会问题，千百万人得了艾滋病，难道还不成为社会问题吗？

正方：千百万人还曾得过感冒，千百万人还曾得过心脏病，难道心脏病是社会问题吗？

反方：一个人打喷嚏不是社会问题，但如果我们全场的人同时打喷嚏，还不是社会问题吗？

正方：对方还没听清楚我说的！如果成百上千的人得了心脏病，心脏病也成了社会问题了吗？

反方：问一个简单的问题，治疗一个艾滋病患者需要多少钱？

正方：我可以告诉你，任何医疗研究，任何医疗设施都需要经费，这不正好证明艾滋病的研究是从医学上面下手……

反方：我来告诉你，治疗现有艾滋病患者需要的钱相当于澳大利亚一年的国民生产总值，这是医学界能够担负得起的吗？

反方：世界上已有1400万艾滋病携带者，相当于澳大利亚全国的人口，这个问题难道不是严重的社会问题吗？

反方：艾滋病已经使人人自危，难道对方辩友非要等到有一天，我们理发要自带剃刀、接吻要戴上口罩，你们才承认艾滋病是社会问题吗？

反方：对方认为传染不是社会问题——（掌声）

第四节　交　　谈

训练目标

交谈是最基本、最常见的口语表达形式，通过本节的学习，学生对交谈应该获得一个理性的认识，掌握交谈的特点、基本原则和基本要求，用以指导实践，使自己的日常交谈取得更好效果。

交谈是口语交际中最基本、最常见的现象，是人与人间最直接、最广泛、最简便的言语交往形式。只要有人群的地方，就会有各种形式的交谈。

一、交谈的特点

1. 话题灵活。交谈处于动态的语言环境中，除了有计划、有预约的会谈、访谈之外，交谈随时随地发生。交谈的话题可以是事先准备好的，也可以是即兴的。交谈可以始终围绕一个共同的话题展开，也可以随时转换话题，甚至东拉西扯，不着边际。总而言之，说什么，说多少，怎么说，都由交谈双方根据当时的情景而定，自由灵活。

2. 听说兼顾。交谈必须是双方或多方共同进行的，处于多向信息的。传递活动中，交谈的过程实质上是听说双方相互传递信息、反馈信息的过程，只有说与听配合，问与答交替，才能保证交谈的进行。

3. 表达口语化。日常生活中的交谈一般都是随想随说，话语有自然明快的口语特征，一般不作刻意的加工或润色。

二、交谈的基本原则

1. 礼貌

礼貌是进行文明交谈的基本准则。无论是有声的口语，还是无声的态势语言，都应表现出和善与得体。

首先，在交谈中，要面带微笑，给人亲切感，为交谈的展开创造一个良好的氛围。微笑是一种自信的表现，尤其在与陌生人交谈时，如果觉得紧张，可以先给对方一个浅浅的微笑，在向对方传达自己友善的同时，也可以舒缓自己的情绪，使自己充满自信。

其次，言语要谦和有礼。在人际交往中，言谈谦虚不是虚伪，而是一种风度。古人云："良言一句三冬暖，恶语半言六月寒。"要使用礼貌用语。比如：初次见面时，要说"久仰大名，请多关照"；很久不见时，要说"好久不见，十分想念"；麻烦别人时，要说"不好意思"；请人帮忙时，要说"拜托，麻烦了"。我们判断一个人是否有涵养，往往会着眼于这些细节。礼貌用语会带来良好的人际关系。

再次，要注意倾听对方说话。倾听的关键在于"集中注意力"。交谈中应尊重对方，在对方讲话的时候要给予一定的重视，用心倾听对方的谈话，并不时地和对方进行眼神交流，恰当地附和对方。

最后，不要轻易打断对方说话或随意插嘴；如果因未听明白或希望进一步了解情况而必须插嘴，应先征得对方同意。切换话题时，不要抢接别人的话头，扰乱别人的思路，尤其要避免与对方争论不休。

2. 坦诚

交谈中，要坦诚相待，不加矫饰，交谈中流露的情感应是发自内心的。坦诚是最容易打动人心的方式，比任何语言更有效果。

【示例】

张磊是一个"海归"，由于常年在外留学，所以到了30岁还没有女朋友。有一次，张磊奉父母之命去相亲，相亲那女孩子看上去很腼腆。张磊毕竟是一个见过世面的人，他不想让对方太尴尬，所以先打开话匣子:“您好,我叫张磊,今年 30 岁,一直未婚的原因是因为一直在求学,今天来到这里主要是想找一个有缘人共度一生,相信您也是这么想的吧!”那个女孩一听,感觉对面这个男人很真诚,不油嘴滑舌,是一个很不错的人,也就放开心地与张磊交谈了起来。

3. 避讳

交谈中,要尽量避免使对方产生不愉快的话题,万一无意触及,应立即表示歉意。而在涉及一些不便直说或使人难堪的话题时,要使用委婉的表达方式。比如对于一些有生理缺陷的残障人士,不应该直接说他是瘸子、跛子、聋子、瞎子等,而应用比较委婉的语言,说他“腿脚不方便”、“耳背”、“眼睛不灵光”等。

遵守这些原则,交谈就可以在充满和谐、融洽的气氛中愉快地进行。

三、进行交谈训练的要求

只要有人群的地方,就会有各种形式的交谈,人们在交谈中交流思想、联络感情、互通情报、洽谈事务、切磋技艺、商讨对策等。但是,通过交谈达到预期的目的,必须注意最基本的要求:

1. 注意了解交谈对象

俗话说:“射箭要看靶子,弹琴要看对象。”社会交往中,所接触的人性别、年龄不同、文化程度不同,性格更是千差万别,如果和每一个人的交谈都是千篇一律,或不看对象而根据自己的喜好喋喋不休,那就是“对牛弹琴”,会造成“话不投机半句多”的尴尬局面。战国时,纵横家鬼谷子在其著作中曾说:“与智者言依于博;与博者言依于辩;与辩者言依于要;与贵者言依于势;与富者言依于高;与贫者言依于利;与贱者言依于谦;与勇者言依于敢;与愚者言依于锐。”在交谈中,根据不同的谈话对象,说不同的话、用不同的方式说话是很重要的。

【示例】

有一次,孔子的学生仲由问:“听到了,就可以去行动吗?”孔子回答说:“不能!”

学生冉求也问同样的问题:“听到了,就可以去行动吗?”孔子回答说:“那当然,去干吧!”

公西华听了,对于孔子的回答感到有些疑惑,就问孔子说:“这两个人问题相同,而你的回答却相反。我不知道为什么,所以特地向您请教。”

孔子答:“冉求平时做事好退缩,所以我就给他壮胆;仲由好胜,胆大暴躁,所以我要劝阻他,做事要三思而行。”

孔圣人的不同回答，正是告诉我们，与人说话要因人而异，注重对方的性格特点，才会有好的效果。

【示例】

在中国人民的老朋友——美国记者安娜·路易斯·斯特朗八十诞辰的庆祝会上，周总理就巧妙抓住西方女士喜欢别人说她们年龄小的特点，并与中国称“斤、里”时比“公斤、公里”数值小一半的情况联系起来，于是就笑着要大家为斯特朗的四十“公岁”举杯庆贺。满座来宾听后皆捧腹大笑，斯特朗则笑出了眼泪。

周总理了解交谈对象的口味，捕捉到了交谈对象的心理，所以他的话语一开始便让人感到兴趣盎然，从而取得了成功。只有做到见什么人说什么话，投其所好，才能触发对方的兴奋点，增加交谈的“磁性”。

2. 注意把握交谈的时机

交谈要随机应变，即使自己原先考虑好了话题或内容，到了一个特定的时间、地点，也可能发生变化。不同交谈场合有不同的表达要求，交谈者应根据特定的场合灵活多变，适时寻找和转换话题与语气，使之与当时的场合相适应、相吻合。

【示例】

有一次，一个外宾在广州一家著名的大酒店内用餐。用餐完毕之后，他顺手将一双制作精美的景泰蓝筷子放进了自己的提包里。

不一会儿，一名服务员捧着一个精美的绸面小匣子亲切地走到那名外宾的身边，用流利的英语礼貌地说：“先生，我们注意到，您对我们景泰蓝的筷子非常感兴趣。鉴于您如此喜爱，我们酒店决定将一双制作精美的景泰蓝筷子送给您，但是根据酒店的规定，筷子需要经过严格的消毒和包装以后，才能送给朋友。所以，我给您带来了一双经过严格消毒的筷子，请您收下。”

外宾听了这番话，当即明白了其中的言外之意，于是，他向服务员表达了自己的谢意，然后礼貌地说：“真是不好意思，我的确太喜欢了，我不知道你们有这样的规定。”说着，外宾从自己包里取出筷子，放在了桌上。

服务员又说道：“没有关系，先生，许多客人都非常喜欢景泰蓝的筷子，但是根据酒店的规则，筷子会以‘优惠价格’记在您的账上，您看可以吗？”

“当然可以！”说着大家都笑了起来，及时避免了一件不愉快的事情发生。

如果服务员忍着不说，那必定由他赔偿这双筷子的损失；如果服务员直接指出客人的不当行为，那么一定会使对方难堪，把局面搞僵。在这样的情况下，服务员巧妙地选择了装糊涂，把客人的不当的行为说成是出于真心地喜欢，给对方留足了面子，也巧妙地处理了问题。

3. 注意交谈的体态、语调、语音等

英国女王伊丽莎白说："得体的谈吐，优雅的肢体语言，被视为身份、气质的象征。"很多人相信，肢体语言揭示的人的内在世界比语言表达的更真实、更可信。

俗话说："站有站相，坐有坐相。"在谈话中，无论坐着还是站着，都要自然大方，不要有一些不必要的小动作，以免失了仪态。尤其在正式的场合，更要使自己的举止有涵养。

凡有声语言都涉及语调，在交谈时，不要怪腔怪调，语调应自然、亲切，给人愉快的感觉；语调不应过于严肃，让人难以接近，交谈自然不能深入；也不应过于做作，会让对方产生无所适从的感觉，交谈同样没法展开。语调还要有抑扬顿挫，富于变化。缺少变化的语言，会使人失去"听"的兴趣，就像教师上课，如果始终只用一种腔调，那么他的学生都会昏昏欲睡。

在交谈时，音量也要适中。音量太大，会给人压迫感，从而产生烦躁的情绪；音量太小，会显得说话人不够有自信，言语缺乏说服力。当然，音量的大小，应该根据场合，在公共场合面对多人说话，自然要提高音量；和恋人说悄悄话，"耳语"即可。

最后，交谈还要注意节奏感。所谓节奏，就是恰到好处的停顿。交谈时双方或多方共同参与的口语交际活动，在交谈中，如果一个人始终滔滔不绝，那么交谈就失去了意义，听话的人没有参与感，会引起听觉、视觉的疲劳，会感觉索然无味。恰当的停顿，可以让谈话者有时间来感知整个谈话过程，更让对方有机会参与谈话，从而使整个交谈非常和谐。

4. 注意话题的提出、展开、控制和转移

一般说来，与熟人交谈可以开门见山地直接引出各种话题。与人初次见面，或参加社交活动，则应认真考虑如何选择话题。尽量找大家都熟悉的话题，彼此都感兴趣，才有展开讨论的余地，交流起来大家都感到轻松愉快。

【示例】

美国一家公司因为出现了财务危机，迫切需要一笔资金支持公司渡过危机，为此公司的董事肖夫曼先生准备拜访银行经理亚瑟。

这天是洛杉矶湖人队的比赛，肖夫曼知道亚瑟是湖人队的铁杆球迷，于是他前往体育馆看比赛，不一会儿亚瑟也来了。

精彩的比赛结束后，意犹未尽的人们陆续退场，这时肖夫曼看准了时机，向亚瑟打招呼。在这里看到熟人，亚瑟很惊喜，两人热情地攀谈起来。

亚瑟问："你也是湖人的球迷？"

肖夫曼说："我很冷静地告诉你，我支持芝加哥（肖夫曼的家乡），但是刚刚的比赛简直是太精彩了。不过我觉得湖人部分球员表现得并不是很出色。"

亚瑟接着说道："是啊，这一点我也有点失望。不过比起上一场比赛，他们的表现还是很好的。"

肖夫曼又说道："说起上一场比赛，还令我和妻子发生了一点小矛盾呢！"

亚瑟好奇。"哦，是吗，怎么回事？"就这样，两个人越谈越投缘。

肖夫曼"投其所好"，巧妙地打开了亚瑟的话匣子，惺惺相惜的两人很快熟悉起来，肖夫曼也如愿以偿获得了银行的贷款。

一般地，人们都喜欢谈论自己感兴趣的话题，所以在交谈开始的时候，要努力寻找共同点，探讨双方共同感兴趣的话题，尤其是对方感兴趣的话题，令交谈愉快地进行。

话题也要进行适当的调整，要随着参与者的兴趣经常变换。善于调整话题的人，能在轻松愉快的气氛中使话题适可而止，并在适当的时机用适当的语言转换话题，使谈话空间更广泛，参与的人更投入。

练习

1. 对照交谈的基本原则和要求，回忆自己的日常交谈，相互间进行交流和评析。

2. 模拟生活场景（比如：参见应聘、拒绝别人的邀请等），分别扮演角色，进行交谈，注意交谈的特点和基本原则等。

第三编　教师职业口语艺术

第六章　教学口语训练

学习提示

教学口语是教师课堂教学的基本载体，是教师职业的工作语言。教学口语训练是教师口语训练的有机组成部分。教师讲课效果的优劣性很大程度上取决于教师教学口语的表达技巧。教学口语训练一方面使我们了解教学语言的特点和要求，另一方面使我们能够通过训练掌握教学口语的表达技巧，从而有助于我们的课堂教学。

第一节　教学口语概说

训练目标

本节要求学生在掌握教学口语的定义、特点和要求的基础上，对教学口语有一个整体的认识，从而为教学口语分环节训练和分学科训练奠定相应的理论基础。

一、什么是教学口语

教学口语是指通过口头表达的教学语言，是教师用于课堂教学的工作用语。是教师根据教学内容,针对中学生的心理特征,使用规定的教材,按照一定的方法,在有限的时间内,为达到某种教学效果而使用的语言。

教学过程,是师生对话的过程。作为对话的主要手段之一,教师的教学口语将会受到教学情境、教学对象和教学手段等各个因素的制约。

任何语言必须依托于具体的话语情境来展开。教学口语则受到教学情境的制约。任何一堂课,其教学情境均是决定于教学目标和教学内容。课堂上的一切语言都是为教学任务的完成而服务。

教学口语的目的是为了学生更好地理解和接受,因此,课堂上教师的“讲”要符合学生的不同年龄特征和不同的接受能力。同时,在动态的教学互动中,对教学口语要不断地进行调控和变化。

不同的学科,因知识结构的不同,往往会采用不同的教学手段和方法。教学口语就必须和这些教学手段、方法密切配合。不仅说话的内容、方式,甚至音量的大小和强弱都要考虑。

教师的口语修养在很大程度上决定了学生在课堂上的学习效率,对教学目标的实现起着巨大的作用。所以说,教学口语是教师必备的基本功之一。

当然,教学口语作为教师的职业语言,和日常口语有着明显的区别。著名特级教师于漪说:“教师的教学语言虽属日常口语,但又不同于大白话,应该是加了工的口头语言,与随想随说的日常交谈有区别。”教学口语是经过转化的书面语和经过优化的口头语的结合。它是以有声语言为主,辅以态势语,具有一般口语的特点。但是,教学口语由于受到教学内容、教学目标的制约,没有日常口语的灵活性和随意性,但是其表达上比日常口语更规范、更严谨,更具教学艺术性。

二、教学口语的特点

(一)规范性

教育学家苏霍姆林斯基曾说:“教师的语言修养在极大的程度上决定着学生在课堂上的脑力劳动的效率。”教学的根本目的是向学生传授知识、技能和方法。知识的准确性、技能的明确性和方法的科学性,要求教师在使用教学口语时必须是规范的。

规范性首先表现在语言的形式上。即语音规范、语汇规范和语法规范。《中华人民共和国国家通用语言文字法》第十条规定:“学校及其他教育机构以普通话和规范汉字为基本的教育教学用语用字。”作为教师的职业语言,要做到语音规范,用标准的普通话进行教学,答疑解难;使用规范的普通话语汇,不用方言词、生造词，以及不规范的网络词；词句的组织要符合语法习惯，以典范的现代白话文著作为语法规范，避免搭配不当、语序失调、成分不当省略等不规范语法现象。

规范性其次表现在语言的内容上。教学口语不等同于日常口语，任何一门课程，其目的是传授知识。为了保证准确、高效的教学，教学口语的语义应当是明确、真实、无歧义，清晰准确地表现教学的内容。

(二)科学性

科学性是指教学口语应当是准确、精炼，具有逻辑性和系统性。教学口语传递的是某学科的教学信息，各学科都有自己特有概念、规律和范畴，无论是传授人文知识，还是传授科学知识，必须使用该学科的专业术语，一般不能用日常生活用语来代替。无论是文科的词句理解，还是理科的概念表达，都要做到意思表达准确，不能模棱两可，含糊不清，否则容易出现误解和错误。课堂上的语言应当是言简意赅的，正如恩格斯所说："言简意赅的句子，一经了解，就能牢牢记住，变成口语；而这是冗长的论述所做不到的。"

教学语言并非独立，而是相互联系形成语言链。语言链条要清晰，不能前言不搭后语；语言的层次要清楚，结构有条理，抓住重点，突出精华，而不是挂一漏万，以点代面。可以说，逻辑性和系统性是教学口语深层结构力量。

(三)生动性

生动活泼，富有情趣，充满艺术效果的课堂教学语言，能有效地调动学生学习的积极性，提高学习的效率。口语的生动性包含教学口语的情感性，教学口语的艺术性，教学口语的机智性和教学口语风格的多样性。

语言是最具情意性的，尤其是课堂教学口语，时刻受到教师情感的影响。教师是人类灵魂的工程师。教师在授课时，要对学生投入全身心的情感，热爱学生，关心学生。用真挚而诚实的感情，用充沛而饱满的感情去讲课，去感染每一个学生。

教学口语的艺术性，是指声调的抑扬顿挫，语速的快慢适中，具有音乐性的节奏感。在教学中，声调的抑扬顿挫，能有效地配合教学内容，既符合学生的听觉效果，又可以有效调节课堂教学的气氛。很难想象一堂课都是用一种声调，一种节奏，没有起伏，没有轻重，学生怎么会有美的感受和体验呢？课堂上，根据学生的反应，根据教学内容的难易，当快则快，当缓必缓，从而显示教学内容的重点和难点，广度和深度。

在课堂上，面对各种学生，面对形形色色的课堂反馈和突发教学事件，教师应当巧妙地运用教学口语，适时地指导、引领学生，解决问题，同时又能够保护学生学习的积极性。这种教学机智就是教学语言机智。尤其可以体现教学语言机智的是课堂评价语言的运用。评价语言由于其即时性和生成性，使得更为考验教师的教学机智。

（四）针对性

语言是一门艺术，语言的对象是特定的。在不同年级、不同学生的课堂里，如果采用千篇一律的教学语言，我们很难想象这将会是怎样的一种教学状况。（教学口语因为面对的学生年龄和个别差异的不同而呈现出不同的语言形式。是具体，还是抽象；是直接，还是含蓄）。著名特级教师吕志范谈过这方面体会。他根据学生年级、岁数不同选用语言。在高年级较多使用限制词，运用表达比较周密的长句，选用一定数量的议论性词语，从某一个角度组织语言，就能使学生理解。而在初中一年级，用语则须简短明快，很少使用限制词，而更多地使用描述性语言，并往往需要从几个角度组织语言，使学生理解一个问题。

针对不同的学科，甚至同一门学科不同的教学内容，课堂教学口语都会表现出不同的语言特色。比如，数学课的教学语言应当是简洁、明快；而语文课的教学语言则可以柔和些，抒情些。同样是语文课，诗歌散文的教学语言是优美含蓄，说明文的教学语言是准确明快。

正因为教学口语的针对性，才使得各个学科呈现出不同的学科特点，使我们的课堂呈现出丰富多彩的课堂效果。

（五）启发性

所谓启发性，是指教师在教学时，通过教师语言的启发诱导而使学生有所领悟。威廉说过："平庸的教师只是叙述，好教师讲解，优异的教师示范，伟大的教师启发。"所以，新的教学理念主张教师在教学中不要采取"灌输式"的教学方法，不要把知识教授的量作为衡量教学成效的唯一标准，而应当注重学生思维的发展，智力的开拓。这就要求教师运用教学语言的时候，应当注重启发、开导、设疑和点播，注重问题情境的创设，给学生留有思考的余地，充分调动学生学习的好奇性、积极性和主动性。同时要注意运用的时机，"不愤不启，不悱不发"，才能真正发挥教学语言的启发性作用。

（六）口语性

尽管教学口语不同于日常口语，但是，也不同于书面语言。教学口语作为一种有声语言，教师的教案、讲稿，只有转化为口头的教学语言，才能通俗易懂，深入浅出。如果一味地用书面语言，甚至是深奥难懂的概念术语，无论如何是不能打动学生的。正如严济慈所说："要用自己的话把课本上的东西讲出来，要发挥，要有声有色。"

教学口语要简洁，有关研究材料表明：如果教师一口气说出 5—9 个意义单位构成的句子时，听讲人可以在 5 秒钟内保持有效的记忆。过长的句子，其句意不能完全进入学生的意识，故学生的注意力就会分散。只有简洁精炼的语言，才能有效吸引学生的注意力。

（七）教育性

著名教育家叶圣陶先生指出："凡是当教师的人，绝无例外地要学好语言，才能做好教育工作和教学工作。"现代教学艺术论的创始人赫修特认为："如果善于表达语言，即使他是一个二流的学者，也可以是一个出色的教师。"对教师而言，教书育人是其最根本也是最主要的工作之一，应当体现在各科教学的各个环节之中。教师要用自己的语言，在讲授知识的过程中，有机地、潜移默化地进行思想教育。既不能脱离教材做空洞的说教，也不能忽略教育使教学纯知识化。在进行思想教育的时候，要善于运用具有哲理性的语言，采取民主的态度，绝对不能挖苦，嘲笑，要"以理服人"。

练习

一、欣赏下面的教学片断，体会教师教学语言的艺术。

1. 特级教师于漪讲朱自清的《春》，用这样一段话开场：

"我们一提到春啊，眼前就仿佛出现了春光明媚，东风浩荡，绿满天下的美丽景色！所以，古往今来，很多诗人就曾经用彩笔来描绘春天美丽的景色。"

2. 一位生物学教师向学生介绍解剖蟾蜍的方法。他说：

"我们现在要解剖的是蟾蜍，也就是通常说的'癞蛤蟆'。在把它处死之后，放置在解剖盘上，腹面向上，用大头钉固定四肢，然后进行解剖。解剖时，左手拿镊子，右手拿解剖剪，从其腹部的下端镊起皮肤……"

3. 一位老师教《赤壁之战》：

老师叫一名学生简单介绍作者。这位学生脱口而出："作者是司马迁，宋代人，……"话音未落，笑声四起，这位同学很难堪。待稍稍平息后，老师平静地说："虽是一字之差，却让司马迁多活了一千多年，但这能全怪我们同学的错吗？谁让司马迁、司马光的名字只有一字之别；谁让他俩又都是史学家、文学家；谁让《史记》与《资治通鉴》又都是史学名著、文学名著；谁让我们刚刚学完司马迁的文章旋即又学司马光的文章？"

4. 一位老师讲《梦游天姥吟留别》时，把梦游之景描述为：

“梦游十景图”，即“明月镜湖的秀丽，剡溪胜迹的优美，海日天鸡的雄奇，云环雾绕的奇幻，岩泉深林的阴森，熊咆龙吟的恐怖，闪电惊雷的声威，空中楼阁的辉煌，云中仙子的飘忽，仙境鸟兽的自由。”

第二节　教学环节用语训练

训练目标

了解在不同的教学环节中，各种教学口语的作用和要求，通过具体案例的呈现，掌握不同教学口语的表达方式，并能够借助相关案例训练，运用于教学实践。

一、导入语

(一)导入语的作用和要求

导入语就是一堂课的开场白，是教师为了让学生从非学习状态转入课堂学习所作的准备性语言。导入语短则一两分钟，长不过五分钟，尽管简单，但却是课堂教学的重要环节。好的导语能把分散的思维一下子聚拢起来；好的导语能激发学生学习的兴趣，沟通师生情感，促进学生的思考。导入语可以是一个故事、一段话、一首歌曲、一个问题……但是，对于一堂课而言，开头的重要性是不言而喻的。一般来说，导入语具有以下的特点和要求：

1. 短小精悍，简洁明快

导入是一堂课的开始阶段，是引领学生进入正题的一个教学环节。它只是一个前奏，是不可能成为教学的主体。根据研究表明，学生的注意力往往在课堂的前十分钟。在这个环节中，教师既不能长篇大论，更不能夸夸其谈。无论是开门见山的导入，还是激情导入，都要做到简明扼要，时间最好应当控制在5分钟以内。

2. 形式灵活，注重创新

导入艺术讲究的就是：“一锤就敲在学生的心上”。别开生面的导入能吸引学生的注意力，活跃思维，发挥学生的主观能动性，增强学生们的参与意识，使学生自然地进入新课的特定角色。所以说，教师要针对不同的学科、不同的教学内容，不同的学生、不同的教学环境，采用不同的导入方式，精心设计导入语，不能盲目套用。对于现有的导入方法要灵活运用，同时教师也应当创造性地设计导入，比如有的老师采用实验导入，有的老师采用设疑导入，有的老师创造性糅合几种不同的导入方法，都起到很好的教学作用。

3. 目标明确，提高效率

作为课堂教学的有机组成部分，导入语的设计也应当紧密围绕教学内容，为突出教学重点而服务。有的教师仅仅把导入看成是激发学生的手段，所以在设计导入语的时候，只注重方法的多样性，而忽略导入环节的实质性作用。例如有个老师上 Go For It 八年级下册的 Unit 1 的将来时态的教学过程中利用播放 My Heart Will Go On 这首歌曲进行导入，学生随着优美的旋律轻轻哼唱，课堂里弥漫着浪漫的气氛。随后，教师和学生以这首歌为话题用英语开始了交流，由此引入新课①。因为歌曲的内容及其所渲染的氛围与教学内容不一致，因此通过歌曲这一导入形式并没有达到应有的作用，反而显得牵强附会，使从导入到新课的过渡显得突兀。我们认为，在教学中，所有的教学环节都应当为教学服务，在有效的教学时间内，如何达到最佳的教学效果，就必须要考虑如何让每个教学环节发挥最大的教学效果。

4. 注入情感，创设情境

古人云：感人心者，莫先乎情，莫始乎言，莫切乎声。在教学伊始，通过精心设计的导入语，除了集中学生的注意力外，还有一个非常重要的作用，就是同教师的情感产生共鸣。教师可以运用音乐、图片、讲故事等手段设置与教学内容相关联的感情基调，把学生很快带入与教学内容相关的意境中去。这样有助于引起学生的感情共鸣。这样，以"情"促学，以"情"促教，无疑可以让教学变得更加丰富多彩。同时，利用导入语，为学生创设一个良好的教学情境，能有效地促进教学的展开和教学目标的达成。正如苏霍姆林斯基所说："只有当情感的血液在知识的肌体中欢腾跳跃的时候，知识才会融入人的精神世界。"

（二）导入语的类型

不同的学科，不同的教学目的，使得导入语的设计呈现不同的类型：

1. "开门见山"式导入语

"开门见山"式导入又叫做直接导入。当一些新授的数学知识难以借助旧

---

① 佚名. 浅谈新课标下的课堂导入艺术，http://www.e－l－e.net.cn/jiaoyan/kbjdu/jcjiaofa/200912/33492.htm.

知识引入时，可开门见山地点出课题，明确地指出学习的目标。这是最直接、最经济，也是最朴素、自然的导入方法。任何一门学科都可以采用。不足点在于缺乏生动性和形象性，在一定范围内无法调动学生学习的积极性。

【示例】

> 一位教师教授《二面角》的内容时，这样引入："前面我们研究了两条直线所成的角，直线和平面所成的角，今天我们来看一下二面角——两个平面所成的角是怎样呢？这节课我们就来学习这个内容——二面角和它的平面角！"（板书课题）①

这样导入，直截了当，直接点出该节课的学习内容，促使学生迅速集中到新知识的探索追求中。

2."课题解读"式导入语

这类导入方法在语文课中用得比较多。一篇文章总由一个标题，即使是"无题"那也是标题。学生读文章，首先接触的是文题，而且弄清题意也是理解文章的突破口。由审题入手，抓住重点，促使思维迅速定向。围绕课题提出一系列的问题让学生思考，直截了当，使学生迅速进入对教材中心问题的探求；同时也能唤起学生学习的兴趣，吸引学生的注意力。

【示例】

> 如一位教师在教莫泊桑的小说《项链》时是这样开始的：什么叫"项链"，"项"是颈项，就是脖子。项链，就是套在脖子上面挂在胸前的装饰品，多用金银、珍宝或珠玉制成，价值昂贵。今天我们就来学习莫泊桑一篇以项链为题的小说。这篇小说，以项链为线索写了主人公路瓦栽夫人为参加一次舞会而借项链—丢项链—赔项链的故事。那么，这个女人为什么要借项链呢？这串项链是怎样改变她的命运呢？她是否值得同情呢？有人说，"项链"就是"锁链"，你同意吗？等等，这些问题，我们读完小说就知道了。②

这样导入，既帮助学生了解了有关项链的知识，理解题意，同时又牵出了小说的情节线索，提出思考性的问题，吸引学生尽快地进入课文学习。老师和学生一起解析课题，既培养学生的审题能力，同时让学生带着问题进入课文的学习，阅读就有了明确的目的，围绕重点、难点，达到事半功倍的效果。

---

① 封艳玲：《高中数学课前导入的几种方法》，中外教育研究，2009年第8期。

② 佚名.中学语文课堂导入艺术初探[J/OL]. http://www.duk.cn/space－20486－do－folder－docid－530033.html

3."提问设疑"式导入语

"学贵知疑,小疑则小进,大疑则大进。"教师根据教学内容,假设问题情境,引导学生思辨,既激活学生的思维积极性,又活跃课堂气氛,久而久之还会培养学生积极思考的习惯。

"提问设疑"有两种不同的方式。一种是"巧设悬念",即在导入新课时,创造性地设置悬念。看似与本节课教学内容无大关系,实则联系紧密。能够紧紧抓住学生的心弦,使其情绪高涨,从而步入求知兴奋状态,使学生获得良好的效果。

【示例】

一位教师讲《二氧化碳的性质和用途》一节,在开始上课时,讲了这样一则故事:游客牵着小狗进入一个深山洞,在接近洞底时,小狗晕倒,而人却没有事。这是怎么回事?①

有这样一则故事作为悬念,让学生去思考"为什么",使学生一上课就兴趣盎然,很自然地引到这节课要学的内容。同时,学生对于学习二氧化碳的性质和用途产生了极大的兴趣和求知欲望,沉浸在乐学、欲学的气氛中。

另一种是"设问探究,切入主题"。对于中学生而言,上课既是学习知识的过程,也是掌握学习方法的过程。设问的"问"很重要,必须紧密结合教学内容的重点,"牵一发而动全身"。学生根据问题,进行探究式的学习,在积极的思考中找到答案。

【示例】

教学《岳阳楼记》,可以这样导入:

同学们,我国的很多名胜古迹,都留下了文人骚客的诗词歌赋。比如我国古代的三大名楼滕王阁、黄鹤楼、岳阳楼上面就铭刻了很多美文妙句。王勃《滕王阁序》"落霞与孤鹜齐飞,秋水共长天一色"令人神往之至;崔颢《黄鹤楼》"晴川历历汉阳树,芳草萋萋鹦鹉洲"让人回味无穷;而岳阳楼上,范仲淹的"先天下之忧而忧,后天下之乐而乐"传唱不衰,《岳阳楼记》成为写景状物抒发真情的名篇。今天,我们来阅读这一名篇,看看它描写了什么样的景色?抒发了什么样的感情?②

这样以类比的方式,单刀直入,很自然地把学生的思维引入到主题的探究

---

① 佚名.浅谈初中化学课导入艺术[J/OL] http://www.czhxzx.com/Article/14978.html

② 佚名.语文课堂导入的五种方法[J/OL] http://wenda.tianya.cn/wenda/thread?tid=765b69766b70d408.

上来。其后的教学过程,就是紧紧结合“描写了什么样的景色?抒发了什么样的感情?”这个问题,进行课文的研读探究,条理清晰。其他任何教学内容的选择,教学环节的设计,都是为这个核心问题服务。

4.“谈话交流”式导入语

“亲其师,信其道”,有经验的教师,在登台之始,往往不急着开讲,而是利用亲切的话语,温和的目光,拉近和学生之间的距离,架设信任、理解的桥梁。以交谈的方式,将话题娓娓导入,在一开始就营造一种平等、轻松、和谐的课堂学习氛围,创设轻松自然的效果。

“谈话交流”可以围绕一个话题,师生进行共同的自由讨论,由交流的话题自然进入到本节课的教学内容。该类导入语适用于各种学科,使教学双方能够有效积极地投入到教学活动中去。

【示例】

> 教学音乐《七子之歌——澳门》时,先在黑板上悬挂一幅我国的地图,并让学生说出“七子”指的是哪几个地方?能够在地图上找到这七个地方的地理位置,接着可以组织讨论为什么当时“七子”会离开祖国的怀抱?那是怎样的一段历史背景?学生踊跃发言,这样在教师和学生的一问一答中,引出课题《七子之歌——澳门》。①

这节课的内容是欣赏并学习《七子之歌》,有感情地演唱歌曲,教学目标是了解歌曲中蕴含的爱国情感和回归祖国的激动心情。为了达到这样的教学目标,采用谈话导入的方法,围绕当时的历史背景,交流“七子”为什么会离开祖国的原因,从而为整堂课奠定情感基调。而且,讨论的话题和教学内容紧密联系,使学生自然进入教学情境。

5.“激情渲染”式导入语

著名情境教学专家李吉林老师说:“教材与学生之间情感交流的桥梁便是教师的情感。教师用自己的真情一旦点燃学生情感的火苗,我们的语文课堂就会呈现勃勃生机,迸射出生命的活力。”从现代教育学和心理学的角度看,教师对学生不仅具有主导作用,而且还有情感的感染作用。充满激情、引人入胜的导语极易将学生导入艺术的境界,使之受到感染和熏陶。按照学科的特点,语文课是比较适合采用这种导入方法的。

激情的方法多样,可以是激情朗诵,比如上朱自清的《荷塘月色》时,先放一

---

① 王玉彬.谈谈音乐欣赏教学的导入技巧[J/OL]. http://wyb5522.blog.sohu.com/110631765.html.

段配乐的课文朗诵，让同学们随着那优美而略带忧伤的音乐和朗诵，进入那月光流水的美景之中，感受到文章中流露出的作者心中拥有的那份淡淡的哀愁，当同学们一个个神思飞跃，悄然动容，与文中感情产生共鸣之时，就是深入讲授课文的最佳时刻。可以是情景渲染，比如通过出示图片，播放视频和音频，巧设情境，使学生有身临其境之感。无论是借助教师的语言，还是配合各种媒体，目的就是激发学生的感情，与文本达成情感的共鸣。

【示例】

一位特级教师在教学《花儿为什么这样红》时，开场白是这样的："花儿是美丽的。清雅素淡的春兰，千姿百态的秋菊，国色天香的牡丹，热烈如火的山茶……曾经使古往今来多少诗人为之倾倒。我们要学会用诗人的眼睛去欣赏花儿的美丽，陶冶自己美好的情操。但同时我们也要学会用科学家的眼睛去认识这个五彩缤纷的世界，去发现大自然的奥秘……这篇课文将告诉我们，用科学家的眼睛去看美丽的花儿，将会发现一个多么丰富的世界，它也许比诗人所描绘的那个现象的世界更加使人流连忘返"。①

不难想象，学生听了这一生动的情感丰富的启发性语言后，就会急切地想知道：用科学家的眼睛去看美丽的花儿，花儿为什么这样红！为什么五彩缤纷。这样，就很自然地引发了学生强烈的求知欲，使学生产生浓厚的学习兴趣，能动地进入到较高的课堂学习境界。

【示例】

于漪执教朱自清的《春》一文时，没有马上导入对文中山水花草、鸟树风雨等春天景物状写的赏析，而是用一段富有启发性的导语让学生感受春的气息，引起学生对春的无限遐想，她这样说道："今天，学习朱自清先生的《春》。一提到春，我们眼前就仿佛展现了阳光明媚，东风荡漾，绿满天下的美丽景色，就会觉得有无限的生机，无穷的力量。古往今来，许多文人用彩笔描绘春天，歌颂春天？同学们想一想，诗人杜甫在《绝句》中怎样描绘春色的？（同学背诵：两个黄鹤鸣翠柳，一行白鹭上青天。窗含西岭千秋雪，门泊东吴万里船。）王安石在《泊船瓜州》中又是怎样描绘的？"

在同学们分别背诵相关诗句后，于漪老师继续说："以上背诵的诗都是绝句，容量有限，是取一个景物或两三个景物来写春的，今天学的

---

① 曹会雨.情感渲染的语文课堂导入艺术[J/OL]. http://blog.tsjy.com.cn/u/5727/archives/2010/21134.html.

散文《春》写的景物可多了，有山、水、草、树、花、鸟、风、雨等等。作者是怎样描绘的呢？再说，春就在我们身边，现在我们就欢乐地生活在阳春三月的日子里，文中写的这些景物的姿态、色彩等等你注意到没有呢？让我们细读课文，领略大好春光，寻找与作者观察的差距。”[①]

于漪老师以充满激情和感情色彩、并与文章的思想情感相一致的语言构成的导入语，捕捉教学内容的唤情点，创造了特定的审美天地中特定的情感氛围，使学生在对审美客体逐一细致的把握中始终灌注情感的因素，激发起学生对春天的向往喜爱之情。在于漪这个美的发现者的带领下，学生步入于特定的审美天地，对文本的理解也更为生动而深刻。

设计激情渲染导入语的关键在于教师要根据不同的教学内容采用不同的激情方法，教师首先要钻研教材，把握作者蕴含其中的情感脉搏，再依此设计出与作者感情一致的导入语。在实际导入课文时，教师还要配合相应的语速、语调、面部表情和肢体语言。

6.“温故知新”式导入语

这是一种非常实用的导入方法。事实上，每一门学科，知识之间都是相互关联，有很强的连贯性。在检查学生前次课所学内容的同时进行课堂导入，既让学生巩固了已学的内容，同时使学生对所学的新知识不致太陌生。尤其可以帮助学生克服学习新知识的畏难心理。当然，我们要注意的是，这种导入方法是一种非常理性的方法，其借助的是前后知识的连续性。所以，教师在采用这种导入方法的时候，要选择前后关系比较直接、比较密切的知识点。

采用“温故知新”导入，教师往往会设计问题，对前知识点进行复习检查，要注意语言的准确性和简洁性。

【示例】

在教学《血液循环》一节时，导言可以这样设计，从复习植物茎的结构导入，先提问学生：导管有什么作用？筛管有什么作用？教师总结学生的回答：植物生长所需要的水和无机盐是通过导管来运输的，植物生长过程中所需的有机物是通过筛管来运输的，那么人需要的有机物是通过什么来运输的呢？这就涉及血液循环了，教师就此板书课题，接着交代教学目标和内容。[②]

运用这样的导言，以复习旧知识为桥梁，不仅把新旧知识联系起来，巩固了

① 陈爱平：《于漪语文教学的艺术感觉》，中学语文，1997 年第 5 期。
② 任思胜：《浅谈初中生物课堂教学的导入法》，中国校园文学·教研版，2009 年第 9 期。

旧的知识，而对于理解新知识的实质是有很大启发的，这符合学生的认知规律，使“要我学”转变为“我要学”，激发了学生的求知欲望，调动了学生的积极性。

7.“直观激趣”式导入语

直观激趣的导入语是指用诙谐、幽默、风趣的语言构成导入语，同时可以辅以实验、表演等。使用这种导入语，可以在短时间内抓住学生的心，活跃课堂气氛，吸引学生去学习新的内容。并能在趣味中引导学生抓住学习重点，真正做到寓教于乐。

直观激趣的方法很多，用谜语、故事、笑话、甚至表演、实验等等。但是，教师所设计的导入语内容应与新内容有联系，包含新内容的重点或难点。使用趣味导入语要注意分寸，笑话或小幽默不能太俗。趣味导入语的设计和运用也要求教师必须具有幽默感。教师只有以诙谐、有趣、生动的语言来讲述趣味导入语，并配以适当的表情，才能真正吸引学生的注意力，才能真正发挥趣味导入语的作用。

【示例】

一位老师在上《装在套子里的人》时是这样导入的：上课铃响，同学们静坐等待语文老师进入课堂时，语文老师身穿黑色大衣，竖着衣领，头戴黑帽，耳朵上套着耳套、鼻梁上架着墨镜，左手提着黑雨伞，右胳膊下夹一个讲义夹，慢慢走进了教室，口中念念有词：“可千万别闹出什么乱子……”全班哄堂大笑，热烈鼓掌。①

《装在套子里的人》这篇课文，主要从别里科夫的外形描写和行动描写，刻画了这个“套中人”从里到外的刻板与守旧。老师正是抓住了“套中人”别里科夫外形特征，活生生地出现在自己学生的面前，吸引了学生的注意。接下来的课堂气氛就可想而知了。同时，让学生直观感受了这个“套中人”的形象，在其后的课文学习中，学生能够调动自己的直接感知，深刻解读这个任务形象，真正起到了事半功倍的教学效果。

【示例】

在讲《燃烧和缓慢氧化》一节时，教师问同学们是否喜欢魔术表演，大家齐声说“喜欢”。那么今天老师就给大家表演一个魔术，名叫“烧不坏的手帕”。实验：把棉手帕放入酒精与水的溶液里浸透，然后轻挤，用两个镊子夹住手帕两角，在酒精灯上点燃，火焰很大，等火焰

① 刘志.情感渲染的语文课堂导入艺术[J/OL]. http://www.zgxzw.com/Teacher/View.asp?ID=16208.

减小时迅速摇动手帕，使火焰熄灭，而手帕依旧完好如初。同学感到很惊讶，有的小声议论，很想弄明白其中的道理，这时候因势利导，提出问题："手帕为什么没有烧坏呢?"从而引出新课"燃烧是有条件的"，为后面讲解燃烧的条件、灭火的方法、着火点的概念做了很好的铺垫。①

该位教师在教学之初就为学生创设了实验情境——魔术，通过"烧不坏的手帕"这个实验，在新颖、奇特、多变的现象中，很好地唤起学生的无意注意，激发学生的直觉兴趣。在学生感觉很惊讶，极力想需求答案的时候，教师因势利导地提出了学习的任务。重要的是，教师依靠所创设的实验情境的内容和教师的引导将学生的无意注意转变为有意注意，激发了学生探究的欲望，为后面的学习做了很好的铺垫。

二、讲授语

(一)讲授语的作用和要求

讲授语是教师较系统、完整地阐释教材内容的教学用语，是课堂教学中最主要的教学言语。它主要用来讲授学科知识、传授学科的技能技巧，提高学生的知识水平和各种能力。教师把教学中的新知识、重点与难点内容，用自己理解了的浅显易懂的语言向学生阐释、分析、叙述、说明，使学生掌握学科知识。讲授语最能体现教学口语的基本特点，其应该具有以下的特点和要求：

1. 准确精炼，富有启发

教师所教的各门学科，尽管学科的内容和性质不同，但是都是科学知识。既然是科学知识，就应该用科学、规范的语言来表达。教师所讲的概念、原理、规则、结论等，都必须符合各门学科的科学性要求，做到准确、无误、完整、周密。不能向学生传播无用信息，更不能传播错误信息。

教学的过程，不仅仅是简单的传授知识的过程，还应当注重发展学生的思维。所以，教师的讲授语应当具有启发性。

2. 规范流畅，通俗晓畅

教师在教学时，要做到"知而能言，言而能顺"。不仅表现在课堂表述上要顺畅，还表现在答疑接话上，要应对敏捷。流畅是教学口语的基本功。教师在语言的遣词造句方面不能有错误，避免用词不当、语句不通、半截话、复义语、颠

---

① 佚名.初中化学课导入艺术[J/OL] 初中化学在线 http://www.czhxzx.com/Article/14978.html

三倒四等语病。同时,学生的学习过程不单是学习知识的过程,也是学习语言的过程。所以,教师的语言规范,在潜移默化之下,学生也能规范用语。否则,会起到消极的示范效应。

课堂的讲授语,毕竟是教学口语,所以,既要讲究讲授知识的科学性,也要兼顾到语言的通俗性。比如高度的抽象性是数学学科的基本特点之一。为了把抽象的理论讲得具体形象、通俗易懂,这就需要教师注意语言叙述的变换、用词的变更、方式的变化,通过有魅力的、通俗的语言辅助生动的图形,达到一目了然,充分理解的教学效果,从而使问题在简单的环境中得以解决。

3. 讲问结合,灵活多样

教学的过程本身就是一个对话的过程。所以,课堂上要注重师生的交流。如果教师一讲到底,学生只是被动地听,被动地接受,往往会出现"消极接受"的现象,不利于教学的展开。传统的"满堂灌"就是一个典型的表现。当然,只问不讲则不利于知识的系统讲解,所以应把讲和问很好地结合起来。

要想达到好的教学效果,就必须灵活地有机结合其他的教学方法和教学手段。课堂讲授应与读、议、练等几种教学方式结合起来穿插进行。当然,应如何安排读、议、练的时间和顺序,则依具体教材内容和学生的不同情况而定。讲解要尽可能结合板书、图片、幻灯、音视频等直观手段,让学生的多种感官都参与学习活动。

(二)讲授语的类型

1. 叙述性讲授语

叙述性讲授语就是以平实自然的语言对某一特定教学内容进行条理分明、清楚完整的表达而使用的课堂用语。该种教授语适用于历史事件、作品内容、实验过程、作家作品的介绍;适用于观点的说明、定理的证明、定律的证明等等。叙述性讲授语要注意条理性、整体性,因为没有过多的感情润色,所以应注重语言的通俗和简练。

【示例】

一位教师在教授"北朝黄河流域的各民族大融合"时,开始讲述:

"公元494年的一天,有个皇帝在洛阳街上看见一个鲜卑族的妇女坐在车中,仍然穿着夹领小袖的鲜卑服装,大为发怒。于是就在朝会上责备这个地方的行政长官,说他奉行命令不力,督察不严,那位长官辩解说,那只是少数人的打扮。皇帝一听非常恼火反问道:难道要全部那样打扮才算上督察不严吗?这简直是一言丧邦!又转向史官说，应该把这件事记下来！这个皇帝就是北魏孝文帝。他为什么这样严厉禁止鲜卑妇女穿民族的服装呢？我们本节课就专门要讲这个问题。”①

2. 描述性讲授语

描述性讲授语就是以生动形象的语言对被描述对象的形象、情形、状态、形状等进行具体细致的描绘或特征勾画而使用的课堂用语。一般在文学作品分析中用得比较多。其他学科中凡是传授感性知识的地方也都可以用描述性讲授语。描述性讲授语具有形象性和生动性的特点。为了向学生展示人物、景象、事物的真实具体的形象，要注重语言的文学润色和雕饰，从而增强语言的感染力，促进对知识的理解和掌握。

【示例】

教读朱自清《荷塘月色》，学生对课文第四自然段中“微风过去，送来缕缕清香，仿佛远处高楼上渺茫的歌声似的”一句不好理解，老师讲道——

“一阵一阵的，断断续续的，有时很香，有时又没有，使劲儿也闻不出来；你再闻，它又来了。就这么个味儿，若隐若现，若有若无。这就好像远处高楼传来断断续续的歌声似的。这就是作者比喻奇特的地方。还有一处，就是作者写动态下的叶子，“叶子本是肩并肩密密地挨着，这便宛然有了一道凝碧的波痕”。为什么像“凝碧的波痕”呢？你们看见过荷塘没有？那微风吹过来，荷叶朝一边靠拢，有的分开了。靠拢，分开，就有起伏，就像波浪。那又为什么是“凝碧的波痕”呢？因为叶子靠拢来以后，整个颜色就显得深了。大家注意体会。这里写荷塘里动态的景物主要是用一些奇特的比喻，绘声绘色地把我们带进迷人、似乎还有点神妙的境界。这就是月下荷塘的景致，很优美，很迷人。下面我们大家一起朗读一下，好好体会体会。”（全班朗读第四自然段）②

教师讲授的这句话，是运用了通感的手法来写的。同时，这句话又将荷花那种若有若无及月夜下荷塘的迷离、优美的景致展现在读者面前。如果从修辞角度讲解什么是通感，固然可以把知识点讲解清楚，但无形中必然破坏文章的

---

① 佚名. 教学语言之讲授语的表达方式研究和探讨[J/OL]. http://blog.stnn.cc/sanersbook/Efp_Bl_1002132429.aspx

② 海的女儿. 教授语言之讲授语的表达方式研究和探讨[J/OL]. http://blog.stnn.cc/sanersbook/Efp_Bl_1002132429.aspx

美感。所以，教师运用了优美的语句，采用描述的方法，根据已有的语句进行再造想象，再现了荷塘的美景，使学生在身临其境的同时深刻领悟到朱自清语言的魅力。

3. 阐释性讲授语

阐释性讲授语常常用来解释名词概念、定义定理，阐释定义概念的具体含义及其内涵与外延，阐释某种现象的成因或事物的构造成分等。阐释性讲授语在理科的课程中运用得比较多。语言要求准确、精炼。同时也可以其他直观的方法予以辅助，力图使讲授明白、易懂。

【示例】

初中学生一开始学历史，就要接触到“公元”和“公元前”这两个时间概念。有一位教师是这样讲的：

首先在黑板上画了一个数轴，学生们立即被弄糊涂了，怎么历史课上到数学上面去了呢？他们的眼光都投到了数轴上。教师趁机指着数轴讲道：“我利用数轴介绍两个时间概念。时间是既没有起点也没有终点的，就像数轴上的数一样。因此，数轴可以把时间的这一特性表现出来。我们假设数轴上的刻度都是表示年代的，以原点为界，原点左边的‘－1’表示公元前一年，‘－2’表示公元前二年，正像负的绝对值越大其值越小一样，公元前二年比公元前一年离现在更远。这段时间可以直接从数轴上看出来。”教师一边讲一边在数轴上截取线段，学生很快就理解了。随后，告诉他们，秦是公元前221年统一中国的，让他们看着数轴计算秦的统一离今年有多少年，学生很快就计算出来了。最后，教师告诉学生，公元元年是传说中耶稣诞生的那一年。①

“公元”和“公元前”是历史课两个最基本的事件概念。但同时又是两个极其抽象的概念。为了帮助学生掌握这两个概念，教师利用了学生的数学知识，采用画数轴的方式，结合讲解，加强了教学的直观性，学生很快理解了这两个概念。

4. 谈话性讲授语

谈话性讲授语是一种广泛应用的教学语言形式。在教学中，教师要运用适当而巧妙的话语或方式，给学生以启迪、开导和点拨。为此，教师在学生已有知识的范围内提出问题，让学生进行思考，在问答之间使学生获得知识。

---

① 傅志超：我这样讲清“公元”和“公元前”两个时间概念，湖北教育，1983年第11期。

【示例】

钱梦龙老师在执教《愚公移山》"邻人京城氏之孀妻有遗男，始龀，跳往助之"是这样进行谈话性讲授的：

师：那个"遗男"有几岁了？

生：七八岁。

师：你又是怎么知道的呢？

生：从"龀"字知道的。

师：噢，"龀"是什么意思？

生：换牙，换牙时七八岁。

师：这个年纪小小的孩子跟老愚公一起去移山，他爸爸肯让他去吗？

生：(思考后)他没有爸爸！

师：你怎么知道？

生：他是寡妇的儿子，孀妻就是寡妇。[①]

古文教学，重在对文中字词的理解，从而培养学生古文的阅读能力。案例中，对于"龀"和"遗孀"的理解，钱老师并没有采用最传统最直接的方法，而是在老师一步一步地启发追问下，在一问一答之间，学生自己找到了问题的答案，理解了课文并提高了阅读理解能力，这比老师直接告诉学生，要学生记住"龀"和"孀妻"的意思印象要深刻得多。

三、提问语

(一)提问语的作用和要求

提问语是以发问的形式开发学生的智力，唤起学生进行思维活动而使用的语言。课堂教学过程，本身就是一个提出问题、分析问题、解决问题的过程。所以，提问是课堂教学常规的教学手段。好的提问是深化知识的阶梯，是触发灵感的引信，是感悟理性的契机。提问语应当具有以下的特点和要求：

1. 针对性

教师设计的每一个问题，既要针对学生的年龄特点，同时也要有明确的指向性。明确的指向性既是指提问的语言要明确，不能模糊不清，也是指问题设计要针对教学的重点难点，用不同的方式提出不同类型、不同层次的问题。只

---

① 佚名.钱梦龙《愚公移山》课堂实录.绍兴市中学语文研修网. http://www.sxjky.com/zxywl/ShowArticle.asp? ArticleID=3211.

有这样，才能展示知识的内在联系，才能激发学生对问题的兴趣。

2. 思辨性

课堂上的每一个问题，教师都要考虑其价值。具有思辨性的提问，能够激发学生探究的兴趣，促使学生深入地思考，研究，在思维的碰撞中迸发出智慧的火花。在现实的教学中，有的老师习惯“满堂问”，一问一答贯穿教学始终。“满堂问”往往表现为频繁的问、无疑而问，问得单调，问得笼统，问得无的放矢。无视中学生的年龄特点，忽视了知识的整体性。所以，精妙的设计提问，能有效提高学生学习的积极性，达到事半功倍的教学效果。

3. 适度性

由于教材内容和学习要求的不同；学生的不同年龄，不同的认知水平和思维方式，使得教师在提问时，特别要注意提问的适度性。所谓提问的适度性是指提问要适度、适时、适量。适度是指提问要面对全体学生。《学记》中说：“善问者如攻坚木，先其易者，后其节目。”问题过易或过难，都会使学生产生厌烦或抑止心理。所以，适度的问题，既不能让学生有望而生畏之感，又不能让学有不动脑筋就能轻易答出的懈怠。要让学生感到“三分生，七分熟，跳一跳，摘得到”，从而增强学习的信心。适时是指教师要在学生处于“愤悱”状态时，及时提问和适时点拨，能促使学生积极热情地投入到学习活动中去。在学生“心求通而未得”、“口欲言而未能”时，教师从不同角度提出一些新颖的问题，调动学生积极思维的主观能动性。适量，是指教师要恰到好处地掌握提问的频率。问题的设置应疏密相间，不能连问不断。每提出一个问题，要留给学生充分思考的时间，保证学生对问题思考的全面周到。

（二）提问语的类型

从不同的角度进行提问，效果往往不同。而根据不同教学目的以及根据教学内容所生成的问题情境，提问语的类型是多种多样的。

1. 直问式提问

“直问式”就是开门见山，直接提问。这种提问语在教学中占的比重是最大的。其好处在于针对性强，便于学生有目的地进行思考。但是要注意的是，在直接提问中，要尽量少用判断性提问，即采用“是不是”“对不对”进行发问，要做到在关键处发问。

【示例】

某教师执教中学历史课《清朝政局的变动》一节是这样发问的：

师：如果政局发生变动，那么可能在哪些方面有所体现？你能较快地从课本中找到政局变动的表现吗？

生：（学生阅读课文，发表意见）

师：同学们回答得很好……从60年代开始，清政府的中央机构、中央掌权者、地方掌权者都发生了重大的变化，随之而来的还有清政府对外国列强的态度发生了变化。……我们逐个对这些变化进行分析：从课文中提供的阅读文字中，分析出进入19世纪60年代清王朝在什么样的背景下增加了中央机构？

生：（阅读课文小字部分的内容，进行归纳）

师：总理衙门设立的背景是随着中国大门被西方列强打开，外交事务日益增多，需要一个专门机构进行外交活动。鸦片战争以前清政府为什么没有与列强交往的外交机构？

生：（思考并回答）①

在教学过程中，教师所提的三个问题都是直接提问。第一个问题要求直接回答清朝政局变动体现的方面；第二个问题要求直接回答清王朝在怎样的背景下增加中央机构；第三个问题提问鸦片战争以前清政府为什么没有与列强交往的外交机构。提问明确，而且提问能够紧密围绕本堂课的教学重点，抓住了问题的实质。每个问题之后，学生的学习任务非常明确。

2.曲问式提问

曲问式提问就是虚问，是旁敲侧击，迂回战术。教师不直接针对重点、难点发问，而是采取绕弯子的方法，逐步引入正题。这种提问的好处在于富有启发性，加深学生对教学内容的印象，增强教学的效果。

【示例】

苏教版语文教材第七册，课文《一面》中有这样一个句子："那笑声里，仿佛带着一点'非日本'的什么东西。"教师设计了这样一组提问：

①《一面》写于何时？当时的背景怎样？

②文中提到的内山与鲁迅的关系如何？何以见得？

③在此基础上，理解"'非日本'的什么东西"到底是什么意思？

在这句话中，教学难点是理解"'非日本'的什么东西"是什么意思。如果教师采用直问式的提问方法，学生很可能回答不上来。为此，教师采用迂回的手段，引导学生层层深入进行考虑。第一个问题是从时代背景的角度着手分析；第二个问题引导学生认识到内山和其他日本人尤其是帝国主义侵略者是完全

---

① 张淑兰.教案精粹.http://www.henanedu.com/2004/11/16/2004111644699.shtml.

不同。这样，有了前两个问题的铺垫，第三个问题也就水到渠成了。[①]

3. 开放式提问

开放式提问又称为发散性提问。这种提问往往没有一个固定的答案，学生回答可以有自己独特的见解。这类提问方式，适用与任何一门学科，有助于激发学生的想象力，促进创造性思维的发展。

【示例】

教学 RSEFC Book 2A Unit 7 Living with disease 的课文 Born Dying 时，可设置这样的问题：How should we treat AIDS patients in the future? What can we do to help them?[②]

研究表明，在中学英语课堂中，教师设计的问题绝大部分属于信息性提问，这些问题均是围绕课文内容的理解提问，问题答案一般是限定的、唯一的，是可通过快读、跳读等阅读技巧在课文中直接找到的。由于答案在教师的意料之中，所以师生之间缺乏一定的信息传递。在该案例中，教师设计的这个问题极具发散性、生成性。在启发学生思维的同时，很好地兼顾了英语学科的特性，在鼓励学生积极参与讨论的同时，提高其语言交际能力，促进学生自我表达能力的增强。

4. 宏观式提问

宏观式提问在语文课中用得比较多。现代语文课堂教学，反对“满堂问”，要求从整体把握文本。因此，在教学中，要就课文大的方面、整体性的内容提出问题。这类问题往往就是核心问题。当然，要避免不着边际又大又空的“真空”问题。因为“真空”问题往往不贴近教学目标，学生的回答容易模棱两可，教师的评价也会含含糊糊，无法真正解决问题。

【示例】

教学《荷花淀》时，教师提问：“水生嫂的性格怎样？你是从哪些地方看出来的？你认为哪些环境描写特别精彩？”

《荷花淀》是一篇小说，小说的特点就是人物形象的刻画。针对中学生，如果还是通过细小问题的提问牵导学生进行文本解读，既容易造成“瞎子摸象”的现象，也不利于学生整体把握文本。宏观提问的好处在于提醒学生胸有全局，善于从整体上考虑问题，避免以偏概全。案例中的这些问题都能较好地切中文

---

① 佚名. 提问艺术例谈[J/OL]. http://www.ht88.com/article/article_14511_1.html.

② 陈亚萍. 有效教学的核心——课堂提问[J/OL]. http://jsyx.fhedu.net.cn/detail.asp?infoID=510.

章要处,引导学生直接把目光投向文章关键,从而很快突破教学难点,培养学生的阅读理解能力。

5. 微观式提问

微观式提问是就课文的局部或细部设计的提问。其最大的好处能使学生养成推敲的习惯,品味语言,斟酌字词。当然,要力戒琐屑不堪,没有思考价值的小问题。

【示例】

徐振维老师在上《祝福》时曾是这样处理的——

师:“我”在祥林嫂死去的当晚,独坐在油灯下时,为什么写下雪的声音?

生:(惊异、惘然)。

师:你们平时听到过下雪的声音吗?

生:(默然)。

师:下雪在“我”听来为什么似乎“瑟瑟有声”?

生:这样写是为了说明祥林嫂就埋葬在大雪里头。

师:(引导学生研读原文,读“使人感到更加沉寂”)可见,写雪是为了写……

生:是为了写当时的封建势力之盛。

师:我们要学会具体分析的方法,不能老是套概念化的结论。“沉寂”是什么意思?反映什么心情?

生:沉闷、寂静,反映心情沉重。

师:对了,所以,写似乎听到“瑟瑟有声”,是为了写“沉寂”,是为了突出心情的沉重,气氛的沉闷。①

徐老师为了让学生理解课文中作者写下雪声音的目的,紧紧扣住“瑟瑟有声”、“沉寂”这两个词语,结合学生的生活体验,引导学生思考。从而将下雪的声音和人物的心情联系起来,引导学生正确解读。

6. 层递式提问

层递式提问是指在教学过程中,对于一些繁难复杂的问题,教师可以在提问中多层设问,化整为零,在解决一个个小问题的基础上深入到问题的中心、实质。这样由易及难,顺藤摸瓜,逐步抓住问题的实质。

---

① 译名.提问艺术例谈[J/OL]. http://www.docin.com/p-11933041.html.

【示例】

在地理课《母亲河》的教学中，在学生对黄河下游情况有了感性认识的基础上，教师由浅入深设计了一组“层递式提问”，要求小组合作探究：

问题1：黄河面临怎样的危机？

问题2：黄河危机形成的原因是什么？

问题3：我们怎么样才能解决黄河的危机，拯救我们的母亲河？①

教学中，“我们要保护母亲河，合理利用母亲河，实现人与自然的和谐”是本课的教学重点和难点。为了突破重难点，教师通过这一组提问，一环紧扣一环，一层递进一层的提问，引导学生思维不断向知识的纵深和宽广方向进一步发展。通过问题1，学生认识了黄河的独特现象；通过问题2，学生认识到黄河中游水土流失严重的现象，探究黄河中游水土流失严重的原因；通过问题3完成思想情感上的升华：“我们要保护母亲河，合理利用母亲河，实现人与自然的和谐。”这样，通过层层剖析，循序渐进，学生自己得出结论，有效地解决了重难点。

四、应变语

(一)应变语的作用和要求

应变语是指在教学过程中，教师针对突发的情况，为调整师生关系而保证教学的顺利进行所采用的课堂语言。

叶澜教授指出：“课堂应是向未来方向挺进的旅程，随时都可能发现意外的通道和美丽的园景，而不是一切都必须遵循固定线路而没有激情的行程。”由此可见，课堂教学本身就是一个动态生成的过程。在教师、学生和文本多向的交互和对话中，会出现许多教师预设之外的情况。这就要求教师在教学过程中，根据各种情况，灵活运用应变语，机智、巧妙地调控教学活动。应变语是教学机智和语言机智的表现。当然，这是教师通过长期课堂教学实践而获得的较高层次的教学口语能力。应变语应当具有以下的特点和要求：

1. 益于教学

对于在教学过程中出现的各种意外事件，教师的应对都要遵循一条根本的原则——有利于教学。或者是调整学生的注意力，使学生能够重新有效地关注课堂教学；或者是有效利用课堂的动态生成，使之成为课堂的教学资源；或者是

---

① 杨慧娥. 关注课堂提问 激发学生思维[J/OL]. http://jsyx.fhedu.net.cn/detail.asp?infoID=1526.

平息课堂意外，重新营造教学氛围；或者是机智解决教学问题，保证教学的顺利进行；或者是巧妙化解矛盾，调整师生关系。无论怎么做，都要避免这些意外事件成为课堂教学的阻力。

2. 尊重学生

教学中的很多意外都是学生造成的。比如调皮学生的恶作剧；学生提出的稀奇古怪的问题、回答等。教师就要运用自己的教学机智，随机应变，进行有效的调控。但是，教师要有宽容的态度，不仅对于学生的恶作剧，对于学生的古怪回答和提问，教师也不能冷冰冰的一味否定。事实上，这些古怪的提问和回答有的包含学生智慧的火花，有的则能够为教师所用，成为课堂教学非常有效的内容。所以，教师在应对的时候，就要尊重学生，不能嘲笑和讽刺。

3. 新颖别致

教师要善于摆脱惯性思维的约束，巧妙应对。如果教师一味采用说教的方式或者固定的方式来应对各种意外，就会让学生陷入"审美疲劳"的境地。教师运用自己的教育机智，使用新颖别致、出其不意的应变语，会更吸引学生，也会使学生更佩服教师的才智。比如教师可以利用汉语本身的多义、谐音等特点进行应对，营造一种轻松幽默的氛围，从而达到出其不意的教学效果。

(二)应变语的类型

根据意外事件的不同情形，教师应当采用不同类型的应变语。应变语有以下的类型：

1. 自我解嘲式应变语

自我解嘲式法就是针对教师自身的失误或差错，用解嘲的方法来将自己从尴尬的困境中解脱出来。在教学过程中，教师难免会出现错误的时候，比如表达错误、思维阻碍、板书错误、评价失当等。如果处理不当，不仅无益于教学，甚至会有一定的负面效应。若老实承认错误，难免尴尬难堪；若死要面子不承认，自然会破坏在学生心目中的形象。

【示例】

一位广东籍的语文教师，普通话很不标准。在给一个新班级上第一节语文课时，他说了句"我打个比方……"，全班同学就立刻哄堂大笑，原来他把"我打个比方"说成了"我打个屁放"，这位教师面对大家的哄笑显得十分尴尬，如何处理呢？好在他十分灵机，调侃道："打个屁放，大出洋相，各位同学，莫学我样，说好普通话，朋友满天下。”[①]

该位教师普通话确实不标准，闹了一个大笑话。但是，他在面对自己的普通话失误的时候，并没有逃避，也没有掩饰，而是运用自己的智慧，大胆地借助自嘲式的调侃巧妙地延伸发挥，既挽回了自己的面子，又适时地教育了学生，千万要学好普通话。

2. 顺水推舟式应变语

有的时候，学生的回答会大大超出教师的意料之外，但有时候也能够给教师带来意外的灵感。教师就要敏锐地抓住这个教学契机，并以此为教学的切入口，顺着新的教学思路推进教学。

【示例】

老师正在教蛋白质一节时，讲到血渍是蛋白质，用什么方法来洗涤时，有同学讲到用“酶”，马上一学生怪腔怪调地说：“唾液中也含有酶，那唾液也可以洗涤血渍？”顿时引来一阵哄堂大笑。老师没有被激怒，反而平静地说：“这问题提得正好，我正要问大家，你们说唾液可不可以洗涤血渍，为什么？大家讨论一下。”[②]

由该案例，我们看到，学生提出的这个问题，其出发点并非出于学习，也确实给课堂教学带来困难。这位教师巧妙地把这次教学意外变为可利用的生成点，顺着学生的问题，紧紧扣住“酶的特性”这个教学内容，很自然地将问题又抛回给学生。既解决了学生提出的问题，又使学生了解了酶的特性，还不影响教学的进行，并使学生受到了教育。

3. 因势利导式应变语

课堂教学过程不是一个表演“预设教案”的过程，它时时会受到各种干扰，尤其是学生在课堂上的回答。教师要善于顺势而导，使得教学能够朝着预定的目标顺利进行。

【示例】

讲授陶渊明的《归园田居》，教师让学生体会诗人笔下清新优美的自然风光，忽然李同学举手站起来说：“诗人笔下又是鸡又是狗的，脏乱不堪，我觉得毫无美感可言。陶渊明当官当不成，就说官场不好，这不就是‘吃不着葡萄就说葡萄酸’么！”李同学坐下去后，教师发现下面

---

① 罗水英. 浅谈教学应变语[J/OL]. http://blog.stnn.cc/lsybk07/Efp_Bl_1002133245.aspx.

② 张爱菊. 新课改化学课堂教学机智探析[J/OL]. http://www.zjpqzx.com/ReadNews.asp?NewsID=506.

有人在窃笑,还有的点头表示赞同,看来,由于时代的差异和人生阅历的不足,学生对这样的作品还是有隔膜的。怎么办呢?这个时候,教师灵机一动,顺着学生的思路说:“是呀,我也有这样的疑问。诗人笔下的景物再平常不过了,可他为什么会觉得如此美好呢?哪位同学可以揣摩一下诗人当时的心情?”①

课堂教学是一个教师和学生思想进行碰撞的过程,教师和学生之间由于存在知识水平和经验阅历差异,必然导致语文课堂认识水平的差异。在本案例中,学生所处的时代与陶渊明相差甚远,理解出现偏差在所难免。如果教师对学生的回答全盘否定,一定会打击学生学习的积极性,同时对文本的理解也无任何作用。为此,教师没有贸然予以否定,而是顺着学生的思路,随机应变,一石激起千层浪,学生说话的欲望顿时被调动起来,思路也被打开了,起到了“山重水复疑无路,柳暗花明又一村”的效果。

3.巧借情境式应变语

在教学过程中,突如其来的外界变化因素,会影响学生的注意力,从而破坏原先的教学情境。因此,面对此种完全出于预料的变化,教师要能够借助该情境,迅速、合理地组织语言。如果处理得当,还能够有效地促进课堂教学。

【示例】

教师正在分析“认识的根本任务”,一架飞机轰隆隆从教室上空飞过。由于飞机飞得很低,响声大,不少同学都往窗外看。这时,如果教师吆喝学生“注意”,显然是无效的。因此,教师暂停讲课,出乎意料地问:“刚才飞过的飞机以什么为燃料?”“汽油”学生几乎异口同声地回答道。“错了!”于是在全体学生注意力高度集中的期盼中,教师说:“飞机是以航空煤油为燃料的。”在学生惊奇之余,教师则借题发挥:“看来在任何时候,我们认识事物都必须透过现象认识本质。否则,就会犯错误。”②

飞机飞过,吸引了学生的注意力。教师巧妙地通过提问“飞机以什么为燃料”,不仅增强了学生学习的兴致,而且使学生在不知不觉中回到了授课的主题,集中注意力又开始仔细地聆听教师的讲课了。从而不仅化解了意外事件的干扰,而且让这一事件成为融入课堂内容的一部分,反而增强了课堂教学的感

---

① 南立杰.浅谈语文课堂教学机智的应用与反思[J/OL]. http://www.cnjxgj.com/zxyw/2007/4774_2.html.

② 张晓波.教学机智在化解课堂矛盾中的运用[J/OL]. http://www.scx2z.com/Item/846.aspx.

染力。

5. 即兴幽默式应变语

幽默是教学机智的润滑剂，是教师学识、智慧、灵感和思想在语言运用中的结晶，能够带来快乐和愉悦。教学中的即兴幽默，有时也带有讽刺成分，但绝不是挖苦，是讽而不苛、刺而不毒，是怀有热情的期待，富有浓浓的人情味。

【示例】

> 一历史教师讲授宋朝纸币——飞钱时，发现一位女生打瞌睡。我说："我本以为钱是很有魅力的，谁知在座中就有不为金钱所动者，依旧在打她的瞌睡。"全班皆笑，她也笑。此后该生从未在历史课上打瞌睡。①

针对学生在课堂上打瞌睡的情况，教师如果采用粗暴的手段，一味批评指责，往往会让学生产生逆反心理，起不到好的教育效果。然而案例中的教师，机智地利用课堂教学内容——飞钱，善意地提醒了学生，既避免打瞌睡学生的尴尬，同时也在笑的氛围中，教育了其他同学，调整了课堂气氛，可谓匠心独运。

五、结束语

(一)结束语的作用和要求

结束语又叫做断课语、结尾语。是课堂教学将要结束时，教师对这堂课的内容做提纲挈领地归纳或引导学生利用所学知识进行拓展迁移所使用的教学口语。

结束语在教学中所起的作用是多样化的。在授课过程中，教师所讲解的知识点往往是分散的，教师为了让学生对所学知识有个完整的印象，可以利用结束语对所学知识进行归纳总结，起到提纲挈领的作用。再有，临近下课，学生的注意力往往会分散，因此，一个精心设计的结束语，可以重新激发学生的兴奋点，从而获得好的教学效果。明代文学家谢榛谈及文章的开头和结尾时说："起句当如爆竹，骤响易彻；结句当为撞钟，清香有余。"②讲课也如写文章一样，要注意章法。一堂课的结尾，应如深山古刹的钟声，余音绕梁，不绝于耳，留给人悠悠的情思，很多很多的回味。当然，结束语并不是仅仅为本堂课服务，好的结束语，不仅对本堂课起到收束的作用，而且还能够将教学延伸至课后，或者课外，甚至是下节课。

---

① 杨德群：初中历史教学中的机智，中学历史教学参考，2004 年第 8 期。

② 转引自罗明东，崔梅，单春樱，周芸：《教师口语技能》，云南大学出版社，第 43 页。

结束语作为一堂课的有机组成部分，应当具有以下的特点和要求：

1. 简洁

结束语应当是课堂教学内容的自然收尾，因此，繁琐杂乱，啰嗦无序的结束语，不仅会浪费教学时间，而且会造成极差的教学效果。在写作上，我们强调"凤头"、"猪肚"、"豹尾"。所谓"豹尾"是指强有力的结尾。在教学中，经历了长长近40分钟的学习，简明扼要的结尾，能够起到画龙点睛的作用。切忌故弄玄虚，小题大做。

2. 完整

结束语要简洁，但不意味着可以随意草率。有的教师总认为结束语不重要，所以，总是草草收场。如果临近下课，老师匆忙慌乱的随意结课，那既起不到总结强化知识的作用，而且破坏了整堂课的教学完整性，有虎头蛇尾的感觉。所以，作为课堂教学不可或缺的重要环节之一，无论教师采用何种类型的结课语言，都要注意语言表达的完整性。

3. 灵活

结束语同样忌讳公式化、套路化。若结束语平淡无奇、缺乏生气，那么，根本无法再次激发学生的兴奋点；如果每次结课，都是同一个模式，久而久之，学生必然生厌。因此，教师应当根据不同学科的特点，根据不同的教学内容和教学目的，精心设计。力求巧妙灵活，课结意酣。

(二)结束语的类型

1. 总结归纳式结束语

总结归纳式结束语是教学中最常用的教学语言。一堂课讲授完毕，教师对该节课所讲的内容进行归纳，对所教授的知识点进行提炼，有助于学生梳理、总结和巩固知识点，加深对学习内容的理解。

【示例】

英语"if条件句虚拟语气"语法教学中，在通过例句让学生总结出现在、将来、过去事情的虚拟情况后，教师这样设计结束语：

"各虚拟句谓语形式的总原则，就是把他们的时态后推一个时态。非虚拟句中采取一般现在时的，虚拟时改为一般过去时；非虚拟句中用一般将来时的，虚拟时改为过去将来时；非虚拟句用过去时的，虚拟时改为过去完成时。"①

在英语教学中，尽管学生已经通过例句总结出了相关的语法知识，但是，要记忆该语法点却是很困难的事情。案例中的教师很巧妙运用归纳，使学生对课堂所学知识有一个清晰完整又主题鲜明的认识。同时，帮助学生删繁就简，不用死记语法形式，而是借助教师的归纳，运用时态知识，自己推导即可，这样大大降低了知识的难度。

2.设置悬念式结束语

教学中，教师根据教材特点和教学内容，于紧要处设置悬念，能有效调动学生的积极性，对所学知识进行深层次的思考。事实上，教师通过设置悬念，也就是促进学生对所学内容大胆设疑，于"无疑之处见有疑"。俗话说："小疑则小进，大疑则大进"，通过设置悬念式的结束语，能够对内容有更深的理解，同时也能掀起再一次的教学高潮。

【示例】

学生学完课文《项链》，对莫泊桑的这篇小说精巧新颖的构思赞叹不已。教师因势利导，如此结尾："玛蒂尔德忍受十年债台高筑的艰难生活，全是不小心丢失的那挂迟迟不知其为假货的所借钻石项链，害得她跌入苦难的深渊。同学们能否就这挂假项链再来巧设几个疑问：其一，如果起初佛来思节夫人不借给玛蒂尔德这挂项链，玛蒂尔德是否就不会遭受苦难了？其二，如果佛来思节夫人在借给玛蒂尔德项链时，告知这是假货，那么玛蒂尔德丢失项链后，不是就可免遭深重苦难了吗？其三，如果玛蒂尔德那次赴会没有丢失项链，她的享受欲、虚荣心既得到了极大的满足，又未招致任何苦难，这岂非再圆满不过了吗？"②

本课所学习的是一篇有名的小说。对于中学生而言，如何准确把握小说的主题至关重要。因此教学结束，教师并没有满足于课堂内的学习，通过三个问题，创设悬念，重新激发学生文本研究的热情，通过课后的深入思考，能深刻认识到玛蒂尔德这个典型人物悲剧的必然性及其根源——追求享乐，爱慕虚荣，从而"披文以入情，沿坡讨源"，准确地揭示出小说的主题，并从中受到教益。

---

① 佚名.英语课堂结束语浅谈[J/OL]. http://wenku.baidu.com/view/2dbe8611f18583d04964598c.html.

② 陆真杰.课已尽 意无穷——语文课结束语艺术浅谈[J/OL]. http://mypage.zhyww.cn/post/200405/20449.html.

3. 情感激荡式结束语

在授课结束的时候，为了起到情感升华、激励学生等目的，教师可以运用富有情感性的语言，对主题进一步深化。情感激荡式结束语也有不同的样式，可以点明中心，升华情感；可以联系生活，启迪人生；可以展望未来，激发梦想……这样的结束语往往能给学生精神上的震撼。

【示例】

学完《我与地坛》后，学生心潮澎湃，被作者自强不息的精神深深震撼了，教师抓住这一契机，激动地结束："同学们，对于一个身躯残疾的人来说，死是容易的，生却是苦难的，然而作者勇敢地选择了生。人类文明史上，多少个铁骨铮铮的汉子为了理想信仰，甘愿承受苦难。莱茵河畔的贝多芬，双耳失聪，可心中却跳跃着奇妙的旋律，奏响了催人奋进的《命运交响曲》；印度王子释迦牟尼为寻找人类灵魂的归宿，放弃了一切荣华富贵，浪迹天涯。同学们，要相信：风沙吹尽，将是一片美好的世界。让我们珍惜光阴，热爱生命，奋斗不息！"①

德国教育家第斯多惠说："教学的艺术不在于传授本领，而在于激励、唤醒和鼓舞。"作为一名语文教师，其职责不单单是教好书，还要育好人。《我与地坛》是史铁生的作品。史铁生作为一名残疾作家，体会着生与死的价值，体会着生命的意义。这也正是这篇课文所要带给学生的。因此，教师运用激励、鼓舞的语言结束课文，既加深了学生对课文内容的理解，也指导了学生如何去面对人生。

4. 拓展延伸式结束语

教学，本身就是一个课内外相结合的过程。因此，结合课堂教学的内容，引导学生将视角从课内延伸到课外。教师运用拓展延伸式结束语，带领学生对所学的知识在深度和广度方面进行学习，对问题进行拓展和延伸。一堂课的结束语不应当是课堂教学的终结，而应当称为新思维的开端。

【示例】

一位教师在讲授《项脊轩志》一课时，是这样结尾的：

"在 20 岁考中秀才之前，归有光写了《项脊轩志》的前面部分；在 35 岁考中举人之前，他补写了后半部分。归有光 60 岁时才如愿以偿考上进士，设想一下，在他 60 岁考上进士前后，当他重新面对多年前

---

① 邹娟. 巧用结束语 课尽意正酣[J/OL]. http://xkg2010.teacher.com.cn/UserLog/UserLogComment.aspx? UserlogID=688376.

所写这些文字时，他又会有怎样的想法呢？如果他拿其笔来，可能会写下怎样的文字呢？请大家结合我们这节课探讨的问题，课后思考这一问题。”①

叶圣陶先生说过：“语文教材无非是一个例子，凭这个例子，要使学生举一反三。”在语文教学中，文本是极具弹性和开放性的。同样，教学中不单是引导学生对文本进行解读，更为重要的是培养学生多元的、开放的解读能力和发散的思维力。本课中，老师巧妙设计的这个问题，把学生从文本中走出来，根据课堂所学的内容，通过合理的想象，有意识地培养了学生的探究学习能力。

5. 承上启下式结束语

知识之间总是有着内在的联系，作为教师，应该有机地把握新旧知识的关系，使所学的知识成为一个整体。承上启下式结束语，顾名思义，既要“承上”，即总结归纳已经学好的内容；又要“启下”，即为下次课的学习做好铺垫。好的承上启下式结束语，还能够延续学生的学习兴趣，

【示例】

教师讲授《鲁提辖拳打镇关西》，在第一节课结束的时候，结束语这样设计：“鲁达三拳打死镇关西，欲知鲁达是何等之人，作者作何精彩描写，且听下节课评说。”②

中学的语文课，一篇课文往往需要二或三个课时才能完成教学任务。《鲁提辖拳打镇关西》第一课时安排熟悉课文内容，解决文字障碍，理清文章结构脉络；第二课时，分析讲解人物性格。采用这样的结束语，一方面简单总结课文内容，另一方面，为第二课时的学习提出了明确的目标，即作者如何精彩描写。这样的结束语虽然简单，但是能够调动学生求知的欲望，促使学生深入阅读课文。承上启下式结束语适用于所有的学科。

练习

一、导入语训练

1. 欣赏下面的教学片断，体会教师导入语的类型和特点。

(1)某教师执教《归去来兮辞》时这样导入：

---

① 转引罗东明、崔梅、单春樱、周芸主编：《教师口语技能》，云南大学出版社，2007年3月出版，第44页。

② 姚慧芬：语文结束语设计浅谈，新一代，2010年第4期。

师:在1600多年前,一位中国诗人给我们描述了一个理想的乌托邦社会,那里没有压迫,没有剥削,人人生活安乐,和平幸福的世外桃源。这位诗人是谁?

生:陶渊明。

师:你还记得文中是怎么说的吗?

生:土地平旷,屋舍俨然.有良田美池桑竹之属,阡陌交通,鸡犬相闻。

师:很好!请同学们回想一下陶渊明是一个什么样的人。

生:好读书,不求甚解;性嗜酒,家贫不能常得;不戚戚于贫贱。

师:你从哪儿得到这些知识的?

生:初二时,课文《五柳先生传》中学到的,陶渊明自号“五柳先生”。

师:这位同学和陶渊明很熟.我们今天学习的《归去来兮辞》正是作者诀别官场,同上流社会分道扬镳的宣言书。

(2)某教师执教地理课“水循环”一节,这样导入:

先朗读李白的“君不见黄河之水天上流,奔流到海不复回?”的诗句。紧接着提出问题:黄河之水究竟是不是天上来的?是不是奔流到海就一去不复回?为何地球上是江河水流不尽,大海里的水填不满呢?

2. 为下面的教学内容设计教学导入语,并在同学中试讲。

(1)史铁生的《我与地坛》(节选)是一篇饱含深情的散文,请设计两种不同类型的导入语。

(2)请你采用“谈话交流法”和“提问设疑法”为初一的思想政治课第七课《让心境乐观开朗》设计导入语。

二、讲授语训练

1. 欣赏下面的教学片断,体会教师讲授语的特点。

某教师讲授杜甫的《绝句》“两个黄鹂鸣翠柳”:

这是一幅春天的美丽的图画:新绿的柳枝上,成双成对的黄鹂在欢快地鸣叫。

那蔚蓝的天空好像用水清洗过一般,清澈明朗。一字儿排开的白鹭在碧空飞翔。

凭窗向西远眺,那巍峨的群山,大概有千年的积雪吧,在阳光下闪闪发光。就在门前的河边,那停泊的船只啊,或许是远眺归来,或许是即将登程航行远方……

2. 教授数学八年级下《平行四边形的性质》一课,请你设计一段讲授语,时间不超过5分钟,能够突现数学课的特点,并在同学间试讲并互相评议。

三、提问语训练

1. 下面是初中历史课某教师讲解"历史是不断向前发展"的一段教学片断，请分析这个片断中提问语的运用。

师：原始社会时，生产工具落后、简陋，生产力水平低下，每天能获取2条鱼，满足他们的生活需要。过了很长时间，他们学会了织网，捕鱼快而且容易，就学捕鱼，每天可捕10条鱼，除了每天吃的2条外，余下8条就成了剩余财产。为占有财产，部落内部开始互相争夺。你们想想看，会出现怎样的情况呢？

生：力量强大的人能抢到更多的财产。

生：于是出现了财产分配不均，人剥削人的现象。

师：那么对于原始社会、奴隶社会你们怎么评论呢？

生：当然是奴隶社会更进步，因为捕鱼的数量增加了。

生：产品数量是增加了，可是出现了剥削和不平等。

生：部落领袖占有一部分后，剩下的分到每个人头上可能也比以前多了。

师：以前有没有这种可能？

生：没有，刚够吃，到奴隶社会才出现了这种可能。

师：大家想一想，这是由什么决定的呢？

生：产品数量。

师：进一步说就是生产力。判断这两个社会哪个进步的标准是要看生产力的高低，那么哪个社会更进步就不用说了吧！

2. 在"植物对水分的吸收、运输和利用"新授课中，有三种不同的提问。分析三种提问中，哪种提问更具有开放性？为什么？请你自己尝试设计一组提问。

教师A：什么是渗透作用？渗透作用的条件是什么？

教师B：从水势的角度看，为什么水总从水势高的地方向水势低的地方流动呢？

教师C：(演示"渗透作用"实验，实验结果是——漏斗管内液面逐渐上升)(1)漏斗管内液面为什么逐渐上升？说明了什么？(2)水分子为什么能通过半透膜进行扩散？(3)如果把半透膜换成塑料膜或纱布或者是半透膜两侧的浓度一样，则漏斗内的液面能否上升？

四、应变语训练

1. 欣赏以下应变语，说说它们的精彩之处。

(1)一位教师在讲授《琵琶行》时问道："'千呼万唤始出来，犹抱琵琶半遮面。'这句诗表现了琵琶女的一种什么情态?"一位学生大声说道:"表现了琵琶女自作多情、扭扭捏捏的样子。"此语一出,众生哗然,答者自感不妥,面红耳赤。这时教师面带笑容地说:"对。扭扭捏捏的神态是有的,看来这位同学能用心品味诗句的含义。琵琶女此时内心充满沦落之苦,不愿见人,被再三邀请,见与不见很矛盾,有些无奈,所以半遮半掩很矜持,但说她自作多情不妥。"

(2)某教师讲授五等分圆周,在介绍完课本上的方法后让学生做练习,一名学生突然说:"这些方法都不怎么样,没有一个不繁的!"教师听了,没有不高兴,也没有责怪那位学生,而是在做完练习之后,给学生介绍了一种新方法:①做⊙O互相垂直的直径AB和CD;②分别以A、C为圆心,AB长为半径画弧,交于E,则OE即为五等分圆周相邻分点之间距。学生一试,果然好用,齐声赞美这方法最简。其后教师引导学生探讨了此作图法的道理,并做总结说:"课本上介绍的各种方法的确见繁,但属精确作图法;新方法最简,但属近似作图法(相对误差0.01),用辩证的观点看,这就是事物有利又有弊的道理。"学生们听了都心悦诚服,决心把各种作图方法都学好练好。①

2. 为下列教学情境设计应变语。

(1)某老师教《木兰诗》时,出现这样一幕:有位学生提出疑问,"同行十二年,不知木兰是女郎"是不可能的。十二年这么长时间同生活打仗,怎么会认不出是女的呢?不说别的,一双小脚在洗脚时会露出来的。老师说:"南北朝时妇女还不缠脚。"学生又问:"那么中国妇女什么时候开始裹脚呢?"这下子可把老师给卡住了……

(2)某教师在讲初二政治"社会主义生产关系比资本主义更先进"的内容时,学生问"为什么战后日本在一片废墟上发展却那么快,相比之下中国却要慢一些呢?"

五、结束语训练

1. 欣赏以下的教学结束语,说说分别属于哪一类?并谈谈这类结束语有什么特点和作用。

(1)教学《变色龙》的结束语:

有人说赫留金真倒霉,要不是碰到奥楚蔑洛夫而是其他警官就好了,是这样的吗?

(2)教学《记念刘和珍君》的结束语:

20年代的青年,没有反侵略的自由,没有爱祖国的权利,徒手请愿而惨遭杀

---

① 赵志尚:数学教学中的应变机智,中学数学教学参考,1996年第5期。

害。但她们那种大无畏的英雄气概，可歌可泣的献身壮举，却体现了中国人民追求真理、敢于斗争、不怕牺牲的难能可贵的革命精神，它将永远激励新时代的青年为中华崛起、振兴而努力拼搏，不断进取！同学们何不一抒胸臆！

(3)教学《三垂线定理》的结束语：

数学领域中，还有许多未知的谜，需要你们去揭示谜底，现在我把我们今天学习的三垂线定理的内容改写成：在平面内的一条直线如果和这个平面的一条斜线垂直，那么它能与这条斜线在平面上的射影垂直吗？我相信，只要通过大家的努力，勤于思考，勇于设想，一定会获得更多属于你自己的新发现！

2.选择三种不同的结束语类型，为语文课《念奴娇·赤壁怀古》设计结束语。

第三节　适应学科特色的用语训练

训练目标

中学各门学科具有各自的特点，除了掌握不同教学环节的用语特点，还要能够掌握不同学科的用语特色，并通过案例的学习和实践训练，在教学实践中得以体现。

一、语文学科教学用语

语文学科是一门融工具性和人文性为一体的综合性学科。中学阶段的语文学习侧重语言文学和语言文化的学习。根据语文学科的学科定位、教学目标、教学内容等决定了语文学科的教学口语具有以下特点：

(一)情真意切

在课堂教学中，教学大师们之所以能够打动学生的心，完全在于老师们把对文本的理解转化为自己的切身体验，用情真意切、朴实动人的语言感染学生的情感，拨动学生的心弦，引起学生的共鸣，拉近师生的距离。这是教师的思想感情的流露，唯有如此，才能注情于声，以情动人，以声引人。因此，教师要用真挚的语言去叩击学生的心扉，激起他们的感情波澜，从而使深刻的道理渗透到学生的心田。

【示例】

1200多年前，一个秋天，成都，草堂旁。天渐渐黑了下来，大风凛冽地吹，吹得茅草遍地都是。浓云越压越低，一场凄清的冷雨即将来临。——这时，一位老人步履蹒跚，跌跌撞撞地从茅屋中走出。他衣衫褴褛，老眼浑浊。这时的他已经满身疾病，甚至已‘右臂偏枯耳半聋了’，穷困潦倒的他似乎已走到了生命的冬季。而此时，他的国家正处在战乱中，他却远离家乡，孤独地栖居草堂。面对惨淡的一切，还有梦涌上老人心头吗？①

这是讲授《茅屋为秋风所破歌》中的一段课堂口语。教师用深情、真切的语言向学生描述了杜甫晚年潦倒、悲凉的生活境遇，带领学生走进了杜甫生活的那个年代，为诗歌的学习奠定了良好的情感基调。

（二）文化韵味

语文学科是进行文化传承的载体，教学语是文化信息的载体。语文学科的教学口语不能等同于日常生活口语，其与日常交际口语的最大区别就在于雅俗之别。好的语文学科教学口语应当具有文化品味，要渗透出秀雅之气，自然营造出一种良好的能对学生起到浸染感化作用的文化氛围，以培养学生的文化气质。

【示例】

同学们游览过祖国的名山大川吗？那奔腾咆哮、一泻千里的长江黄河，那千姿百态、气势雄伟的三山五岳，孕育着我们中华民族的古老文明。一想到她们，民族自豪感就会充溢心头。那具有拔地通天之势、擎天捧月之姿的泰山就是这样一座山。历代多少文人墨客写诗撰文讴歌赞美。杜甫的五律《望岳》就是其中之一，诗中那‘一览众山小’的境界是令人神往的，只有攀登到绝顶，才能领略到无限风光。今天，我们学习李健吾同志的《雨中登泰山》一课，请作者做向导，带领我们去攀登、游览那高耸雄伟的泰山吧！②

于漪老师注意选用书面色彩较为浓厚的词语，引用杜甫的古典诗句，适当运用描述句、对偶句，为学生营造一种气势雄伟、无限风景在险峰的教学情境。可以说，这段教学用语极具文化韵味。

---

① 钱小琳.追寻课堂教学语言的魅力[J/OL]. http://www.jiaoxuelt.com/view.asp?keyno=606.

② 柳润琴：语文教师应注重教学口语的文化品味，郴州师范高等专科学校学报，1997年第2期。

(三)科学性与艺术性统一

语文学科既是一门科学,也是一门艺术。只有注重科学性,才能真正地传道、授业、解惑;只有注重艺术性,才能激发学生对语文美的追求;只有注重科学性和艺术性的统一,才能提高语文教学的效率,使学生的知识、技能、能力将得到极大限度地挖掘和提高。

【示例】

"一"是一个奇妙的数字,它有极强的生长力,有了一,就有二,一生二,二生三,三生万,"一"是数的起点,是一切事物的开端;它又有极强的组合力,几乎可与万事万物组合,一道彩虹,一泓清水,一片落叶,一场拼搏,一部小说,一曲颂歌……不信,请同学们开动脑筋用"一"与你熟知的人、事、景、物组组看,看谁组得多,组得好,说得快,说得响亮。①

这是于漪老师在要求学生结合"一"练笔时采用的口语表达。这段教学口语,既规范、准确、严密,极富科学性,又具备情感、形象、机智的艺术性,两者和谐统一,既启迪学生去获得知识,又富有极强的感染力,牢牢地吸引住了学生。

二、数学学科教学用语

数学是人们对客观世界定性把握和定量刻画,逐渐抽象概括、形成方法和理论,并进行广泛运用的过程。教师在进行教学的过程中,必须要考虑到数学学科的特点以及学生本身的思维特点和能力特点。与语文学科相比,数学学科更注重语言的准确性和精炼性。

(一)准确严密

口头言语最大的特点之一就是灵活性强,所以,有些教师的教学语言不免有些随意。随意的语言不代表生动。试想,原本非常重要的知识点被教师很随意的带过,会给学生的理解带来很大的影响。从数学学科的特点出发,教师要用准确严密的语言讲授知识,这既有利于教学,也有利于学生数学严谨思维的发展与培养。

【示例】

有学生学完正方体后问老师,正方体是长方体吗?老师是这样回

① 冯为民:语文教师口语表达的科学性和艺术性,广西教育,2010年第13期。

答的："长、宽、高都相等的长方体叫正方体，正方体具有长方体的一切特征，所以正方体是长方体，它是一种特殊的长方体。"①

这种回答思维严谨，逻辑性强，而且教师注意到正方体与长方体的特殊关系，语言表述准确、清楚，有效地解决了学生的问题。

（二）简短精炼

中学生思维活跃，但注意的持久性相对欠缺，尤其是初中生，抽象思维发展不够。口头语言和文字不同，时间延续性差，因此老师口头语言应该简短精练、富有层次，不拖泥带水。否则，拖沓、冗长、繁琐复杂的语言只能让学生生厌，无法完整地记忆与理解。但是，前提是准确。

【示例】

教学"正比例的意义"以后，如何判断两种相关量成正比例，可以这样小结："两种相关联的量中相对应的两个数的比值或商一定，这两种量就成正比例。"②

教师抓住重点，用简洁扼要的语言进行概括，并能够针对学生的特点，有的放矢，教学语言易于学生理解与接受。

（三）生动直观

数学的教学内容具有高度抽象性，这就要求数学语言的直观性。为使学生尽快地适应数学的高度抽象性，教师就必须选恰当的语言并辅以适当的直观教学法。同时，数学教学内容的枯燥性就需要教师要善于运用生动的语言，有效调动学生的学习的兴趣，帮助学生理解和掌握。

【示例】

在学习一元二次方程 $ax^2+bx+c=0$ 时，对于条件① $a\neq 0$，② $\Delta\geq 0$，我们可以跟学生讲这是两块"暗礁"，要求他们在解题的过程中要"处处小心，时时注意"。③

教师运用比喻，形象地强调了一元二次方程中 $a\neq 0$，$\Delta\geq 0$ 的隐蔽性和重要性，提高了学生的学习兴趣. 给学生营造轻松愉快的学习情境，使他们很好地掌

① 佚名. 数学课堂教学语言的研究[J/OL]. http://jyfz.xhedu.sh.cn/cms/data/html/doc/2008-06/22/31420/.

② 佚名. 数学语言的艺术[J/OL]. http://wenku.baidu.com/view/d856a2c2d5bbfd0a79567394.html..

③ 佚名. 数学课的语言艺术[J/OL]. http://www.mc.e21.cn/Item/38909.aspx.

握了这一知识难点。

三、英语学科教学用语

英语作为外语课程中的主要语种之一，一方面要求掌握一定的英语基础知识和基本的听、说、读、写能力，另一方面要求培养学生综合的人文素养。英语作为一门语言类学科，其教学用语具有以下特点：

（一）准确性

老师语言准确程度直接影响着学生学习英语的质量。教师在传授知识时必须准确无误。启发学生思维必须明确无误，指点学生训练必须精确无误。因此，英语教师在口语中要尽可能的少出语言错误。

（二）得体性

英语作为一门语言类的学科，越来越注重口语表达的训练。然而，口语交际是否成功很大程度上取决于说话者使用的语言是否得体，是否符合当时的交际情境。然而，这在英语教学中未得到重视。因此，学生所学到的语言可能是正确的，但是却不是得体的。因此，教师的示范性很重要。

【示例】

很多老师都喜欢在讲解完向学生提问“understand?”“Are you clear?”其实在西方国家这两个问题通常是上级对下级的提问，带有明显的命令口吻。为了拉近学生与老师的距离，我们在上课的时候可以用“Do you know what I mean?”“Can you follow me?”“Can I get myself across to you?”“Have you got it ”代替。[①]

四、政治学科的教学用语

政治课不同于语文数学课，既没有语文课的生动情节，也缺少数学课的严密的逻辑性。从内容上看，政治课大多数是说理，内容相对比较抽象，学生往往敬而远之。而政治课在学生的成长和教育中却承担着重要的作用。因此，教师必须提升自身政治课堂教学语言。

① 刘星.浅谈英语课堂教学语言的艺术[J/OL]. http://xkg2009.teacher.com.cn/UserLog/UserLogComment.aspx? UserlogID=46301.

（一）形象性

对于课堂上讲授的一些比较抽象的知识，最好的方法就是采用形象化的手法，用生动、形象的语言加以阐述，往往会起到神奇的教学效果。

【示例】

讲解生产力和生产关系之间的关系时，涉及“生产力发展状况决定生产关系的性质”的问题，可用“脚”和“鞋子”的关系做个形象的比喻，是脚的大小决定鞋子的尺码；同时，不难得出鞋子的尺码只有适合了脚的大小，走路才舒适。①

“生产力发展状况决定生产关系的性质”是一个非常抽象的概念。而教师所采用的比喻，使学生形象地理解是生产力的发展水平决定生产关系的具体形式和性质，同样道理，生产关系只有适应了生产力发展的要求才能促进生产力的发展。

（二）思辨性

政治课的所有内容都渗进了辩证法的原理。因此，教师要运用思辨性的课堂教学语言，帮助学生深刻理解学习内容，有助于提高学生的思辨能力。

【示例】

在学习私有制和私有观念谁最先出现的知识点时，可用物质决定意识的唯物论思想引导学生：“劳动产品有了剩余，以致部落首领拥有了一部分劳动产品，土地变成私有财产从而导致了私有制的出现后，私有观念才产生。所以说，是私有制的出现导致了私有观念的产生，而不是私有观念的存在造就了私有制。如同人类先有品尝苹果的体验，才有关于苹果味道酸甜的认识。”②

从表面上看，这个案例只是解释了私有制和私有观念谁最先出现的知识点。但是，教师巧妙地运用了物质决定意识的唯物论思想进行迁移，这就是一种思维的方式。

---

① 佚名．论政治课教学的语言艺术[J/OL]．http://www.yuwenonline.com/Article/jiaoxue/jxlw/200403/1900.html.

② 佚名．论政治课教学的语言艺术[J/OL]．http://www.yuwenonline.com/Article/jiaoxue/jxlw/200403/1900.html.

(三)逻辑性

政治课不是一门"背多分"的学科,同样要培养学生的逻辑思维能力。因此,就要求教师的课堂教学语言必须要有严密的逻辑力量。任何背离逻辑原理的讲解只能使学生在无法理解的基础上使思维更加混乱模糊。

【示例】

在解答社会主义社会是否存在基本矛盾这样的问题时,就不能单纯地说社会主义没有基本矛盾,而要表述为:"从人类社会发展的一般规律中,资本主义社会的基本矛盾,在社会主义条件下已经转化成社会主义的主要矛盾,这种转化的根源是社会所有制的性质发生了变化。"①

这种讲解自然地遵循了矛盾转化的辩证法原理,同时在因果关系和逻辑推理上使学生明白,一种新的社会制度并不完全是在前一个社会的母体中诞生的。避免学生将社会主义制度的诞生理解为资本主义哺育的结果。

五、物理、化学学科的教学用语

物理学科和化学学科都是基础自然科学,是理科课程。因此,具有不同于语文、政治等文科课程的特点。所以,根据课程性质,教师的课堂教学用语应当具有以下的特点:

(一)科学性

物理学科和化学学科的内容本身具有严密的科学系统和逻辑顺序。因此,教学过程中不能随意曲解、杜撰物理、化学术语和事实,使用教学语言必须科学准确、具有逻辑性。例如:物理教师在讲"光的反射定射"时,不能说:"入射角等于反射角",而应说:"反射角等于入射角";化学教师不能随意把"化学式""相对分子质量"说成"分子式";不能把"化学方程式"随意简称为"化学式"等。

(二)生动直观

教学语言要生动形象,既活泼、有趣、逼真,又深入浅出,易于接受。适当采取打比方、拟人等方法,有助于学生理解抽象的概念、原理和理论。例如:讲解"分子间存在一定的'间隔'"时 ,以"1 升米和 1 升豆子混合体积小于 2 升"为例

① 佚名. 论政治课教学的语言艺术[J/OL]. http://www.yuwenonline.com/Article/jiaoxue/jxlw/200403/1900.html.

打比方，形象地说明了分子间存在间隔。如在讲“右手定则”时，采用割韭菜的例子进行类比：将刀尖指向、刀刃切割方向、韭菜直立方向分别喻作感应电流方向、导体运动方向、磁感线方面，不但讲明了电磁感应中三方向之间的两两垂直关系，而且增强了学生对物理知识的形象理解。

练习

根据不同学科教学口语的要求，设计《语文》《数学》《外语》《政治》《物理》《化学》等课程的教学片段，能够综合运用教学口语的不同类型。在同学之间进行试讲并相互评议。

第七章　教育口语训练

学习提示

教育口语是每个教师必备的职业语言，在教育工作中起到举足轻重的作用。作为教师，应当有目的地进行教育口语的训练。通过教育口语训练，一方面使学生了解不同教育口语的特点，同时能够使学生掌握如何在不同的教育情境下灵活运用教育口语，从而提高教育效果。

第一节　教育口语概说

训练目标

通过本节的学习，使学生了解教育口语的定义和特点，对教育口语有一个完整而准确的认识，并为其后的分类训练奠定相应的理论基础。

一、什么是教育口语

教育口语是教师对学生进行思想教育，为达到学生德智体美劳全面发展的目的而采用的工作用语。是教师必备的基本功。

苏联教育家苏霍姆林斯基在《给教师的建议》一书中明确指出："在你拟定教育性谈话的内容的时候，你时刻也不能忘记，你施加影响的主要手段是语言，是通过语言去打动学生的理智与心灵的。然而，语言可以是强有力的、锐利的、火热的，也可以是软弱无力的。"由此可见，在思想教育的过程中，生动、热烈、富有启迪的教育口语往往能够如春雨般滋润学生的心田，规范学生的行为，提高学生思想觉悟，培养良好道德情操，树立正确的人生观、世界观，开发智力和非智力因素。相反，如果教师一味地用刻板机械教条的语言进行说教，甚至用粗暴的语言对待学生，不仅起不到教育的作用，反之会使学生生厌，与教育的教育作用发生冲突，产生矛盾。

教育对象具有复杂性和多样性，教育的过程具有长期性。因此，从教育的重要性出发，针对教育的特性，教师要注重自己的语言修养，运用恰当丰富的语言，解决教育过程中发生的各种问题。

二、教育口语的特点

(一)民主性

在教育活动中，教师和学生处于平等的主体地位。尤其在人格上是平等的。尽管学生的年龄和阅历的局限，其人生观、价值观、世界观并没有成熟，思考问题和处理问题还比较幼稚，但是，教师应当尊重学生的人格、个性、情感和观点。教师不应该要求学生对自己的一味服从，否则就违背了教育的宗旨。教师和学生应该成为朋友，这样，教师运用民主性的语言，能够拉近师生之间的关系，根据教育场景、教育对象、教育内容等的实际，对学生实施教育。

(二)激励性

我们的教育提倡积极教育的方式，去发现学生的闪光点，调动学生潜在的积极因素。人的成长离不开激励，在激励中，学生更容易树立起信心。特别是那些后进生或者是问题学生，如果长期是否定性的态度，必然导致学生对自身、对学习丧失信心，不利于学生的持续发展。事实上，每个学生身上都有自己的优点，教师要以肯定、赞许、赏识、鼓励、勉励、激发、希望的口头语言，去调动学生积极向上的情绪，形成良好的心态。让学生在教师的鼓励中感受到成功的喜悦和进取的信心。

教师运用激励性的语言，还有助于形成和谐、融洽的师生关系。学生会更信任教师，更亲近教师。在这样的环境和氛围中，更有利于教育的展开。因为教师是一个欣赏者而不是挑剔者。在拉近师生心理距离的同时，学生时时感受到被尊重，从而被挖掘出潜在的能力。

(三)针对性

对于教师而言，要善于“因材施教”，教育也如此。只有有的放矢，才能起到教育的实际效果。

教师面对的学生千差万别，不同的学生其个体具有不同的性格差异，不同的集体也会表现出相异的行为习惯。所以，教师在全面了解学生的基础上，正确把握学生的个性，做到因人而异。比如有的学生好冲动，教师就要控制自己的情绪，尽量采用和风细雨般的语言对学生进行教育；有的学生比较沉静、内向，对于这样的学生，教师就要有意识地采用鼓舞性的语言，帮助学生分析问题。

我们的教育，总是针对学生中出现的某种倾向，发生的各种事件而进行的。因此，教师要运用具有针对性的语言，在不同的教育活动中，找准问题的症结，对症下药，要做到因事而异。

教育，要注重抓住时机。教育学生的话，不在于多，而在于教师要选择好契机，做到因时而异。

(四)艺术性

教育口语的艺术性是指教师根据不同的教育对象，在不同的教育情境中，艺术性地使用语言进行教育工作，使语言呈现出不同的风格，或委婉含蓄，或风趣幽默，或质朴平实。教育工作本身是一项充满艺术性的工作，教师要注重语言的锤炼，巧设教育情境，不断升华自我，只有这样才能取得理想的效果。

练习

一、欣赏下面案例中的教育口语，请结合教育口语的特点进行分析。

1. 一天，老师走进教室看到黑板上有一幅讽刺漫画，画的是他的脸，而且画得准确可笑。学生正等待着他的反应。他有趣地观察一下，然后说："画得很棒！擦掉未免太可惜。我们不如先请作这幅画的大师把它描在纸上，我要向这位艺术天才致敬！"

2. 有个学生英语不及格。甲老师说："我注意到你的英语需要改进，我能帮助你吗？"乙老师批评说："你是个聪明的学生，怎么会考不及格？你最好多用点功。"

3. 小雅认为自己的作文水平很差，因为她的作文本上常常只有一个字"乙"，语文老师对她说："别灰心，你是个聪明的孩子，一定能把作文写好。"可是她却没有什么信心。新学期开学后小雅他们班来了一位新语文老师，小雅写了一篇作文交给了老师。新老师的评语是，"你用锐利的眼光去观察生活，你的故事非常耐人寻味，表现出精湛的技巧，我很欣赏。"小雅看到自己作文的评语后欣喜若狂，觉得自己有能力写出更好的文章。

第二节　教育口语分类训练

训练目标

教育口语可以分为沟通与启迪，表扬与激励，批评与说服等。通过本节的学习，使学生掌握不同教育口语的分类以及要求，并通过教育案例的分析，能够在教育实践中灵活运用。

一、沟通语

(一)沟通语的作用和要求

沟通是指教师和学生之间思想和感情传递和反馈的过程，以求达到思想的一致和感情的通畅。在沟通过程中，教师所使用的教育语言就是沟通语。

就学校教育而言，良好的师生关系是教育的前提和基础。构建良好师生关系的有效手段之一就是沟通。成功的沟通，可以使教师了解学生的真实情况，也可以使学生理解教师的教育意图。这样，才有可能建立起平等、信任的关系。有研究表明，“沟通是教育效能产生的前提。”[①]在教育过程中，恰当地使用沟通语，可以建立起平等的对话关系，无论是从消除师生隔阂角度看，还是从促进师生之间真实交流，沟通语应当具有以下的特点与要求：

1. 宽松平等的谈话氛围

要使沟通效果最优化，很重要的一点就是要创设一个利于交流沟通的谈话氛围。中学生渴望教师尊重他们，把他们当成独立的个体。因此，教师只有树立其师生平等的意识，才能重视谈话氛围对学生沟通所产生的心理方面的影响。

交流时要善于选择交流沟通的场景。比如，批评学生应该选择人少的地方，能让学生心情放松；而表扬、鼓励那些内向的学生，不妨选择在班级里或者是在办公室里，这样会使学生大受鼓舞。宽松平等的沟通氛围，还需要教师要以礼相待，不挖苦，不嘲笑，不居高临下，真诚相待。

---

① 唐思群，屠荣生编著：《师生沟通的艺术》，教育科学出版社，2001年8月，第3页。

2.真诚

人与人之间的相处,都渴望得到温暖。当人不能真诚相交的时候,彼此之间会有许多防范,减少相互的体谅和宽容。学生对教师的教育是有选择地接受的。这种对教育影响选择接受的程度,取决于学生对老师的接受程度。教师只有真诚面对,用饱含深情的话语建立起师生之间平等、信任的关系,这样才能使教师的教育落到实处。

教师的沟通语应当是发自内心,发自肺腑的。当你真诚地开导学生,真诚地为学生设身处地、分析问题时,就应当如潺潺流水,如春风沐浴。同时,教师也应当是坦诚的,立场鲜明,态度明确。如果模棱两可,反倒会使学生不理解乃至误解教师的意图。

(二)沟通的技巧

1.具有同理心

同理心是指在人际交往过程中,能够体会他人的情绪和想法,理解他人的立场和感受,并站在他人的角度思考和处理问题的能力。同理心应当具有三个条件:一是站在对方的立场理解对方;二是了解导致这种情形的因素;三是把这种为对方设身处地的了解让对方知道。师生之间的代沟是必然存在的,所以,教师在面对每个教育问题时,不能简单地从自己的理解出发 ,而是应当从学生的角度看待问题。你会发现,具有同理心的教师,能够拉近与学生的关系,有效地处理问题。

2.积极专注的倾听

在师生沟通的过程中,教师要学会积极的倾听、专注的倾听。因为积极专注的倾听是有效沟通的前提。有很多教师受“师道尊严”的影响,在教育学生的时候,经常随意打断学生的谈话,认为应该是教师“说”学生“听”。师生之间的差异一定存在,无论学生说的话有多片面,或者与教师的观点相左,但是从说话者的角度来看总是有道理的。因此,积极专注的倾听代表的是对学生的尊重和关怀。当然,积极专注的倾听并不代表教师对学生观点的全盘接受。

积极专注的倾听,要求教师在学生表达时,要表现出专注的态度,如要用亲切的目光注视学生;对学生的表达及时反馈;不要轻易打断学生的表达;当学生碰到表达困难的时候,教师要运用简单的插话鼓励学生继续表达。只有如此,教师才能真正走进学生的内心世界,获取充分的信息去了解学生。

3.语言艺术化

在与学生的沟通过程中,教师不能一味的说教,否则只能引起学生的反感。

教师可以运用艺术化的手段，采用各种不同风格的语言，在不同的沟通场景中，巧妙地传达自己的意思。比如，教师的语言具有幽默感，往往能使学生感到快乐，教师在表达否定性意见的时候，使用委婉的技巧，就会使学生更容易愉快地接受。同时，教师还应当配合使用“只需意会，不需言传”的含蓄手段，如适时的沉默、不同的眼神，使沟通的语言起到更为积极的作用。

【示例】

班主任：“姚刚，进来。请坐下，我想同你谈谈。因为我听到一些关于你的事情，特别是林老师和我讲的一些情况，我很担心。”

学生：“好的，老师。”

班主任：“林老师告诉我，昨天你在他的课堂上表现不好。”

学生：“我只是在课堂上说话。”

班主任：“你能告诉我事情的具体经过吗？”

学生：“好的。当他进来时，我正同我的好友说着话。这时，老师只告诫我别说话了，但他却并没有制止我的好友。”

班主任：“你当时是怎么想的？”

学生：“平时林老师对我就很挑剔，他使我心烦。”

班主任：“好。后来又发生了什么事？”

学生：“我坐好了，我发现我没有带书。”

班主任：“你将此事告诉林老师了吗？”

学生：“没有，那样他的火气会更大。”

班主任：“那你怎么做的？”

生：“什么也没做，我就坐在那儿。”

班主任：“就坐在哪儿？”

学生：“我说了一会儿话。这时，坐在我后面的那个家伙踢我的书包，于是，我转身警告他。后面的事情你知道了，林老师责骂了我，之后让我离开教室。”

班主任：“好的，姚刚，让我们再回忆一下。我可以告诉你，林老师并不是你所想象的那样老挑剔你。他今天告诉我，他认为你是一个很聪明的、有很大潜力的人，他担心你跟不上功课。他说你经常忘记带书，是这样吗？”

学生：“是的，老师，我想是这样。”

班主任：“那么，我们能不能采取一点办法来补救呢？”

学生：“有什么办法呢？”

班主任：“我们可以为你制定一个时间表，你必须严格执行并告诉我每天的结果。你说这样做会有帮助吗?”

学生:“会的,老师。”

班主任:“你认为功课拉得多吗?”

学生:“是的,老师,上周我没来上课。只要拉掉一点就很难赶上。”

班主任:“好,我告诉你怎么做。我让林老师来看看你所落下的功课,我知道他很想让你赶上。当你迎头赶上时,你就不会再有什么被挑剔的问题了。”

学生:“是的,老师。谢谢老师!”

班主任:“你跟林老师说完后赶紧回来,我们一块儿制订一个时间表。”

学生:(微笑着)“好的,谢谢老师!”[①]

从这段沟通的案例可以看出,教师面对学生上课不认真听讲,并没有采用常规的说教,而是在认真倾听的基础上,细心地帮助学生分析问题,提出解决问题的方法。学生在被尊重、被宽容的情境中,在教师的和风细雨中,既认识到了自己的错误,也得到了好的方法。

二、启迪语

(一)启迪语的作用和要求

启迪,是教师针对学生思想上、行动上存在的问题,而加以指导和启发,促使学生进行自我指导、自我教育、自我纠正的过程。启迪语是教师在特定的教育情境中,开启学生的情感和认识,促使学生自觉、主动自我教育所采用的教育口语。

尽管中学生心理上已经在慢慢趋向成熟,但是,由于缺乏相应的社会经验,再加之容易受到周围事物和思想的影响,其思维上不具有深刻性和广泛性,对事物和事理上的认识不免肤浅和片面。同时,中学生又具有比较强的个性,甚至会有逆反心理。对于这种特点,教师不宜直接去批评学生,而是应当采用点拨的方法,运用启发性的语言,引导学生自己明白事理。只有这样,才能促进学生的积极自省,深化对问题的理解,使行为的改变成为发自内心的需要。

作为非常重要的教育口语之一,启迪语具有以下的特点和要求:

---

① 刘华兵.师生沟通的艺术[J/OL]. http://www.17xing.com/room/diary/detail.html? diaryid=1043449&userid=1211409357

1. 目标明确，循循善诱

启迪的目的很明确，是为了教育，因此，启迪的话语就要有明确的教育目的，不漫无边际，也不含糊不清，要有确定的指向。这样，才能有针对性地进行教育。当然，在教育中，要做到层层深入、循循善诱，做到如春雨般润物细无声。循循善诱，能够符合学生的接受能力，在教师的耐心引导下，使学生能够真正的“启而发”。

2. 因人而异，因事设理

这是从启迪的不同方法而言的。所谓因人而异，是指要针对不同教育对象的特点，采用适合的启迪方法。比如说，对于那些自负的学生，可以采用委婉含蓄的语言，教育其正确地认识评价自己；对于那些后进生，就要采用热情鼓励的方法，肯定其身上的优点，用其自身的闪光点促进其内因的转化。所谓因事设理，是指针对不同事件、不同问题，在不同的情境下区别对待。比如有的时候可以运用哲理性的话语启迪，有的时候可以借助同类事件进行借鉴。总之，采用各种方法，有的放矢，使启迪语能够真正“入耳”“入心”，从而起到好的教育效果。

（二）启迪的技巧

1. 提问

教师可以运用具有启发性的问题，为学生的正确思维指引方向。学生通过自己的积极思考，有助于自我的教育与启示。不会造成学生的被迫接受，这比教师的直接教育，会更深刻。在提问的时候，教师要注意采取委婉的方式，可以是一个问题，也可以是几个问题，但是不能是逼问、责问、追问和盘问。

【示例】

两把椅子与一根炉柴

一次校会，邻班同学损坏了我班的一把椅子，虽经修理后还能用，但一不小心它就嘎嘎吱吱地“呻吟”。这天学校锯炉柴，操场上摆满了各班的椅子。回到教师做劳动总结时，老师发现那把坏椅子不见了，而多了一把新椅子。同学们都推说不知道，班长也支吾。老师明白：一定是同学趁机用坏椅子换了邻班的新椅子。

老师正在琢磨该怎么教育同学时，一年级的同学拖着一根炉柴进来了。“老师，这是你们班的炉柴，我们班的同学不小心拖错了，现在给你们送来。”老师心里一动，连忙拉住她问：“你为什么要把炉柴送回来呀?""因为炉柴是你们班的,我们不能要。"老师故意问:"假如我们班的同学从前故意拖过你们班的炉柴,现在你们发现错拖了我们班的炉柴后,你们还会把炉柴送回来吗?""那样我们也会把炉柴送回来的。""为什么呢?""因为……因为我们应该这样做。"她大声回答。于是,我转向我们班的同学:"大家说她回答得好不好?""好!"教师里响起一片掌声。一些同学此时明白了老师的用意,不自然地低下头。下课后,班长和几位同学一起搬起那把新椅子,向四班教室走去。①

针对学生偷换椅子的事情,老师并没有直接批评,而是借用他班同学还炉柴的机会,向她提出三个具有启发性的问题,而这位同学的回答恰恰成为老师教育本班学生的材料。这里,没有尖锐的批评,没有长篇的说教,但是,就在这问答之间,启迪本班学生用实际行动改正了自己的错误。

2. 分析

分析就是一种理性启迪的方式。对中学生而言,心智渐渐成熟,对问题也有自己的理解和看法。对问题的思考也有了独立性。因此,对于发生的问题,教师可以结合学生实际、结合生活、对事件进行有条理的分析,从而帮助学生明白事理,找到解决问题的办法。这种启迪语的运用,不仅可以对学生进行教育,还可以培养学生分析问题、解决问题的能力。

3. 类比

根据学生的特点,选择那些相似的、有关联的故事、寓言以及生活中发生的事件,进行类比说理,促使学生进行自我反省,自我认识。

【示例】

在生活区看电视,看到某些打斗画面,有孩子就叫嚷着:"杀了他!杀了他!"此情此景,我不由想到弗洛姆的一句名言:尊重生命、尊重他人也尊重自己的生命,是生命进程中的伴随物,也是心理健康的一个条件。是啊,孩子们尊重生命的意识还没有建立,是一种心理健康的缺失! 继续留心观察这些叫嚷的孩子,他们在日常学习生活中,对同学不够尊重。有时,突然冲着同学大叫,看着同学惊慌而大笑;有时,发作业就老远扔过去打在同学身上;有时,同学路过有意伸长了脚去绊倒同学……观察到这些,不由得思考:教育的产生源自人的生命发展的需要,教育的目的在于促进人的生命的发展、提高生命的质量,教育的进行也必须通过人的生命来实现。心怀善良和正义,对生命敬

---

① 米子永:两把椅子和一根炉柴,河北教育,1997年第1期。

畏,这应该是教育的根本出发点和归宿点。

对这些孩子的教育,应该是刻不容缓。由此,我设计了一次“尊重生命”的启迪教育。实施情况如下:

首先,让学生围坐在花坛边,花坛中的花儿红艳艳煞是诱人。然后提出要求:请同学们深呼吸,心灵静,呼吸匀。安安静静欣赏花儿,看看你能发现什么,你能感觉到什么?同时,组织学生静静地观察,体会,思考,时间在学生祥和的面色中静静地流逝。之后,组织交流。

生:花儿不仅香,而且红艳艳的更好看。

生:桃花花瓣很多。

生:桃花盛开时,桃树不长小叶子。

生:我仿佛看到了风把花儿轻轻的吹拂,一片,两片,三片……花瓣就像雪一样簌簌地打着旋飘落下来。

生:对,花瓣落在地上还弹了一下,我好像听到了花瓣落到地上的声响。

生:看到了勤劳的小蜜蜂在花心采蜜。

生:花儿让蜜蜂很勤劳。因为我看到蜜蜂一会儿又飞到这一枝,一会儿又飞到那一枝,一会儿又飞到上一朵,一会儿又飞到下一朵……

生:那不是蜜蜂勤劳,是花儿有奉献精神。

生:花儿很美,很香,所以引来了蜜蜂。

生:啊,瞧,还有蚂蚁也在花瓣上,看起来它们很高兴。

生:……

师:你们发现得真多。那么,从这么多的发现中你感受到了什么?

生:美!

生:勤劳!

生:愉快!

生:生活真美好

生:……

师:对,带来这么多美好的感受,我们应该感谢谁?

生:桃花!

生:大自然!

生:……

师:你们说得真好。其实,你们说的这些,都是花儿想告诉我们的,那就是“生命”,大自然的生命!桃花的生命,蜂儿的生命,还有那围坐在这桃和蜂周围的我们的生命——我们啊，应该珍爱生命，热爱自然，对吗？课后，请同学们画一张有花的漫画，把自己最想说的话写在画上，或者写在日记中，这就是今天的作业。[①]

尊重生命，是一个很抽象的概念，要让学生真正明白，也很难。案例中的教师，借助自然，利用桃花冶情，绘画激趣。让学生通过观察，体会到桃花盛开，蜜蜂勤劳，从对大自然的热爱自然类推到对生命的感激。最后，在学生的心灵中，已经播下了生命的种子，这次新颖的教育也完成了帮助孩子发展自我，建构新我的过程。

（四）设譬

所谓设譬，就是打比方。运用比喻说理的方式，最大的优点在于能够生动形象直观地说理，从而深入浅出，通俗易懂，益于学生的理解和接受。

三、表扬语

（一）表扬语的特点和要求

表扬，是教师对学生良好品行给予肯定的一种积极的教育形式。其目的是通过肯定的语言，将良好的言语行为固定下来，从而成为他人模仿的对象，促进学生的成长。苏联著名教育学家巴班斯基说：表扬学生的手法是用来支持和培养学生行为中和活动中的良好开端的。

事实上，每个学生都喜欢得到教师的认可，因此，在学校教育中，教师用欣赏的态度、发展的眼光去看待学生。作为一种肯定性的评价，表扬能够满足学生被尊重、被肯定、被赞赏的需要，激起学生内心愉悦的情绪体验，增强学生的自信心，激发学生发展自我、完善自我的要求，从而形成积极向上的人生态度和追求。为了达到以上目的，表扬语应当具有以下特点和作用：

1. 真诚热情

中学生都具有比较强的自尊心，希望得到别人的重视。因此，教师要从关心、爱护学生的真挚感情出发，要发自内心地赞扬学生。教师亲切的话语，真诚的目光，往往能够刺激学生的兴奋点。一直以来，大力推广赏识教育，所以，有很多教师只是机械的表扬学生，没有真正地发现学生的优点，更有甚者，不切实际地吹捧学生。学生感受到的只是“虚伪”的表扬。所以，真诚热情是表扬语的

① 景亮. 班主任工作案例——尊重生命的启迪教育. http://bzr.teacherclub.com.cn/dts/publichomework/publichomework! public_homework_show.action? id=2962828.

根本要求。

2. 实事求是

教师对学生的表扬，绝不能凭自己的好恶、感情随心所欲或信口开河。教师的表扬对学生而言，有时候会产生巨大的“现场效应”，甚至会影响学生的一生。表扬的目的是激励，但是，必须要以真实、美好的言行为依据。如果不加分辨，随意表扬，表扬与事实有出入，这样，不仅不能激励和鼓舞被表扬者，反而会适得其反，削弱教师在学生面前的威信。所以，教师在表扬前对所表扬的事实要进行仔细的调查，并注意用语的实事求是。

3. 注意分寸

注意分寸包括两层含义，一是表扬不能“过滥”。有的老师习惯把表扬挂在嘴上，不论何人何事，都是表扬。事实上，过多的表扬，反而会产生“负效应”，造成学生对表扬无所谓。二是表扬不能“过度”。在使用表扬语的时候，必须把握好分寸，不能任意拔高。初中生的自我意识还欠成熟，过高的表扬，会滋长学生骄傲自大、自以为是的毛病。因此，教师在表扬的时候，要针对不同学生的特点，采用不同的方式。针对不同的事情，要因事而异。

(二)表扬的技巧

1. 当众表扬

当众表扬是指教师在公开场合当着全体学生的面进行的表扬，具有权威性和广泛性。当众表扬因为受众多，影响大，更能激发受表扬学生的荣誉感。所以，尤其是对待差生，更应该采用这种方法，有助于差生找回自尊，树立自信心。当众表扬一般用直接表扬的方式，利于为其他同学树立榜样，发挥激励作用。

【示例】

这也是一位男同学，也拿着98分的单元试卷给我看。由于这位同学平时表现较差，上课不太专心，爱讲闲话，爱搞小东西。成绩中等，或者说一般吧。在老师看来，应该算得上是一个调皮捣蛋的学生了，经常被点名批评，少有表扬他的时候。在他看来，受批评是家常便饭，得表扬却是他梦寐以求的事。于是这次我偏偏表扬了他，我拿过他的试卷，故作惊奇的样子，边看边说：“呀！你真了不起，居然考了98分，太棒了。这么难的题，你只错了2分，真不简单啊！今后不要骄傲，继续努力吧！”这时，我发现这个同学一直微笑着，很是高兴。回到座位后笑容都一直还在，真有点受宠若惊的感觉。[1]

这样一个经常被批评的学生，因为单元考98分，教师就借这个机会大大地表扬了一番。尤其是当着全班同学的面。我们看到，“你真了不起！”“太棒了！”“真不简单啊！”教师的极力赞扬，同时结合殷切期望，学生一直微笑。相信，这位学生一定被深深感染。这次表扬会成为这个学生的转变里程碑。

2. 个别表扬

个别表扬就是在非正式场合，与学生个别交流时所进行的表扬。教师经常会有与学生交流沟通的机会和场合，因此，教师就应该抓住这些机会，有效地对学生进行评价。个别表扬往往是真情的流露，因为代表这教师对被表扬学生的认可。个别表扬的场合是很温馨的，教师不可能在个别交谈时大声宣扬，只会用一种平稳且中肯的语气来表达自己的想法。因此，有利于拉近教师和学生之间的距离，也有利于学生向教师倾诉。

3. 直接表扬

直接表扬是教师对学生表现出来的言行直接作肯定的评价。这是最平常、最及时、也是最适用的表扬方法。对教师而言，要及时发现学生身上的闪光点，及时给予表扬，使学生感受到教师时时在关注自己。教师不要吝啬自己的表扬，及时地直接表扬会给予学生很大的激励和鼓舞。

4. 间接表扬

通过别人或者其他方式进行的表扬就是间接表扬。和直接表扬相比，间接表扬对中学生的作用会更大。因为对于中学生而言，渴望交际，渴望在同龄中找到归属感。直接表扬久了，在学生习惯之后会形同空话，起不到表扬的作用，也会给学生带来人际压力。如果教师经常在其他老师或学生面前表扬学生，往往会起到出乎意料的效果。因为这种表扬更具客观性和真实性，更适合中学生，尤其是“后进生”。

【示例】

背后表扬的魔力

那是上学期的事了。

有一天下课后，我和同事正在办公室里闲聊，门外响起了“嗵、嗵、嗵”的脚步声。我扭头一看，是我班的学生李帅——一个整天松松垮

---

① 梁丽. 表扬是学习的无穷动力[J/OL]. http://www.cqdy.com.cn/qxdt/ShowArticle.asp?ArticleID=608.

垮、丢三落四、只知贪玩的学生。我随口说:“这个李帅呀,人既聪明又帅气,就是学习——”话未说完,上课铃响了,我赶紧朝教室走去

一节课下来,我有些奇怪:这个李帅,今天像换了个人似的,上课不但坐得笔直,认真听讲,还积极举手发言,曾经在课堂上有过的看漫画、搞恶作剧、吃笔杆、吃纸等等一切坏毛病全都无影无踪。这是怎么了?我赶紧在我的日记本上记下了李帅的变化,并加了大大的问号。

中午放学后,走到校门口,听到李帅正跟来接他的妈妈说:“我们数学老师可喜欢我了!”

“你怎么知道?”妈妈好像有点不相信。

“告诉你吧!”李帅说,“今天上午第一节课下课,我从我们数学老师门前走时,听见她在别的老师面前表扬我,她说我既聪明又帅气……”他那抑扬顿挫的调子把妈妈逗乐了。

“老师既然这么喜欢你,你一定要加倍努力!”妈妈说。

“是!”李帅挠了挠头,忽然他咧嘴一笑说:“你就看我今天和以后的表现吧!”

“这小鬼真会说话。”我想。

嘿,我上午哪是表扬他呀!多么奇妙的误解。我不由感叹起来。我以前也曾在全班同学面前对李帅提出过真正的表扬,但绝对没有像今天这样收到立竿见影的效果。我想了好久终于明白了这种表扬的魔力:这种表扬来自背后,受表扬的人不在现场,所以不会认为是假情假意或讽刺奚落,这种来自背后的表扬,会使受表扬者感到真诚,受到鼓舞,感到振奋,会产生巨大的推动力。这种来自背后的表扬发挥了评价的激励作用,因此收到了意想不到的效果。①

就是这样一位学生,教师用再多的当众直接表扬,起不到任何作用,原因就在于教师的当众直接表扬,让学生觉得教师是在给自己“戴高帽子”,让学生觉得假,而背后的间接表扬,让学生感受到了教师的真诚,让学生真正体会到被认可、被肯定。这也证明了美国心理学家威廉姆. 杰尔士所说的:“人最最深切的要求是渴望别人的欣赏。”

---

① 程丽伟:背后表扬的魔力,文化博览,2007年第5期。

四、激励语

(一)激励语的特点和要求

激励语是学生在遇到困难,缺乏信息和勇气,或悲观失望,或自暴自弃的时候,教师用来激发学生积极向上的情绪,鼓励学生积极进取的教育口语。中学生自尊心和自信心在增强,对于别人的评价十分敏感、好斗好胜,但思维的片面性却很大,容易偏激、容易摇摆。他们热情,也重感情,但有极大的波动性。他们的意志特征也在发展,但在克服困难中毅力还不够,往往把坚定与执拗,勇敢与蛮干混同起来,他们的精力充沛,能力也在发展,但性格未最后定型,尚未找到正确的活动路径。激励就是这样一种具有“人情味”,充满生命力的教育方法。教师要善于发现每个学生身上的闪光点,增强他们的自信心,指引学生走上成功之路。

激励语能够充分调动学生的主观能动性,挖掘学生内在的潜力,激发斗志。所以,激励语应当具有以下特点和要求:

1. 富有激情

激励的目的就是要激发学生的积极性,所以,教师对学生进行鼓励的时候,要注意自己语言的鼓动性。只有富有激情的语言,才能够帮助学生从消极中看到积极的因素。教师富有激情的语言,能够找准引发学生情感的点,肯定学生,鼓励他们勇往直前。

2. 要有期望

对学生的激励,是既要肯定学生的优点,同时也要指出学生身上的不足点。有期望值的激励更具有教育的发展性,教师的殷切期望给予学生动力,为学生指明方向,能够让学生既受到鼓励又知道自己的不足,从而唤起学生的热情。

3. 针对性强

激励语具有很强的针对性,不应该是模糊、笼统的。由于激励的对象具有明确性,因此对不同年龄的学生的激励是不同的。既是面对同一年龄的学生、也因为学生个体的不同性格而因人而异。同样,针对的事件不同,教师也要采用不同的激励方法。具有较强针对性的激励,往往容易见效。

(二)激励的技巧

1. 号召

号召就是运用充满激情的语言,激发学生的热情,使学生行动起来。这类激励语多用在面对学生群体活动之前，比如运动会、竞赛。能够动员学生全身心的投入，有助于培养集体荣誉感。

【示例】

> 同学们，我们这个战斗的集体就是一支即将起航的舰队，我们将它命名为“雷锋号”舰队。舰队的宗旨是“学习英雄，团结奋进”。今后，我们的同学在学习和生活中如果碰到了困难，就像在海上行驶中遇到了风浪，大家要以英雄为榜样，齐心协力去战胜它。同学们，我们“雷锋号舰队”征途无港湾！让我们开足马力、扬起风帆、勇往直前，驶向那金色的海岸。①

这是班主任老师在一次“学雷锋”的活动中所作的动员讲话。教师用充满激情、带有鼓动性的语言，点燃学生内心的火焰，有效激发学生向上的精神，增强班级的战斗力，具有强烈的号召力和感染力。

2. 勉励

勉励的激励语的特点是语气平和、恳切，具有哲理性。其目的并不是要引导学生的激情而是在于阐明一个道理，提高学生的认识。这样的激励语能够给学生长期的鼓励，产生积极向上、不断奋斗的内驱力，使学生的目标更为高远。

【示例】

> 一个黑人的孩子叫基恩，他看到一群白人孩子买来彩色气球，玩得非常高兴，他很自卑，不敢跟他们玩，等白人的孩子都走了，他才带着恳求的口气对卖气球的老人说：“您可以卖一个气球给我吗？”“当然可以，孩子。”基恩买了一个黑色的气球。老人看着小基恩把氢气球放上天后，拍拍基恩：“记住，气球能不能升起，不是因为他的颜色、形状，而是气球内充满了氢气。一个人的成败不是因为种族、出身，关键是你的心中有没有自信。”基恩后来成长为美国著名的心理医生。卖气球的老人的话语充满了激励、关爱和哲理。②

多么富有哲理的话语，卖气球老人的勉励，激励了基恩为之奋斗。我们的老师面对那些暂时后进或者心理自卑的学生时，如果都能像卖气球老人那样去鼓励他们，那么，老师的教育肯定是成功多于失败的。

---

① 转引陈传万、何大海：《教师口语》，合肥工业大学出版社，2008 年 8 月，第 99 页。

② 邓向农. 教师教育的口语艺术[J/OL]. http://www.fcgsgz.com/shownews.asp?newsid=683.

3.激将

激将，就是利用学生自尊心和逆反心理积极的一面，从相反的角度、以“刺激”的方式对学生寄予良好的期望以激起其“不服气”情绪，使其产生一种奋发进取的“内驱力”的一种特殊激励策略。例如：“我才不信你这次考试能够及格”；“我猜你又打算放弃了吧”。激将法运用得好，能够帮助学生进行自我反省，从而产生积极进取的意识。但是，若运用不恰当的话，激将法等同于对学生的讽刺与责骂，非但达不到教育的目的，反而会损害学生的自尊和自信。

【示例】

开学之初，只要一下课，一部分学生立即冲出教室，在走廊上追逐、疯打，有时还是男女混杂，气焰嚣张，简直是无法无天。

在我班爱追逐疯打的“集团”中，有一个人特别突出，名叫陈刚(化名)，他特别活跃，除学习以外，其他的事情他都喜欢。只要下课铃一响，他常第一个冲出教室，先在走廊上跑一圈，再围着教室跑一圈，有时太“专注”了，他还会跑进老师办公室旋一圈。每一次，我都对他进行了严厉的批评教育，但效果不佳。

有一天，他又犯事了，我把他叫到办公室，说道：“通过老师对你的观察，认为你永远不可能在下课时安静地坐在教室一天。”他沉默了片刻，说：“老师，我觉得我能做到。”我又说：“我对你的话没信心，因为教育了你这么多次，你一点没听进老师的话！若你真能做到，每天给你加操行分2分。”他听后立即兴奋起来，并说：“老师，你等着瞧，我一定要做到！”

第二天，我下课之后，立即站在教师门口观察他，只见他端正地坐在座位上，什么也没做，眼睛却在四处搜寻老师。

这样坚持到了第三天他坐不住了，开始在教室走动。见此情景，我把他叫回座位，告诉他可以在下课之时看有益的课外书，如校办杂志《春晖》、《读者》、《青年文摘》、《意林》等。接着的几天他都能安静地坐在座位上看书，我看在眼里喜在心头。①

对于这样一个严厉批评都没有效果的学生，教师机智地采用激将法，通过“通过老师对你的观察，认为你永远不可能在下课时安静地坐在教室一天”这句话，激起了学生的好胜心，紧接着教师又是一句看似不相信的话，再一次地强化了该学生的决心。同时，结合教师的有效引导，最终，全班下课追打疯玩的现象

① 陈昌平.激将法[J/OL]. http://www.teacherclub.com.cn/tresearch/contribute/show.jsp?cid=00001&contributeID=20080630235820700.

得到了改变。

五、批评语

(一)批评语的特点和要求

批评语，是教师在对学生错误的言行和思想给予否定性评价时使用的教育口语。对学生而言，批评是一种必不可少教育手段。学生在成长的道路上，对一些现象缺乏分辨能力，因此，总是会表现出这样或那样的缺点和不足。因此，就需要教师敏锐地发现和捕捉这些不足，适时地提出，帮助学生进行反省，及时进行纠正，从而提高学生对美丑、善恶、是非的辨别、判断能力。

再有，现在的学生都是独生子女，家长的溺爱以及不恰当的赏识教育，使得学生无法承受失败、挫折。只能听表扬而不愿意听批评。从某种角度来讲，批评是一种更深层次的爱。一般来说，批评语具有以下的特点和要求：

1.尊重人格，保护自尊心

批评是一种教育手段，而不是教师的自我发泄。现实中有很多教师，往往抱着“恨铁不成钢”的态度，劈头盖脸地斥责、嘲笑，甚至谩骂，完全不顾及中学生应有的自尊心。这样，造成师生关系紧张，导致学生反感，口服心不服，甚至会破罐子破摔。所以，教师首先要抱着关爱学生的态度，尊重学生的人格，诚心诚意地帮助学生，对缺点错误进行分析，使学生感受到教师浓浓的关心，情理统一，方能使学生心悦诚服地接受批评并能够知错而改。

2.就事论事，实事求是

教师对于学生的错误，在进行批评之前，一定要先调查落实，全面把握情况，切忌偏听偏信，要实事求是。在进行批评的时候，教师不能借题发挥，切忌抱着成见和偏见，要就事论事。否则，学生会对教师产生怀疑，不相信教师。如果教师在学生心目中丧失了威信，那么，教育从何做起。

3.讲究方法，把握分寸

教育的对象各种各样，教育面临的事件也是形形色色。所以，教师既要敢于批评，也要讲究批评的方法。针对学生不同的个性特点，因人而异。针对不同的事，不同的时，做到有的放矢。批评要适度，要把握分寸。比如，聪明机灵的学生可以用暗示、提醒的方法；自尊心强性格内向的学生，可以采取含蓄的渐进式批评方式。总之，讲究方法，把握分寸，就能够使“良药”真正“利于病”。

(二)批评的技巧

1.正面批评

这是最常用的批评方法,教师毫不含糊地指出学生存在的缺点和错误。正面批评目标明确,态度严厉,言语尖锐,有比较大的震慑作用。适用于错误性质比较严重,屡教不改,态度强硬的学生。但是,正面批评要注意分寸,不可伤害学生的自尊。

2.先扬后抑

先扬后抑是指教师在批评学生之前,先挖掘其言行上的闪光点,用真诚的态度纪念性表扬和肯定,然后再指出学生的不足。这种方法可以有效地消除学生的逆反心理,更好地保护学生的自尊心。在采用这种方法时,一定要注意"扬"要真诚,"抑"要中肯,让学生体会到教师的殷殷期望而乐意接受。

3.暗示提醒

洛扎诺夫在"暗示学"中指出:"人具有可暗示性""是大脑接受或唤起观念的能力,它倾向于使这些观念实现,使之转化为行动。"因此,教师可以通过委婉含蓄的语言,旁敲侧击地提醒学生的不良言行。在暗示中,让学生心领神会,接受了批评,纠正了自己的过错。

【示例】

一次某班主任为加强班级管理,决定指派一名学生担任班上纪检委员。这位学生认为当这个班干部最容易得罪人,不愿意干,说自己过去当班干部因办事太认真,坚持原则,得罪了不少同学,现在正在吸取这个"教训",克服这个"缺点"。听了他的话,班主任没有强迫他,也没有直接批评他,而是委婉地讲了一个故事进行暗示:某电影制片厂导演,为拍好一部片子,四处寻找戏中合适的演员。一天,导演发现了一个合适人选,便通知他准备一下试镜头。这个被导演相中的人非常高兴,理了发,换上新衣服,对着镜子左照右照,总感到自己两颗长长的"犬牙"不好看,于是到医院将它拔掉了。他兴致勃勃地去报到,导演见了,失望地说:"对不起,你身上最珍贵的东西被你当缺陷毁了,影片已经不需要你了。"故事讲完,这位同学懂得了"办事认真,坚持原则"正是他自己最珍贵的长处。之后,这位同学愉快地接受了任务。[①]

这是故事暗示法。对于这名学生,不愿意得罪同学,不做班干部的做法,教

① 罗义汉:批评因暗示而精彩,班主任之友,2006年第4期。

师并没有直接正面批评，而是通过讲述一个故事，使学生明白了自己身上最珍贵的优点就是“办事认真，坚持原则”。教师的暗示教育，不仅让学生接受这个任务，而且使学生明白了一个道理，这个道理将会引导其终生。

4. 幽默化解

面对学生的错误，有时候教师的严厉批评并不能达到“治病”的效果，甚至会适得其反。教师不妨可以采用幽默化解的方式，既避免学生抵制教育的负面影响，又能够在轻松的氛围中使学生乐意接受教师的批评，更好地改正错误。

【示例】

一次，学校组织学生到报告厅看电影。看完电影进班后，学生们仍在谈论着电影中有趣的故事情节。临近上课，我走到教室门口，只听坐在前面的高乐兴奋地喊了一声：“黄大明来了！”学生们一见真是我来了，哄堂大笑起来。我故意打岔说：“今天高乐怎么这样客气，竟叫我‘黄大爷’！”学生们笑得更响了。我接着一本正经地说：“其实，我们在校园里不必这么客气，不管老师年纪大小，只要叫‘老师’就好了，不要叫‘大爷’、‘大叔’的，但也千万不能没有礼貌，直呼老师的姓名。”几句装糊涂打岔的话，说得高乐脸红了。①

学生直呼教师的名字，确实是个不礼貌的行为。但是，黄老师在全班哄堂大笑的情况下，故意采用打岔的方式，说学生如此客气，紧接着，教师顺水推舟，点明在学校不能直呼老师的名字。这样一来，犯错误的学生马上知道自己的错误了。

六、说服语

（一）说服语的特点和要求

说服语，就是以充分的理由，通过摆事实，讲道理，动之以情，晓之以义，喻之以理，使学生获得正确的认识。说服是一种非常重要的教育方法。传统的说服是一种注入式、征服式的教育，也就是说，教师往往重“说”轻“服”，强调自己在教育中的主体地位和主导作用。在新的教育理念下，强调学生的“诚服”，也就是说，要重视学生在说服中的主动性。说服语应当具有以下特点和要求：

1. 针对性

针对性是教育说服实效性的前提和条件。教师要从中学生的思想实际、年

---

① 黄大明. 幽默式批评方法列举[J/OL]. http://new.060s.com/article/2010/11/09/220301.htm.

龄特点、个性差异及心理状态的实际出发，有的放矢地进行说服教育。同时，教师在运用说服语进行教育时，必须要有明确的要求和目的，能让学生明白该做什么，不该做什么，从而根据教师的要求采取正确的行动。

2. 感染性

感染性是指激发学生内在的情感，使师生双方心理相容，从而达到提高教育效果的目的。要做到感染性，首先教师要以情动人，从爱护和保护中学生出发，抱着尊重和信任的态度，开诚布公，推心置腹。其次是语言上要防止枯燥、乏味、单调、唠叨，而应生动活泼，富有感染力。选用的事例应该具有知识性、趣味性、形象性，使学生乐于接受。第三指教师的说服态度要真诚自然，不能矫揉造作或者是言不由衷，否则只会增加学生的反感。

3. 说理性

说服的主要武器就是"理"，因此，说服较之其他的教育方法，更具有说理性。说理性要求教师所说之"理"切合学生的实际，采用说理的方法学生是可以接受的。不能说大话、空话，要深入浅出，生动形象。

4. 艺术性

所谓艺术性，就是说要灵活运用说服的方法和方式。这就要求教师做到：既要注重道理的客观性、事例的真实性，也要注意营造相宜的环境和气氛，注意选择合适的方式方法，加强语言修养，讲究言词和方式。特别重要的是，在对中学生进行说理教育时要使用"爱的语言"。只有这样，才能应对多样的教育事件，起到最佳的教育效果。

(二)说服的技巧

1. 调节气氛，以退为进

很多时候，学生对于教师的说服并不买账，尤其是中学生，有着较强的主体意识，并不愿意被教师带着走。所以，教师就要注意观察，尽力营造一种和谐平等的谈话氛围。教师应当角色转换，从学生的立场思考问题，以退为进也是一种好的方法。

【示例】

有一位中学老师接管了一个差班班主任工作，正好赶上学校安排各班级学生参加平整操场的劳动。这个班的学生躲在阴凉处谁也不肯干活，老师怎么说都不起作用。后来这个老师想到一个以退为进的办法，他问学生们："我知道你们并不是怕干活，而是都很怕热吧?"学生们谁也不愿说自己懒惰，便七嘴八舌说，确实是因为天气太热了。

老师说："既然是这样，我们就等太阳下山再干活，现在我们可以痛痛快快地玩一玩。"学生一听就高兴了。老师为了使气氛更热烈一些，还买了几十个雪糕让大家解暑。在说说笑笑的玩乐中，学生接受了老师的说服，不等太阳落山就开始愉快地劳动了。①

这个班本身就是差班，习惯于教师的批评。面对学生的偷懒，教师首先用和颜悦色的提问代替了命令，一下子调节了气氛，维护了学生的面子。在这样的友好而和谐的氛围中，要进行说服就简单多了。随后，教师采取退一步的做法，使学生愉快地接受"等太阳下山再干活"的建议。而实际上，不等到太阳下山，学生就已经愉快地劳动了，教师的目的也达到了。

2. 正面说理，直接说服

用正确的理论对学生进行直接的陈述。这样的好处在于教师的态度很明确，观点很鲜明，直接告诉学生该做什么，针对性强，有助于学生的认识。但是，我们面对的中学生，思维具有独立性，往往不太容易接受那些虽然是正确的，但是还没有经过他们自己证明的看法。因此，在进行正面说理、直接说服的过程中，要注意利用具有说服力的论据。教师可以多利用正反面的典型事例来作为说服的理论支撑，用反面事例来击破学生认识上的支柱，然后用正面实力来确定新的认识。教师所选择的典型事例一定要是身边的甚至是学生自己看到的或听到的。

3. 以身说法，启迪思考

对中学生而言，在进行说服教育时，教师最担心的是遭遇学生的逆反心理或者是抵触心理。面对中学生渴望被尊重的特点，教师应该和学生建立平等的交谈氛围。教师可以结合自己成长的经历，以身说法。这样，一方面可以拉近与学生的距离，另一方面，可以利用自己真实的事例，起到启迪说服的教育作用。

【示例】

一天傍晚，放学已有好长时间了，校园里静悄悄的。这时，王老师独自向校外走去。突然，一位骑自行车的人从王老师身边一擦而过，后面还带着一位女孩。这位女孩不是班里的盈盈吗？她怎么到现在还没有回家？从背影上看，带她的男青年不像学生，那么男青年又是谁呢？

---

① 佚名. 说服别人的六种好方法[J/OL]. http://www.psybook.com/viewthread.php?tid=12139&page=1&authorid=6.

经过暗中调查，王老师弄清盈盈已初涉“爱河”。不仅放学后晚回家，而且有一次影剧院有歌舞团来演出，他们俩一同去看，居然一夜未归！这样下去不得了，要知道她才16岁！

为了放松盈盈的情绪，王老师找了个机会与她在操场上边走边谈。

“我们学过《牛郎织女》一文。你认为牛郎织女结合的基础是什么?”王老师问。

她犹豫了一下回答道：“相同的遭遇，都有一双勤劳的手!”

“学得挺不错嘛！今天我想讲个关于我自己的故事，你愿意听吗?”

“愿意。”

“我16岁那年考入了师范学校读书。在学校里，我和本班一个女同学相处比较好，常在一起看电影、溜冰。同学们都说我俩谈恋爱了，而我们彼此也都有这个意思，于是索性真的谈了起来。快毕业的时候，由于学校有统配名额，她认为自己有希望分到一个好单位，而我没有，于是，轰轰烈烈的一场恋爱就夭折了。回想起来，我好懊悔：两年多的时间就这样白白浪费了。不然，我能学到多少知识啊!”

说到这儿，王老师看了看盈盈，只见她两只眼睛滴溜溜地望着老师，很入神。王老师抓住时机继续说道：“近来你成绩下降了，想过原因吗?”

她低头沉默不语。

“不妨坦诚一点，我决不会将我们的谈话告诉别人。”

“你已知道。”她轻声说道。

“你明白成绩下降的原因就好，我就怕你执迷不悟。其实你产生这种感觉，并不是罪过，也不必大惊小怪。人人都会有的，只不过有的人产生得早，有的人产生得迟罢了。你的学习基础很好，如果趁现在年轻集中精力多学点知识，那么对你将来会大有好处的。”

她点点头。

“浪费光阴不谈，处在你这个年龄，产生这种感觉时看到对方身上全是优点，缺点会被‘忽视’；加上你们不会有长时间的接触；无法深入了解他的为人。再换一个角度说，倘若他确是一个好青年，那社会上姑娘多的是，为何偏偏看上你这个才16岁的小姑娘？这难道不能说明他正是看中了你的幼稚吗?”

她发愣了。

“退一步说，假如他是一个好青年，即使你对他有好感，也须把这颗种子深埋心底，等‘阳光’‘水分’充足了，它会悄悄发芽的，否则，不是夭折，就是结出一粒苦果。”

“老师，你别说了，我知道该怎么做了，谢谢你！”

未隔几天，王老师去她家家访，帮她收拾了自己的小房间，将一些不宜看的书籍全部收了起来。她生日那天，王老师又和同学们一起为她过生日，送她一样礼物，并请她为大家讲几句话。她说：“感谢老师和同学们的关心，我一定不辜负大家的期望，搞好学习！”

从此，她把心思用到了学习上来，成绩直线上升。期末考试，她进入了班级前十名。她终于从“爱河”中上了岸，并满腔热情地踏上了求知的征途。①

早恋问题，是一个非常敏感的问题。如果教师采用粗暴手段，只会起到相反的教育作用。当然，随着社会的进步，早恋是洪水猛兽的观念已经过时。但是，早恋，对于中学生而言，却有很大的弊端。单一的说教，无法使那些堕入“爱河”的学生认识到。基于此，案例中的王老师巧妙地采用了“正面说理”和“以身说法”这两种方法。通过讲述自己曾经有过的早恋故事，首先让学生感觉到教师并没有高高在上的说教，因此，学生从心理上接纳了教师；其次，这个真实的故事让盈盈明白了教师的用心，也开始反省自己的行为；最后，教师正面客观地分析了初中生谈恋爱存在的认识模糊等不足之处，以旁观者的身份提出“那男青年不正是看中了你的幼稚？”这一疑点，使盈盈进行了思考。可见，王老师的说服句句点中要害，使学生触动，有所思考，有所感悟，起到了很好的教育作用。

练习

一、沟通语训练

1. 欣赏下面例子教师的沟通艺术，说说妙在何处？

(1)一学生的外婆来学校向班主任反映情况：“外孙近几天很早出门，一两个小时后才上学。我在家怎么问，他也不肯说，我想肯定不是什么好事。希望班主任了解了解他到底在干什么。”首先，班主任让外婆放心，一定好好找学生聊聊。送走外婆，班主任找到了那个学生，微笑着对他说：“老师现在想了解一个秘密，不知你愿不愿意告诉老师？”他愣了一下，当他看到班主任的笑脸时，脸上一脸愧色低着头说：“老师，是我外婆让您来找我的？”“是的。你应该知道老

① 李玉萍：《一份特别的教案：教育艺术案例与评析》，中国人民大学出版社，2007年12月。

师想知道什么吧？你能够告诉老师吗？”我知道他明白我问什么，“你不告诉老师，老师可就完不成你奶奶交给的任务。”班主任笑着说。他脸一红说：“老师，我告诉您，我知道我错了。您告诉外婆时，能不能帮我说说好话呢？我向您发誓，以后绝不再犯了。”“你能认识错误，而且以后不再犯了，这就足够了。你还是直接告诉你外婆，向外婆认错，行吗？”“好。”学生高兴地答应了。过了两天，孩子的外婆又来到学校，对班主任千恩万谢，说：“孩子原来是起早床去玩电脑游戏，平时也爱去游戏室玩，但这几天真的没有去了，还保证以后也不去了。老师我代表他的爸爸妈妈再次感谢您。”

(2)学生上课迟到了半个小时。

师：A，你今天早上迟到了半个小时，这是怎么回事？

生：老师，我昨天晚上看书看得太晚了，今天早晨睡得特别死，连闹钟响了都没听见，所以迟到了。

师：哦，原来是这样。不过你上课迟到不但耽误了自己听课，也在一定程度上影响同学们专心学习，这些你知道吗？

生：我知道了，下次一定改正。

师：那好，你回去认真想一想，写一份检查明天交给我，这样你就能对今天的事情有一个深的印象，以后注意不要再迟到了。

2. 分析下面案例中教师的沟通语，谈谈你的看法。

(1)学生：“老师，你知道吗？我今天本来不想来的，所以我迟到了。以前，我跟你说过，我没有把握我男朋友是否真的爱我，还是因为我长得漂亮。对你，我也有一样的不确定感觉，我觉得你之所以帮我，是因为你的职业，我觉得很孤独，我只不过是你众多学生中的一个而已。”

老师：“你怎么这么敏感多疑啊？老师为你花了多少时间、费了多少口舌，你还是怀疑老师是不是真心！”

(2)教师检查学生的笔记本，看一看学生做笔记的情况如何。当笔记收到一半时，有一名同学跑过来对教师说：“有同学只做了一张纸的笔记！”说着，就把只有一张纸的“笔记”交给教师。这是个平时比较调皮捣蛋的学生的，作业也经常不做，几个任课教师对他都没有什么好印象。

二、启迪语训练

1. 根据下面的教育情境，设计教师的谈话方案，达到启迪教育的目的，并说说为什么要这样设计。

(1)从外校转来一位学生，他学习基础不好，不爱说话，并不淘气，与同学们相处也很好。半个学期后的一个晚上，班主任兼物理老师问他：“来这一段怎么样?”他看了老师一下,“韩老师,我给你说实话,你上的课我只认真地听过一节。”老师大吃一惊,心想自己的讲法可能不对他的胃口,忙问:“其他课怎么样?”“其他课我一节也没有听。”他说。

(2)临近高考,高三各门课都抓得很紧,教语文的老师自然也把弦绷得紧。学生们对于老师的做法颇有微词。一次,老师收作文,一个学生不但不交,还发火嚷嚷:“现在还做什么作文,烦死了!”但是老师只是轻声提醒:“别嚷嚷,等会儿再同你谈。”下课后,老师把这个学生叫到办公室。他一进门就倔头倔脑,一副不服气的一样子。

三、表扬语训练

1. 一位后进生叫王一,独生子女,家庭条件优越,上课睡觉,不做作业,不讲卫生,不守纪律,不听班干部与任课教师的批评教育。一次英语课上,老师晕倒在讲坛上,王一立即组织学生把老师扶上自己的背,他一口气把英语老师背到一里外的医院,晚上要求照看老师。请你以班主任的身份对王一同学进行表扬。

2. 某班有个调皮捣蛋王,三天两头地出状况,是个人见人痛的角色。有一次大扫除,班主任发现他很卖力,很会想办法,而且很有组织能力。请你为该班主任分别设计表扬语和沟通语,能够真正起到教育作用。

四、激励语训练

1. 根据下面的教育情境,设计教育激励语。

班主任王老师一早起来去班上查自习。他边走边想,纷纷扬扬的大雪下了大半夜,天亮时,又刮起了大风。这样大的雪,路远的孩子一定要迟到了,肯定不会有人到操场去长跑……

跨进教室,王老师愣住了。全班同学无一缺席,都坐在座位上等老师早读辅导。不少同学头上正冒着热气呢!责任心和兴奋感使他发问:“这么大的雪还有人坚持跑步吗?”只见20多个孩子同时举起了手。[①]

五、批评语训练

1. 有一位同学,平时有一个怪癖,常带着小刀在树木花枝上刻这刻那。为此,班主任不知说过他多少遍。有次家访,班主任赵老师想跟家长谈谈这件事,无意中听他妈讲,他在家一有空就学着搞嫁接、植物栽培,还指点老师看他嫁接

① 赵林森、郭启明:《教室口语》,河南大学出版社,1996年9月,第318页。

成功的几种植物——仙人球上竟插活了几种花卉。请你运用合适的方法为赵老师设计一段批评语，既能够肯定这位同学钻研植物嫁接，又能够教育学生不能随便在树木花枝上乱刻乱划。

2. 比较下面的针对同一现象的不同批评用语，说说哪种批评语运用得好，好在哪里？

(1)一位学生在课堂上用手机发短信。任课教师发现后，示意这位学生停下来。老师对这位学生说："我猜想你可能有急事一定要把信息发出去，是不是爸爸正准备上飞机、妈妈刚刚出差到家，或者爷爷在手术室要动手术，你想把你的牵挂和你对他们的祝福表达出来。我知道，你以前上课时从来没有或者很少玩手机。我更相信，你以后在上课的时候是不会再用手机发短信了。你说我说的对吗？"

(2)一位学生在课堂上用手机发短信。任课教师发现后，立即走过去，大声说："小明，你上课又玩手机了！学校怎么规定的，不是不允许学生带手机到学校吗？可你从来都不听，上课总是玩手机。今天，我一定要没收你的手机，否则，你以后上课时还会玩手机。"

六、说服语训练

1. 比较一下两位教师分别对一位参赛准备不积极的高一学生的谈话，说说哪种说服语运用得好。如果你是教师，你会怎样进行说服教育？

甲：这次智力竞赛的准备时间很紧，你没有感到太劳累吗？不过，你气色还好，有几个同学都瘦了。你们都是立志要夺标的。你认为时间还来得及吗？

乙：你怎么回事！别人都玩命地准备参赛，人也累瘦了，都觉得时间不够，你却"面不改色心不跳"。你不想参赛了吗？

第八章　教师口语风格

学习提示

教师口语风格是教师人格和个性特征在教育教学语言上的全面反映，是教师在教学艺术上成熟的重要标志，对学生的个性发展和学习风格的形成将产生直接的影响。教师口语风格的形成，需要经过模仿阶段、独立阶段和风格形成阶段。加强学习，提高教师个人的综合素养；注重教研，发挥教师群体的语言观察研修；改革评价，改善教师口语风格形成的制度环境，将有助于教师口语向风格形成阶段发展，从而提高教育教学的效果。

第一节　教师口语风格概说

训练目标

通过本节的学习，使学生了解教师口语风格的定义和特点，对教师口语风格有一个完整而准确的认识。并为其后的教师口语风格的形成奠定相应的理论基础。

一、什么是教师口语风格

(一)风格

风格，顾名思义是指人的风度和品格。人们说一个人风格高尚，意指这个人的风采、风姿优美独特，人格、德行具有魅力，被人称道。

文学艺术风格，表示组成文字的一种特定方法，以文字装饰思想的一种特定方式。音乐、美术等艺术风格，是音乐家、美术家的艺术造诣达到一定高度后，通过特有的表现手法，显示其自身独特魅力的，为广大观众所喜爱的特有标志。例如，每一位具有鲜明个性的歌唱家，对声乐艺术的美都有一种不同于其他艺术家的独特的感受力，特别善于捕捉能够充分表现自己声乐风格独特性的东西。这种和歌唱家的个性气质相连的独特的审美感受的能力，就构成了歌唱家风格个性的最基本的东西。优秀的歌唱家所具有的鲜明突出的、与众不同的个性，是从声乐作品的内容和形式、思想与艺术的统一中显示出来的，并且贯串在他的一系列作品中，成为他声乐风格上鲜明而独特的标志。男高音歌唱家蒋大为的作品，既有欢快明亮、洒脱雄健的民族民间歌曲，同时又有韵味绵长、斑斓多姿的不同题材、体裁的创作歌曲。在风格上他将西洋的发声法巧妙地融合在自己的演唱中，没有一丝生拉硬套的痕迹。那绵延舒缓、含蓄悠远的《家乡寄来一幅山水画》、《地下的星在欢笑》等作品；潇洒豁达、奔放激情的《春风吹》、《牡丹之歌》、《火把节》、《延河战火》等作品；淳厚真挚、意趣盎然的《青松岭》、《边陲》、《潜猎从这开始》等电影、电视的插曲，都蕴含着歌唱家饱满的激情和独特的歌唱风格。

(二)教学风格

教学风格，是指教师在长期的教学艺术实践中逐步形成的、富有成效的一贯的教学观点、教学技巧和教学作风的独特结合的表现，是教学艺术个性化的稳定状态之标志。①

所以，教学风格具有实践性，是教师在长期的教学实践中形成和发展的；教学风格具有独特性，教学风格与教师的个性有着密切的联系，是个性化的结果；教学风格具有理念性，是教师在一定的教学理念指导下的一种教学观；教学风格具有艺术性，是教师富有魅力的教学方式、方法和技巧的艺术表现。

例如，王崧舟是“诗意语文”的积极倡导者和实践者。他用了20多年的语文教学实践，致力于博学、审问、慎思、明辨、笃行，慢慢地磨砺出了“精致、和谐、大气、开放”的课堂教学风格。又如于永正的“善言语交际”，李吉林擅长“情境教学”，窦桂梅则喜欢从文字里抠感情，他们都从自己的教学实践中，逐步形成了独特的教学风格。

---

① 李如密著：《教学艺术论》，山东教育出版社，1996年8月，第398页。

(三)教师口语风格

教师口语风格,是指教师在长期的教育教学活动过程中运用口语而逐步形成的相对稳定的积极独特的言语气氛与言语格调。[①]

因此,教师口语风格与教师教学风格的共同之处是,都具有实践性、独特性、理念性和艺术性。教师口语风格是教师教学风格在教学语言方面的体现。但是,教师口语风格不仅仅体现在教学语言方面,而且还体现在教育语言方面。

教师的教育教学风格与口语风格关系非常密切。可以说,有怎样的教育教学风格就会形成怎样的口语风格,反之,教师口语风格是教师教育教学风格形成的重要标志。

湖北省武汉市育才小学张农老师,在上《开国大典》这一课时,慷慨激昂地边放课件边激情讲解:新中国的诞生是中国人民浴血奋斗换来的,多少革命志士为了新中国的成立舍生取义。这是倒在长征途中的小红军;这是宁死也要保住党的机密的小雨来;这是顶天立地、英勇跳崖的狼牙山五壮士;这是用自己的生命为部队开辟前进道路的董存瑞,他牺牲前说的最后一句话是:"为了新中国,前进!"无数革命先烈用自己的血肉筑成了我们新的长城,才迎来了新中国在今天的成立。这声宣告怎能不激动人们的心?谁再来读这句宣告?……其富有感染力的一系列排比句,体现了张老师生动丰富型的口语风格,反映了张老师注重情感体验、情感激发的教学风格。

二、教师口语风格的类型

根据教师口语体的特点,教师口语风格主要有以下几种类型。

(一)通俗简约型

具有这种口语风格的教师在教育教学活动中,常运用朴实、自然、简明、扼要的语言,能够拉近师生之间的关系,根据教育场景、教育对象、教育内容等的实际,对学生多用常用词、口语词,少用华丽的形容词、书面语词。在句法上,多用简短句、松散句、叙述句,少用描述句、整句、排句。

许多老师在课的开头运用平实语言,开门见山地点出课的主题,就是一种通俗简约型口语风格的体现。有老师注意到生活中处处有数学,所以选择开发了一节小学数学课——出租车上的数学问题。这节课一开始,老师就以谈话的方式引出课题:"同学们都乘坐过出租车吧?坐出租车的时候你有没有想过出

---

① 程培元主编:《教师口语教程》,高等教育出版社,2004年7月,第324页。

租车上有哪些数学问题呢？今天这节课我们就一起来研究研究出租车上的数学问题。”老师的开场白，明白易懂，简洁清晰，直奔主题，引发思考。

(二)生动丰富型

具有这种口语风格的教师在教育教学活动中，常运用清新优美、形象生动、斯文雅致的语言，叙事说理，能够尽情发挥，讲究辞采；情感丰富，能够感染学生，多用色彩鲜丽的形容词、拟声词、叠音词、书面语词语，少用平实的常用词、口语词。在句法上，多用描述句、整句、变序句、排比句，少用叙述句、简短句。常采用比喻、比拟、排比、换述、精细等。

【示例】

《小珊迪》一课，王崧舟老师紧扣文中“他不是那种人”的断定，引领学生运用了大量的排比句，一起同情着作者的同情、感动着作者的感动、悲伤着作者的悲伤、崇敬着作者的崇敬，使人、文、课和谐地交融在一起，给我们展示了他生动丰富型口语风格的风貌。①

师：(出示句子：“当我想到孩子那诚恳的面容，想到他那使人信任的神情，我断定他不是那种人。”)同学们，读这句话的时候，你最想强调哪个词？请大家自由读一读，体会体会。(学生自由朗读。)

生：我最想强调“诚恳”这个词语。我觉得小珊迪是个非常诚实的孩子，他可以不顾自己的生命安危，却一定要把零钱找还给那位叔叔。(该生有感情地朗读这句话，读时强调了“诚恳”。)

生：我最想强调的是“信任”。我觉得小珊迪用自己的死来告诉人们，他是一个值得信任的人。(该生有感情地朗读此句，读时强调了“信任”。)

生：我觉得“断定”这个词语必须强调。断定是非常肯定的意思，事实证明，小珊迪的确不是那种人。他是那样诚实，那样守信。(该生有感情地朗读此句，读时强调了“断定”。)

生：我要特别强调“不是那种人”。小珊迪临死前说的话，足以证明他不是那种人！(该生有感情地朗读此句，读时强调了“不是那种人”。)

师：我断定他不是那种人！请问，你断定小珊迪不是哪种人？

生：我断定他不是那种见利忘义的人。

---

① 王崧舟.语文教学风格例析.http://www.jkedu.net/Article/ywal/200910/47695_2.html

生：我断定他不是那种骗人钱财的人。

生：我断定他不是那种不讲信用的人。

生：我断定他不是那种人穷志短的人。

生：我断定他不是那种言而无信的人。

生：我断定他不是那种贪图小利的人。

生：我断定他不是那种贪婪无耻的人。

师：是啊，小珊迪绝不是那种见利忘义的人；绝不是那种骗人钱财的人；绝不是那种不讲信用的人；绝不是那种人穷志短的人；绝不是那种言而无信的人；绝不是那种贪图小利的人；绝不是那种贪婪无耻的人。

这样的孩子可爱吗？（生：可爱。）

这样的孩子可敬吗？（生：可敬。）

这样的孩子我们会把他忘记吗？（生：不会。）

永远不会！

（三）风趣幽默型

具有这种口语风格的教师在教育教学活动中，常运用机智风趣、奇巧生动、轻松活泼的语言。变异是风趣幽默的基础，所以，擅长用幽默语的老师多用语言的音变、形变、义变，以及由此而形成的降用、移时、歇后等方法。它还表现为语言对于语境的有意识的偏离。

幽默的语言能够创造一个轻松愉快的学习气氛，可以让学生在笑声中获得知识、启迪智慧、受到教育，可以收到意想不到的教育教学效果。

笔者在听某小学上午最后一节课时，当数学教师和学生互相问好要开始讲课时，听到教室后面传来吃东西的声音。老师发现一位男同学正在吃一根红肠，怎么办？如果批评这位同学，就会占用上课时间，而且也破坏了课堂气氛。不想法阻止的话，吃东西的声音确实也影响课堂纪律。这位老师机智地向这位同学提问："请你说说你已经吃了这根红肠的几分之几？"并把它作为这节课的引入，这位学生在回答了问题以后，也悄悄地将吃剩的红肠包好放入抽屉，专心听课了。这位教师用幽默的语言既让学生终止了违纪行为，又避免了一场批评，化解了课堂教学危机，值得称道。

练习

一、欣赏下面案例中的教育教学口语，请结合教师口语风格的类型进行分析。

1.《圆的认识》的复习引入，老师出示课件钟面后说："钟面是什么形状的？"（圆形）谁来说一说，我们生活中哪里可看到圆形？

2.《开国大典》的上课过程中，教师边放课件边说："这就是天安门上升起的第一面红旗，岁月流逝，我们的新中国度过了59岁的生日。这是香港回归，这是奥运会上三面国旗同时升起，这是神州八号升天时升起在太空的国旗。在这59年里，五星红旗一次次地升起。这一面面五星红旗的升起，一定一次次激动着你的心灵。来，孩子们，拿起笔，把最使你激动的那一个场面写下来吧！你也可以像作者那样，一方面描写主要人物，一方面描写群众反映。"

3. 在作文指导课上谈到"我愿和谁交朋友"时，有老师来个正话反说诙谐地道出了："同学们，我愿和烟交朋友，吸烟有两大好处：一是吸烟能引起咳嗽，夜间尤剧，咳声能吓跑盗贼；二是长期吸烟，可以形成驼背，做衣服能节省布料大家说是吗？"学生听后会心而笑，在笑声中自然明白了吸烟的害处，几个因好奇抽烟的学生羞愧地低下头。接着又说："看来班上绝大多数同学最愿和眼镜交朋友，我奉劝那几个至今还没戴眼镜的人，只要你坚持做到每天躺在床上看书，边走路边看书，近距离看电视、上网……相信用不了多久你就可以和眼镜交朋友。"

第二节　教师口语风格的形成

训练目标

教师口语风格的形成需要经过三个阶段：模仿阶段、独立阶段和风格形成阶段。加强学习，提高教师个人的综合素养；注重教研，发挥教师群体的语言观察研修；改革评价，改善教师口语风格形成的制度环境，将有助于教师形成自己的口语风格，从而提高教育教学的效果。

一、教师口语风格的形成阶段

（一）模仿阶段

教师口语的模仿阶段往往对应于初职型教师（刚走上工作岗位的新教师），由于教学内容不熟，教学经验不足，往往不能独立地安排好教学内容，讲课节奏也掌握不好，容易讲得过快，急于把准备好的讲课内容讲完，初职型教师是以自我为中心的。所以，这个时期的教师的教育教学口语基本上以模仿为主。有的新教师模仿学校给予安排的师傅，甚至连眼神、手势都模仿得惟妙惟肖，也有的新教师反复观摩特级教师的课堂录像，学习模仿名师的教学口语。应该指出，处于这个阶段的教师，多观摩、模仿老教师的口语风格是非常必要的，但是，在学习过程中，要注意思考，逐步找到适合自己的口语风格。否则，就算你把王崧舟老师的诗意口语风格模仿得再好，你终究不是王崧舟。因为，王崧舟老师的诗意口语风格的基础是其丰富的人文内涵和磁性厚实的男中音优美的语音、语调表达，而这不是任何人都具备的。

(二)独立阶段

当教师慢慢把握了自己在课堂上的角色，就会把注意力转移到学科知识，把大量时间和主要精力用于钻研教学内容，教师会发现教材的一部分内容太抽象，需补充例题或其他材料等。所以，经验型教师是以学科为中心的。体现在教师口语方面，也会从单纯模仿到慢慢趋于独立，善于从别的教师那里吸收适合于自己的口语风格，是模仿与创新的过渡阶段，而且，这个过渡阶段的长短也会因人而异。

(二)风格形成阶段

经过较长的教师职业生涯，教师发现并非自己教得越多，学生就学得越好；并非自己说得越多，学生就听得越好。他们开始考虑如何使学生对所教的内容感兴趣，所以，专家型教师是以学生为中心的。

在这个阶段一开始教师还是把学生看成是被动的接受者，教师只是试图帮助学生更好地吸收知识。接着教师认识到学习光靠教师是不行的，还要靠学生自己的积极性。于是教师把学生看成是积极的学习者，注意调动学生的学习积极性。不仅要求学生掌握知识，也注重学生学会知识和运用知识的能力。更进一步地教师把学生看成是独立的学习者，教师相对减少教授活动，增加学生学习活动。教师口语注重启发、点拨，注重与学生的互动，学生的独立性不断增加，随着教师口语风格的逐步形成，其教学水平和教学效果也越来越好。

应该指出，教师口语风格形成的三个阶段，是一个渐变过程，其时间长短也会因人而异的。

二、教师口语风格形成的影响因素

对教师口语影响因素的认识，有助于明确教师口语风格形成的方向与要求。教师口语风格形成的影响因素很多，这里主要从教师个人因素和环境因素两方面加以分析。

(一)教师个人因素

1. 教育思想

缺少教育思想是教师没有形成教学风格的重要原因，同理，也是不能形成教师口语风格的重要原因所在。我们说，思想指挥人的行为，反之，人的行为也反映了人的思想。同样是学生上课忘带课本，有老师措辞严厉地命令其停课回家去取，结果学生一上午课没得上。而另一位教师却把自己的课本借给学生，语重心长、语气温和地请学生下次不要忘带，学生认识到了错误，依然可以听课。这两位教师对同一件事情的不同言语行为，反映了两位教师不同的学生观。前者以教师为中心，后者以学生为本。

2. 人格魅力

教师口语风格是与教师的人格魅力紧密联系在一起的，这样才具有独特性。具有良好的教师口语风格的教师一定是一个职业道德高尚的人，他对教育的热爱，对知识的渴求，对名利的淡薄，对生活的执著，对学生的理解，对事物的宽容，对美好的追求，对丑陋的鞭策，他的坚强的意志，恒久的毅力，敬业的品质，纯净的心底，都将成为其口语风格的重要基石。

王崧舟是一位文化底蕴深厚，教育理念先进，教师口语素养极佳，不断追求教学境界的优秀教师。他在《万里长城》一课中，以题词导入教学，又以题词结束教学。首尾呼应，结构精致，将一条横贯东西、逶迤曲折的人工长城演绎成融汇古今、坚强刚毅的人文长城，充分体现了王老师的人格魅力。①

> 课始，王老师充满激情地朗读了世界各国元首献给长城的题词：
>
> 师：英国女王伊丽莎白游览长城以后，留下了这样的题词："我到过世界上的许多地方，中国的万里长城是最美的！"西班牙首相阿斯纳尔游览长城以后，留下了这样的题词："对于凝聚着中国千年文明、智慧和力量的长城，我深表敬佩。"美国总统克林顿游览长城以后，留下了这样的题词："长城是一个奇迹，一个由伟大的民族创造的伟大的奇迹。"听完这些国家元首的题词，你有些什么感受？
>
> 生：我感到很自豪。我们的长城真伟大！
>
> 生：我真想马上去长城看一看。

---

① 王崧舟. 语文教学风格例析.. http://www.jkedu.net/Article/ywal/200910/47695_2.html

生:我很兴奋。因为有那么多的国家领导人赞美我们的长城。

生:我为自己是一个中国人而感到骄傲!

课终,我鼓励学生为长城题词:

师:同学们,面对这巍然屹立的万里长城,你最想说的是什么?请把你的话写下来,那就是你献给长城的题词。(学生写题词。全班交流题词。)

生:长城是个奇迹,一个由伟大的民族创造的气魄雄伟、年代久远、工程浩大、施工艰难的伟大奇迹!题词人:张亮。

师:超过克林顿。(笑声)

生:我爱我们伟大的长城,更爱我们伟大的中华!题词人:鲁平凡。

师:感情真挚,表达凝练!

生:我爱长城!我爱中华!题词人:王晓梦。

生:长城是我的骄傲,我们的骄傲,我们中华民族的骄傲。正如美国总统克林顿所言:"长城是一个奇迹,一个伟大的民族创造的伟大的奇迹。"题词人:李为栋。(掌声)

师:由我到我们再到中华民族,一气呵成、激情澎湃,真好!

生:刚毅、庄重的万里长城,是我国劳动人民血汗和智慧的结晶,是我们的骄傲。我为自己是一个中国人而感到自豪。题词人:任勤奋。

师:发自肺腑之言!

生:万里长城下的一砖一瓦、一土一石,都蕴含、渗透着古代劳动人民的血汗和智慧。题词人:詹诚。

师:"蕴含"、"渗透",多雅致的两个字眼,用得真好!

生:我爱长城,我爱中华,我为我是一个中国人感到无比自豪。题词人:金虹。

师:把无比自豪的感受大声地读出来。

生:(生再读,略)

生:这万里长城,不是石砖建的,而是由千万个生命、千万滴血汗组成的。坚强、刚毅、庄重的万里长城不是风风雨雨、电闪雷鸣所摧得垮的。题词人:方毅民。(掌声)

师:说得好!两千多年的风风雨雨、电闪雷鸣,早已证明了这一点。

生:万里长城,你是我国人民的骄傲!你是代表中国坚贞不屈的

精神！你象征一条正在腾飞的中国巨龙！题词人：谭瑛。（掌声）

师：巨龙已经腾飞！巨龙必将在你们的欢呼下飞得更高、飞得更远！

3. 口语素养

教师的口语素养包括语音、词汇、语法、辞格等素养。一个语音优美，音量、音调、音速、语气、节奏等能够根据教学内容、教学对象年龄特征变换自如的教师；一个词汇丰富，用词得当，句法多变，辞格妥当运用的教师，定会为其形成的口语风格增添色彩。

(二)环境因素

1. 学科差异

文理科具有不同的学科特点，相应的，文理科教师的口语风格也有一定的差异性。文科的教学内容具有很强的人文性，其教材本身就有较为强烈的情感因素和形象色彩。教师不仅要传授祖国语言的知识，而且还要通过情感的陶冶、形象的感染以培养学生热爱祖国、热爱家乡、热爱美好生活的幼小心灵。这就要求文科教师的口语风格更具有形象性、感染性。王崧舟老师那诗意般的口语，加上他出口成章的文化底蕴、浑厚优美的男中音，其生动丰富的口语风格，真正是听课人的美好享受。

数学、科学等理科的内容具有很强的科学性。其教材内容是反映客观世界的规律性。教师通过理科教学内容的传授，不仅要让学生掌握自然现象中的科学道理，数学王国中的概念、原理、公式、法则和定律，更要让学生学会科学探索的方法，培养科学的态度和精神，掌握数学的思想方法。所以，理科教师口语风格更具有逻辑性、准确性。张天孝老师上课干净利落，明白易懂，环环相扣，其通俗简约的口语风格，谁说不是一种享受呢。

2. 评价机制

多元、发展的评价机制有助于教师形成自己的口语风格。反之，用统一的标准评价教师，缺乏宽松的发展空间，就不利于教师形成自己的口语风格。因为风格跟教师本人的个性特点有很大的关系。中国人有一大特点：喜欢“齐刷刷”。本来上课是教无定法，完全可以八仙过海，各显神通，百花齐放，百家争鸣。然而有些学校评价制度却让你按照统一的一个模式教，什么新授课模式、什么复习课模式、什么阅读课模式等等；按照几步几环节，像工厂里的流水线一样操作上课。如果不按照统一的模式上课，就给予否定，扣分惩罚，评优选佳一票否决。

所以，教育评价要向多元化发展，“多一把尺子就多一位好教师”，要宽容和支持“另类”教师的存在，要给教师从模仿阶段向独立阶段、风格形成阶段发展提供强有力的支持和帮助。评价机制要鼓励教师形成自己的口语风格，而不是扼杀教师的口语风格的萌芽。例如，有位年轻老师在上课过程中发现有个学生在哼歌，他没有大声呵斥，而是笑眯眯地对学生说：“快乐男生，想唱就唱，唱得响亮，让我们一饱耳福？如果你现在唱，讲台就是你的舞台为你举行一个个人演唱会，怎么样？”全班同学都善意地笑了，这位同学也不好意思地低下了头。下课后，还主动承认了错误。但是，事后同事们却有不同意见，有老师觉得这位年轻教师的课堂用语太过随意了。所以，面对课堂的生成，我们应该宽容年轻教师运用时尚的语言，去化解课堂中出现的问题，久而久之，没准这位年轻教师将形成风趣幽默的口语风格呢。如果，一开始我们就求全责备，年轻教师就会觉得左也不是，右也不是，就难以形成自己的口语风格。

三、教师口语风格形成的建议

1. 加强学习，提高教师个人的综合素养

如前所述，教师的教育思想、个人魅力（包括知识、能力、个性等多方面）、口语素养都对其口语风格的形成起着重要影响。所以，教师要加强学习，着力提高个人的综合素养。例如，一个优秀的语文教师必须有着丰厚的文化底蕴支撑起自己的人性，必须有着高超的教育智慧支撑起自己的灵性，必须有着宏阔的视野支撑起自己的活性，必须有着远大的职业境界支撑起自己的特性。而这一切大多来自于读书学习。试想一个没有读过《红楼梦》的人，能讲好《红楼梦》吗？一个连语文核心期刊的名称都说不上几种的教师，能有多少理论思想？一个连王崧舟都不知哪方“神仙”的人，能有多少先进的教学策略？所以，一个语文教师，必须在文学作品中、在教育教学的论著中、在广博的阅读中找到语文的灵性，从而找到自己，找回自己的教学风格和口语风格。

教师学习是教师内在发展需求的行为表现，但它也需要外在因素的协助和促进。学校是教师学习和工作的主要场所，学校管理是直接影响教师学习状况的外在影响因素之一，因此，学校要从管理体制建设、管理保障制度建设、学校文化建设等方面，来推动教师学习的有序管理。

2. 注重教研，发挥教师群体的语言观察研修

一位教师不可能一下子就能把课上得学生小脸通红，小眼发光，小手只举，小嘴常开，其口语要能达到上述境界，需要经过模仿、独立、风格形成三个阶段。在这个过程中，校本研修，特别是发挥教师群体的语言观察研修的作用，将会起到事半功倍的效果。

上海教科院顾泠沅教授等人从 2002 年 1 月开始采用定量观察的方法，对教师课堂上的语言进行观察记录。方式是预先设置行为的类目，然后将在特定时间段内出现的类目中的行为作记录。研究采用弗兰德斯的互动分析体系（FIAC），这是在定量课堂观察研究中应用较为广泛的一种方法。它把课堂的言语活动分为 10 个种类，每个分类都有一个代码（即一个表示这类行为的数字），见表 8-1。

表 8-1　弗兰德斯的互动分析体系的类别

教师说话	间接影响	1. 接受感情 2. 表扬或鼓励 3. 接受或使用学生的主张 4. 提问
	直接影响	5. 讲解 6. 给予指导或指令 7. 批评或维护权威性
学生说话		8. 学生被动说话（比如回答问题） 9. 学生主动说话
		10. 沉默或混乱

弗兰德斯的互动分析体系的应用，既可以用时间抽样的方法，在指定的一段时间内，每隔 3 秒钟观察者就依照上述分类记下最能描述教师和班级言语行为的种类的相应编码，记在数据表中。也可以把一节课中师生语言互动情况，按照上述分类所用的时间分布记录下来。这样几个时段或几节课记录下来，观察者就可以掌握一节课或几节课内教师课堂教学的大致情形。考察、反思以后，还要改进，再上一次课，再考察、反思，如此螺旋式循环，不断提高教师的专业水平。

表 8-2 是顾泠沅等人在小学数学课堂教学中应用弗兰德斯的互动分类所做的一项教育行动研究[①]。

① 顾泠沅等：教师在教育行动中成长，课程·教材·教法，2003 年第 1 期。

表 8-2 “余数比除数小”这节课师生语言互动时间的分布

<table>
<tr><th colspan="3" rowspan="2">弗兰德斯师生
语言互动分类</th><th colspan="3">改进前(423″)</th><th colspan="3">改进后(410″)</th></tr>
<tr><th>时间(″)</th><th>百分比(%)</th><th>合计</th><th>时间(″)</th><th>百分比(%)</th><th>合计</th></tr>
<tr><td rowspan="7">教师讲</td><td rowspan="3">回应</td><td>1. 接纳学生感觉</td><td>5</td><td>1.2</td><td rowspan="7">166″
39.1%</td><td>16</td><td>3.9</td><td rowspan="7">147″
35.9%</td></tr>
<tr><td>2. 赞许学生行为</td><td>22</td><td>5.2</td><td>23</td><td>5.6</td></tr>
<tr><td>3. 接受学生观点</td><td>12</td><td>2.8</td><td>11</td><td>2.7</td></tr>
<tr><td>中立</td><td>4. 问学生问题</td><td>23</td><td>5.4</td><td>72</td><td>17.6</td></tr>
<tr><td rowspan="3">自发</td><td>5. 演讲</td><td>48</td><td>11.3</td><td>25</td><td>6.1</td></tr>
<tr><td>6. 指示或命令</td><td>31</td><td>7.3</td><td>0</td><td>0</td></tr>
<tr><td>7. 批评或辩护权威性为</td><td>25</td><td>5.9</td><td>0</td><td>0</td></tr>
<tr><td rowspan="2">学生讲</td><td>回应</td><td>8. 回答老师的提问或按老师要求表述</td><td>66</td><td>15.6</td><td rowspan="2">109″
25.8%</td><td>33</td><td>8.1</td><td rowspan="2">128″
31.3%</td></tr>
<tr><td>自发</td><td>9. 主动表达自己的观点或向老师提出问题</td><td>43</td><td>10.2</td><td>95</td><td>23.2</td></tr>
<tr><td>静止</td><td>中立</td><td>10. 静止或疑惑暂时停顿或不理解</td><td>33</td><td>7.8</td><td>7.8%</td><td>0</td><td>0</td><td>0%</td></tr>
</table>

从表 8-2 可以清楚地看出，改进后师生语言互动出现了下述情况：①课堂禁止或不理解、教师指示或命令与批评或辩护行为的时间下降为零，教师演讲、学生按老师要求表述的时间在明显减少；②教师提问、学生主动表达自己发现的时间在明显增加，教师接纳学生感觉的时间也有上升。由此可见，通过改进教师的课堂语言，使教师的教学理念与行为有了明显的改变，说明教育思想是教师口语风格形成的重要影响因素，教师群体的语言观察研修是改进教师口语行为的重要途径。

3. 改革评价，改善教师口语风格形成的制度环境

现行教学评价的弊端是，伴随着“应试教育”而产生并逐渐完善的评价考核体系发挥着重要的导向、强化功能，以分数论“英雄”的考核标准，就会导致教师口语风格研修与实践的弱化。当教师的工作业绩、奖金、提干、评选先进、评聘专业技术职务、分房、课时津贴、奖金、年终考核，无一例外地不与学生考分挂钩时，钻研教师口语风格只能成为一句空话。

所以，改革评价制度，一是要建立促进学生全面发展的科学评价体系。使得评价不仅要关注学生的学业成绩，而且要发现和发展学生多方面的潜能，了解学生发展中的需求，帮助学生认识自我，建立自信。促进学生在原有水平上的发展，发挥评价的教育功能。二是要建立促进教师不断提高的评价体系。强

调教师对自己教学行为的分析与反思，建立以教师自评为主，校长、教师、学生、家长共同参与的制度，使教师从多渠道获得信息，不断提高教学质量。

这样，才能通过改变教学评价过分强调甄别与选拔的功能，发挥评价促进学生发展、教师提高和改进教学实践的功能，才能为教师形成口语风格，创造宽松的制度环境，才能让学生听到更多更美的教师课堂口语，才能让更多的学生喜欢我们的教师，喜欢学校的课堂。

练习

一、举例说明教师口语的形成阶段。

二、对照自己的口语水平，提出今后的努力方向。

三、对学校的教研和评价制度提出1—2条意见和建议。

参考文献

1.国家教育委员会师范教育司组.教师口语(第2版).北京:语文出版社,1996

2.国家语委普通话培训测试中心.普通话水平测试实施纲要.北京:商务印书馆,2004

3.浙江省语言文字工作委员会.普通话训练与测试.杭州:浙江摄影出版社,2001

4.杭州市语言文字工作委员会.普通话水平测试应试训练手册.杭州:浙江古籍出版社,2000

5.浙江省语言文字工作委员会.普通话培训测试指南.杭州:浙江大学出版社,2004

6.钱维亚.普通话语音教程.杭州:杭州人民出版社,1998

7.张颂著.朗读学.北京:北京广播学院出版社,1999

8.宋欣桥.普通话朗读训练教程.长春:吉林人民出版社,1993

9.课程教材研究所,中学语文课程教材研究开发中心编著.语文(共六册).北京:人民教育出版社,2003

10.国家教育委员会师范教育司编.教师口语(第2版).北京:北京师范大学出版社,1996

11.刘伯奎.表述口语训练指导.上海:复旦大学出版社,2000

12.王海天,刘小菠,由文平.教师口语艺术.海口:南海出版公司,2004

13.林华东,王勇卫.普通话口语教程(修订版).厦门:厦门大学出版社,2004

14.李小克.普通逻辑学教程(第2版).北京:首都经济贸易大学出版社,2005

15.王建华.新编大学生口语交际教程.杭州:浙江大学出版社,2005

16. 吴为善. 透视汉语交际技巧. 上海:上海古籍出版社,2005
17. 曹希波. 新编当众讲话训练手册. 北京:企业管理出版社,2006
18. 陈国安,王海燕,朱全明等. 新编教师口语——表达与训练. 上海:华东师范大学出版社,2007
19. 陈传万,何大海. 教师口语. 合肥:合肥工业大学出版社,2008
20. 丁夫. 20几岁,学点好口才. 北京:化学工业出版社,2010
21. 陈爱平. 于漪语文教学的艺术感觉. 中学语文,1997(5)
22. 任思胜. 浅谈初中生物课堂教学的导入法. 中国校园文学,2009(9)
23. 傅志超. 我这样讲清"公元"和"公元前"两个时间概念. 湖北教育,1983(11)
24. 杨德群. 初中历史教学中的机智. 中学历史教学参考,2004(8)
25. 罗明东,崔梅,单春樱,周芸. 教师口语技能. 昆明:云南大学出版社
26. 姚慧芬. 语文结束语设计浅谈. 新一代,2010(4)
27. 赵志尚. 数学教学中的应变机智. 中学数学教学参考,1996(5)
28. 柳润琴. 语文教师应注重教学口语的文化品味. 郴州师范高等专科学校学报,1997(2)
29. 冯为民. 语文教师口语表达的科学性和艺术性. 广西教育,2010(13)
30. 唐思群,屠荣生. 师生沟通的艺术. 北京:教育科学出版社,2001
31. 米子永. 两把椅子和一根炉柴. 河北教育,1997(1)
32. 陈传万,何大海. 教师口语. 合肥:合肥工业大学出版社,2008
33. 罗义汉. 批评因暗示而精彩. 班主任之友,2006(4)
34. 赵林森,郭启明. 教师口语. 郑州:河南大学出版社,1996
35. 程培元主编. 教师口语教程. 北京:高等教育出版社,2004
36. 傅惠钧著. 教师口语艺术. 杭州:浙江教育出版社,2002
37. 李如密著. 教学艺术论. 济南:山东教育出版社,1996